Robin Goodfellow

Aux fondements des crises

Le marxisme de la chaire et les crises

Sommaire

Marxisme de la chaire et socialisme scientifique

Le marxisme, une critique de l'économie politique

Les deux tendances de l'économie politique

Nous avons souvent souligné le fait que Marx effectue une *critique* de l'économie politique, de la science économique. Marx qualifie de « classique », l'économie politique depuis sa naissance (Petty, Boisguilbert) à son apogée (Ricardo, Sismondi). Vers 1830, la science économique, sous l'effet de l'apparition d'un prolétariat moderne revendiquant le pouvoir politique et des premières crises de surproduction entame son déclin. L'économie politique classique se mue en économie politique vulgaire.
L'économie politique classique se divise en deux grandes tendances.
La première d'entre elles, dont le dernier grand représentant est Ricardo, un des théoriciens de la baisse du taux de profit[1], n'admet que la possibilité de crises partielles, contingentes, fortuites. Pour cette école, des disproportions entre les secteurs productifs suscitent des pénuries d'un côté et une surproduction partielle d'un autre. Ces crises limitées se résorbent d'elles-mêmes, dès lors que le jeu du marché n'est pas altéré. Via des modifications dans le niveau des prix et des déplacements de capitaux, un nouvel équilibre est alors atteint.
L'autre tendance, dite sous-consommationniste, dont la dernière figure de proue est Sismondi, met en exergue les limites de la demande solvable et, du même coup, les doutes de la pensée économique la plus évoluée sur les capacités du mode de production capitaliste à exister durablement. Pour les sous-consommationnistes, les facteurs qui freinent l'expansion de la demande solvable et empêchent par la même occasion de la mettre en adéquation avec la production croissante sont structurels et permanents.

---

[1] Les mécanismes explicatifs y sont très différents de ceux de Marx

L'économie politique marxiste vulgaire

Nous avons également montré que les divers courants dominants et opposés du marxisme loin de se placer dans la tradition de la *critique* de l'économie politique renouaient avec ces tendances de l'économie politique[2] ramenant la théorie révolutionnaire au rang de l'économie politique vulgaire[3] (laquelle se développe après l'apogée que représente l'économie politique classique) en même temps qu'elle régénérait, partiellement, cette économie politique[4].

---

2 Par exemple, notre critique de la théorie de la baisse du taux de profit de Grossmann-Mattick a montré la grande proximité de leur démarche intellectuelle avec celle de Ricardo. De même nous avons mis en évidence les relations entre les théories de Rosa Luxemburg et de ses épigones avec la tendance sous-consommationniste.

3 « L'économiste vulgaire ne fait, en réalité, que traduire en termes apparemment plus théoriques et plus généraux les idées étranges du capitaliste trompé par la concurrence, et il s'évertue à démontrer la justesse de ces idées » - Marx, Capital, L.III, Pléiade, T.2, p.1014. Changez capitaliste par classe moyenne salariée ajoutez consommation, circulation à concurrence et vous aurez l'économie politique marxiste vulgaire qui professe une variété de socialisme petit-bourgeois.

4 Engels faisait remarquer que la bourgeoisie devait sacrifier sa propre théorie économique.

« Cela démontre parfaitement que le bourgeois doit sacrifier déjà sa propre théorie économique classique, en partie pour des raisons politiques, mais en partie aussi parce que les conséquences pratiques de cette théorie les ont jetés dans une confusion totale. C'est ce que démontre aussi la progression du socialisme de la chaire qui, en Angleterre comme en France, évince de plus en plus sous une forme ou sous une autre l'économie politique classique des chaires d'enseignement. Les contradictions réelles qu'engendre le mode de production sont devenues si éclatantes qu'aucune théorie ne parvient plus à les masquer, à moins de tomber dans la salade du socialisme de la chaire, mais celui-ci n'est plus une théorie, mais un salmigondis. » Engels à A. Bebel, 20-23 janvier 1885

L'économie politique est parcourue de tendances contradictoires. La lutte des classes la fait verser dans l'apologétique et l'économie vulgaire. Après la Commune, c'est même toute référence à l'économie classique (et vulgaire antérieure) qui est jetée par-dessus bord, pour y substituer des conceptions qui reposent sur la valeur utilité. La guerre de 1914-1918, les révolutions qu'elle engendre, la crise de 1929, vont à nouveau jeter la bourgeoisie dans

Ces épousailles, sur un mode vulgaire, avec l'une ou l'autre de ces deux tendances (quand elles ne produisent pas des confusions syncrétiques encore plus déplorables) de l'économie politique constituent bien entendu une négation et un ensevelissement du socialisme scientifique[5].

L'éventail du marxisme de la chaire

L'armée républicaine (et fortement marquée par l'altermondialisme, une autre variété de socialisme petit-bourgeois) du marxisme de la chaire se divise elle-même entre les deux grandes tendances de

---

des tourments d'où émergera le replâtrage keynésien que la social-démocratie reprendra volontiers à son compte, tandis que la contre-révolution démocratique et stalinienne permettront l'émergence d'un marxisme frelaté contribuant à sa façon à régénérer l'économie politique tout en enterrant le marxisme révolutionnaire. Forte du recul du nombre d'ouvriers dans les statistiques des pays les plus développés à partir de 1975, puis renforcée du fait de l'effondrement des faux socialismes à l'Est de l'Europe, la bourgeoisie se met à rêver que le marxisme, même travesti en son contraire, peut être définitivement relégué au musée des idées. Mais voilà que de nouvelles crises, niées théoriquement par nos bons économistes, ravivent la sempiternelle « crise de la science économique » et redonnent des couleurs au marxisme de la chaire.

[5] Les petits-bourgeois vivant dans les limbes de l'ultra-gauche comme Roland Simon se posent à la fois en suiveurs de Henrick Grossmann/Paul Mattick (nous verrons brièvement que la conception de la baisse du taux de profit de ces derniers n'a rien à voir avec celle de Marx) et, en même temps, en empiristes critiques. Ils tentent alors à leur manière de réunir aussi les deux tendances de l'économie politique :

« Si cette crise nous oblige à ce retour théorique c'est que nous sommes confrontés à une double évidence contradictoire : d'un côté la seule théorie marxiste cohérente des crises est celle développée par Paul Mattick, c'est-à-dire celle fondée sur la baisse tendancielle du taux de profit ; de l'autre cette crise est une crise de sous-consommation (elle est et non « apparaît comme »). Notre principale confrontation théorique en tant que confrontation productive ne peut s'engager qu'avec les thèses de la suraccumulation de capital par rapport à ses capacités de valorisation, c'est-à-dire avec Mattick et ses deux principaux ouvrages sur la question : Marx et Keynes (Ed Gallimard, 1972) et Crises et théories des crises (Ed. Champ libre, 1976). » Roland Simon, Crise et théorie des crises, été 2009.

l'économie politique que nous avons évoquées ci-dessus. Par exemple, dans le débat entre partisans de la baisse du taux de profit et ceux qui insistent sur les effets de la hausse du taux de plus-value et ses conséquences sur la demande solvable nous retrouvons les clivages qui accompagnent l'histoire de l'économie politique.
La polémique a notamment opposé Michel Husson et Alain Bihr aux tenants d'une « orthodoxie » jugée dogmatique par les premiers, une bonne partie de l'ensemble des intervenants se plaçant sous la protection de feu Ernest Mandel[6]. Le débat entre les « sous-consommationnistes », suiveurs modernes de Sismondi, et les partisans de la baisse du taux de profit, d'inspiration ricardienne se poursuit dans le cadre du marxisme de la chaire.

Quelles en sont les grandes figures ?

Commençons par la tendance « sous-consommationniste »

- Michel Husson, chercheur à l'IRES (Institut d'Etudes d'Etudes Economiques et Sociales, organisme lié aux syndicats), ancien du PSU puis de la LCR, soutien de la candidature de José Bové aux élections présidentielles et désormais membre du comité scientifique d'Attac. L'homme ne semble pas manquer d'humour. Il pense néanmoins qu'il lui était indispensable de combler les trous laissés béants par les insuffisances de l'analyse de Marx.
- Gérard Duménil, directeur de recherche au CNRS, membre du comité scientifique d'Attac. Il est partisan d'un autre marxisme qui constate que «(...) les sociétés modernes sont dominées par deux forces sociales, l'une liée à la *propriété du capital*, l'autre à la *compétence*

---

[6] Nous n'avons guère eu de temps à consacrer à la critique du « marxisme » d'Ernest Mandel. Le lecteur pourra cependant se faire un aperçu des dégâts qu'il a provoqué dans le livre, disponible sur notre site, qui rassemble les travaux parus dans la revue « Communisme ou Civilisation ». Cf. dans « La théorie marxiste des crises », le chapitre intitulé : « Ernest Mandel entre dans le troisième âge » qui est consacré aux théories mandéliennes en relation avec la production d'armements.

d'encadrement organisationnel et culturel. Une politique populaire suppose une alliance avec la seconde pour éliminer la première. » Présentation de l'ouvrage Altermarxisme. Un autre marxisme pour un autre monde.

- Dominique Lévy, directeur de recherche au CNRS, alter ego de Gérard Duménil (ils écrivent de nombreux ouvrages à quatre mains), conseil scientifique d'Attac.
- Jacques Gouverneur, docteur en droit et en économie, a fait tout sa carrière comme professeur à l'université catholique de Louvain-la-Neuve (UCL). Promoteur de politiques petites-bourgeoises pour résoudre la question sociale[7], il est aussi le théoricien d'une conception de la valeur « purement sociale » où bon nombre de concepts propres au socialisme scientifique sont mis à mal.
- Alain Bihr, professeur à l'université de Franche-Comté, d'inspiration plus libertaire que les auteurs précités, il est un des fondateurs et animateurs du bulletin *A contre-courant*, issu de la mouvance cédétiste et donc un des chantres du socialisme d'entreprise, l'autogestion, également variété du socialisme petit-bourgeois.
- Marcel Roelandts, dernier arrivé dans cette grande confrérie, enseignant et chercheur à l'université et dans plusieurs Hautes Ecoles, co-animateur, avec Jacques Gouverneur, du site http://www.capitalisme-et-crise.info[8]

---

7 « La solution à ces problèmes passe par la mise en œuvre de politiques alternatives : augmentation des prélèvements publics (essentiellement sur les profits) pour financer des productions socialement utiles, réductions du temps de travail pour développer l'emploi et le temps libre, glissement dans la composition des salaires pour promouvoir la solidarité. » (Jacques Gouverneur, Quelles politiques économiques contre la crise et le chômage ? 1999, http://www.capitalisme-et-crise.info/fr/Jacques_ Gouverneur/ Biographie_ et_bibliographie)

8 Le site « Capitalisme & Crises économiques » se veut un lieu de débats et de mise à disposition d'un matériel d'analyse pertinent pour comprendre la société dans sa dimension économique. Il se revendique d'une analyse critique au sens large. Cependant, ce n'est ni un site politique, ni de propagande, mais avant tout un outil d'analyses et de discussions pour comprendre le monde. ». (Extrait de la présentation du site en page

Il est l'auteur du livre intitulé : « Dynamiques, contradictions et crises du capitalisme ». Bien qu'il partage les analyses générales de la tendance représentée ici[9], sa volonté de synthèse entre les deux branches adverses du marxisme vulgaire nous permettra de le prendre comme référence.

- Quant à etc. que nous ne connaissons pas précisément, il est vraisemblable que son curriculum vitae soit du même acabit.

Passons maintenant rapidement en revue l'autre branche du marxisme de la chaire ; la branche pseudo « orthodoxe » et « dogmatique » qui s'oppose à la précédente. Nous y trouvons notamment :

- François Chesnais, professeur à l'université de Paris 13, membre du NPA et du conseil scientifique d'Attac, animateur du collectif et de la revue « Carré rouge ».
- Louis Gill, professeur retraité de l'université du Québec à Montréal.
- Alan Freeman, économiste auprès de l'Autorité en charge du Grand Londres, chercheur invité à l'université du Manitoba, animateur de l'association des économistes hétérodoxes, co-éditeur du journal « Critique of Political Economy (COPE) »
- Andrew Kliman, co-éditeur, avec Alan Freeman, du journal « Critique of Political Economy (COPE), professeur d'économie à la Pace University, New-York,

---

d'accueil). Nous avions cru comprendre avec Karl Marx que l'important n'était pas tant de comprendre le monde que de le transformer…

9 Dans un texte consacré à la discussion d'un article d'Alain Bihr, et postérieur à l'ouvrage que nous analyserons, il conclut ses remarques d'un « je tiens (…) à réaffirmer mon accord global avec votre analyse et la très grande qualité de votre contribution. Mes remarques ne se veulent que des précisions dans un cadre d'analyse globalement partagé » (Discussion de l'article d'Alain Bihr : D'une crise de valorisation à une crise de réalisation, p.6, Marcel Roelandts, 11 mars 2011.)

membre de l'initiative pour un marxisme humaniste qui s'inspire des thèses de Raya Dunayevskaya.

- Robert Brenner, professeur d'histoire, directeur du "Center for Social Theory and Comparative History" à l'université de Californie Los Angeles, éditeur du journal "Against the current" lié à Solidarity (Etats-Unis)[10], membre du comité éditorial de la New Left review.
- Fred Moseley, Professeur d'économie au Mount Holyoke College dans le Massachussets. Il est l'auteur de livres et d'articles sur la baisse du taux de profit. Tout en considérant que les crises récentes ne sont pas fondamentalement le produit de la vision à court terme et de la cupidité des banquiers, il pense cependant qu'il y a un facteur structurel de crise dans le système financier capitaliste. Ce dernier est spéculatif par essence et le meilleur théoricien de ce système financier n'est pas Marx, mais Hyman Minsky. Comme ces dernières crises sont plus des crises selon Minsky que des crises selon Marx, il est important de compléter l'analyse de Marx par celle de Minsky[11].
- Isaac Johsua; ancien maître de conférences à l'université de Paris 11, membre du comité scientifique d'Attac. Dans

---

[10] Une organisation issue pour l'essentiel du trotskisme. Elle suit, et devrait-on dire précède, la pente du NPA vers le rejet officiel des fondements du marxisme au profit des thèmes qui constituent les idées phares des classes moyennes radicalisées par leur déclassement et les perspectives qui leur sont offertes par le cours du mode de production capitaliste (critique de la consommation, écologie, féminisme, anti-racisme, …)

[11] « The main problem in the current crisis is the financial sector. Harman says that the crisis is not due mainly to the bankers' greed and shortsightedness. I agree with that, but I would say the problem is more fundamental—the nature of the capitalist financial system, which is inherently speculative. The best theorist of the capitalist financial system is Hyman Minsky, not Karl Marx. The current crisis is more of a Minsky crisis than a Marx crisis. I am not saying that we should throw away Marx (obviously), but rather that we should supplement Marx with Minsky, especially for analysis of the modern capitalist financial system. » Fred Moseley, International socialism, 24 juin 2008

la grande crise du XXIe siècle, il déclare que « la crise capitaliste type est donc, et de façon assez évidente, non de sous-consommation, mais bien de suraccumulation, et ce pour la vaste période qui s'étend du second tiers du XIXe siècle à la Première Guerre mondiale. Pourtant si nous relisons Marx, c'est indéniablement sur la crise de sous-consommation que Marx insiste le plus (…) » p.56

- Quant à etc. que nous ne connaissons pas précisément, il est vraisemblable que son curriculum vitae soit du même acabit.

Socialisme petit-bourgeois et parti prolétaire

« Oubliée et trahie par la société bourgeoise, l'économie politique scientifique ne cherche plus ses auditeurs que parmi les prolétaires conscients » Rosa Luxemburg

Comment imaginer que des gens dont l'action politique vise à la conservation du mode de production capitaliste et à soumettre l'action du prolétariat aux intérêts des classes moyennes puissent produire une analyse scientifique du mode de production capitaliste ?
Comment imaginer que des gens dont l'horizon politique et théorique est celui du socialisme petit-bourgeois puissent développer une analyse théorique qui démontre la nécessité du renversement révolutionnaire de la bourgeoisie ?
Comment imaginer qu'ils puissent faire autre chose qu'instiller dans le prolétariat des théories qui n'ont pour objectif que de perpétuer son statut d'esclave salarié ?

Le socialisme scientifique est la théorie du prolétariat constitué en parti politique indépendant et opposé aux partis des autres classes. Il n'est pas une théorie neutre auxquelles les autres classes peuvent apporter leur contribution dans un débat scientifique ouvert où il suffit d'être un homme de bonne volonté ; il s'agit d'un point de vue scientifique et d'un point de vue de classe et il ne peut être scientifique que parce qu'il est le point de vue de la classe productive. Ce n'est pas que des intellectuels ne puissent pas y contribuer mais, s'ils le font, c'est en abandonnant l'idéologie de leur classe d'origine pour rallier le point de vue du prolétariat révolutionnaire[12].

---

[12] Engels constatant la montée de l'influence petite-bourgeoise dans la social-démocratie protestait sans cesse auprès des chefs du parti pour qu'ils prennent des mesures contre cette influence. « Depuis deux-trois ans, une foule d'étudiants, de littérateurs et d'autres jeunes bourgeois déclassés a afflué au parti, arrivant juste à temps pour occuper la plupart des places de rédacteurs dans les nouveaux journaux qui pullulent, et, comme d'habitude, ils considèrent l'université bourgeoise comme une école de Saint-Cyr socialiste qui leur donne le droit d'entrer dans les rangs du parti ouvrier avec un brevet d'officier, sinon de général. Ces messieurs font tous du marxisme, mais de la sorte que vous avez connue en France il y a dix ans et dont Marx disait : « Tout ce que je sais c'est que je ne suis pas marxiste, moi ! » Et probablement il dirait de ces messieurs ce que Heine disait de ses imitateurs : j'ai semé des dragons et j'ai récolté des puces. » (Engels à P. Lafargue, 27 août 1890.)

« (…) il y a quelques semaines, la rédaction sortante, sans que je lui demande rien m'a envoyé son journal, mais je n'ai pas cru utile de lui dire ce que j'y ai trouvé. Maintenant je suis bien obligé de le lui dire, et ce publiquement.

Sur le plan théorique, j'y trouvai - et, en gros, cela s'applique aussi à tout le reste de la presse de l' «opposition» - un «marxisme» atrocement défiguré, qui se caractérise, premièrement, par une incompréhension quasi totale de la conception que l'on prétend précisément défendre; deuxièmement par une grossière méconnaissance de tous les faits historiques décisifs; troisièmement, par la conscience de sa propre supériorité incommensurable qui caractérise si avantageusement les littérateurs allemands. Marx lui-même a prévu cette sorte de disciples, lorsqu'il a dit à la fin des années 1870 d'un certain « marxisme » qui s'étalait chez maints Français : « Tout ce que je sais, c'est que moi je ne suis pas marxiste » (en fr.).

Sur le plan pratique, j'y trouvai que l'on se haussait carrément au dessus de toutes les difficultés réelles des luttes du parti et que, dans son imagination, on « sautait les difficultés » avec un total mépris de la mort, qui fait certes honneur au courage indompté de nos jeunes auteurs, mais qui, si on le transférait de l'imagination dans la réalité, serait capable d'enterrer le parti le plus fort où l'on se compte par millions, sous les tirs bien mérités de tous nos adversaires. Enfin, qu'une petite secte ne doit pas impunément se livrer à une telle politique de lycéens, c'est ce que ces messieurs ont aussi, appris par des épreuves non négligeables. (…)

Sur le terrain scientifique aussi la lutte des classes a cours et elle n'en est pas moins acharnée.

On aura donc beau nous présenter tous les docteurs en économie et tous les prix Nobel d'économie[13] du monde, nous ferons toujours remarquer, avec Bordiga, qu'on est plus près du crétinisme avec son doctorat qu'avec son certificat d'études. En disant cela, le faible parti prolétaire aux lumières vacillantes et de faible portée ne nie pas que l'arsenal d'intelligence, de connaissances, d'expertise, d'érudition, de culture, de capacité d'expression, de poésie, d'esthétique, de raffinement, de sensibilité, de l'énorme masse d'idéologues que la bourgeoisie produit et entretient (autant que toutes les poubelles de l'université peuvent en contenir) lui soit actuellement, et peut-être toujours, bien supérieur à l'exception toutefois de l'intelligence sociale. C'est ce qui donne une portée théorique et historique incomparable au socialisme scientifique et le transforme en un laser puissant, que, avec toutes nos limites et tous nos défauts quant à notre capacité à l'exposer, nous défendrons bec et ongles[14].

Qu'ils sachent et admettent que leur «formation académique» - qui nécessite de toute façon une sérieuse révision critique - ne leur confère aucun diplôme d'officier qui leur permettrait d'être élevés au grade correspondant au sein de notre parti; que, dans notre parti, chacun doit faire son service à la base; que des postes de confiance dans le parti ne se conquièrent pas par le simple talent littéraire et les connaissances théoriques, même si les deux conditions sont incontestablement réunies, car il faut encore être familiarisé avec les exigences de la lutte militante, savoir manier les armes les plus diverses dans la pratique politique, inspirer une confiance personnelle, faire preuve d'un zèle et d'une force de caractère à toute épreuve, et enfin, s'incorporer docilement dans les rangs de ceux qui combattent. En somme, il faut que ceux qui «ont été formés dans les universités sachent apprendre davantage des ouvriers que ceux-ci n'ont à apprendre d'eux.» (Engels, Réponse à la rédaction du « Sächsische Arbeiter Zeitung »Sozialdemokrat, 13 septembre 1890).

[13] D'ailleurs, on se demande comment, chaque année, la bourgeoisie peut-elle réaliser le tour de force d'en dénicher un qui puisse être plus bête que le précédent.

[14] « 12) La science ennemie
Contrethèse 12. Les doctrines fondées sur l'introduction de grandeurs mesurables dans la production, sur les transferts de valeur d'une classe à

Cette présence de l'idéologie bourgeoise et petite-bourgeoise va de soi dans les partis réformistes ; qu'elle déteigne sur le mouvement communiste montre à quel point il est détruit, à quel point il se complet dans des idéologies contre-révolutionnaires.

Nous montrerons donc que les théories du marxisme de la chaire conduisent à éterniser le mode de production capitaliste. Au-delà des individus, le marxisme de la chaire représente donc une étiquette que nous pouvons coller sur une tentative qui aboutit à la négation de la critique révolutionnaire que représente le marxisme intégral.

---

l'autre, avec leurs prévisions sur les tendances du développement historique, sont des idéologies arbitraires, étant donné que les prévisions scientifiques ne sont pas possibles dans le domaine économique ; la seule science possible est celle qui se fonde sur l'enregistrement des prix concrets et en suit les variations extrêmement complexes. C'est à ces théories du prix que s'en tiennent désormais les économistes modernes, très postérieurs à Marx, les auteurs les plus connus, les professeurs les plus suivis et les plus illustres.
Thèse 12. Les professeurs à la lanterne! » (Bordiga, le choc des thèses contradictoires, la question agraire)

Marx, la baisse du taux de profit et les crises

Introduction

Dans cette première partie, nous examinerons ce que dit Marx des principaux concepts qui sont au fondement de sa théorie des crises. Nous pourrons alors mieux mesurer les outrages que lui font subir les représentants du marxisme de la chaire. Nous commencerons par rappeler la signification de la loi de la baisse tendancielle du taux de profit et les modalités de son expression. Bien qu'elle n'en soit pas séparée, cette loi de la baisse tendancielle du taux de profit ne doit pas être confondue avec la baisse brutale du taux de profit qui intervient à la fin d'un cycle d'accumulation et qui caractérise la crise de surproduction. Nous montrerons ensuite que les crises de surproduction ont à partir d'une même contradiction deux aspects suivant qu'on les considère sous l'angle de la valeur d'échange ou sous l'angle de la valeur d'usage. D'un côté une insuffisance de production de plus-value conduit à une baisse brutale du taux de profit et à une crise de surproduction de capital, une suraccumulation (les deux termes sont synonymes), de l'autre l'excédent du surproduit peut engendrer une surproduction de marchandises qui aura des effets négatifs sur le taux de profit. Dans ce chapitre c'est le premier aspect qui sera particulièrement étudié ; le second, souvent confondu avec les théories sous consommationnistes, fera l'objet du dernier chapitre. En réponse à cette surproduction, le capital doit se dévaloriser pour rétablir les rapports d'exploitation qui prévalaient tout en cherchant à freiner les effets délétères de son propre mouvement en limitant l'accumulation et en s'abandonnant à une baisse (tendancielle) du taux de profit. Nous étudierons donc en détail ce que Marx entend par dévalorisation.

La loi la plus importante de l'économie politique moderne

Bien que nombre de commentateurs l'aient souvent reléguée au second plan de la théorie de Marx, la loi de la baisse tendancielle du taux de profit est pourtant, selon Marx lui-même, la loi la plus importante de l'économie politique. Elle sous-tend toute la dynamique du capital et exprime la contradiction valorisation/dévalorisation, le développement contradictoire de la productivité du travail qui combine à la fois hausse tendancielle du taux d'exploitation, du taux de plus-value, et baisse tendancielle du taux de profit[15].

« C'est là, à tous points de vue, la loi la plus importante de l'économie politique moderne et la plus essentielle à la compréhension des rapports les plus complexes. Du point de vue historique, c'est la loi la plus importante. C'est une loi qui jusqu'ici, malgré sa simplicité, n'a jamais été comprise et encore moins consciemment exprimée. » (Marx, Manuscrits de 1857-1858, Grundrisse, Editions sociales, T.2, p.236)

Il faudrait citer intégralement la suite de ce passage. Marx y retrace tout l'arc de la production capitaliste jusqu'à son renversement par le prolétariat et l'instauration d'une société sans classes. En se développant, le mode de production capitaliste pose les bases matérielles d'une société supérieure. Il développe également le prolétariat, la classe sociale qu'il exploite et qui devra l'abattre. Il montre à un certain point de son développement qu'il est un mode de production dépassé, que le développement de la production et productivité sociales doit passer par une autre société, une société sans classes dont les fondements ont été créés. Ce besoin, comme l'incapacité du mode de production capitaliste à le satisfaire se manifestent aux yeux de tous par des crises générales. Ces catastrophes sociales, dont l'ampleur est tendanciellement croissante, se répètent à intervalle régulier. Tout au long de son chemin de croix où chaque crise est une station qui devient toujours plus pénible et jusqu'à sa crucifixion par le prolétariat, c'est dans la baisse tendancielle du taux de profit que se résume la trajectoire catastrophique de ce mode de production.

---

15 « Aussi bien la hausse du taux de plus-value que la baisse du taux de profit ne sont que des formes particulières dans lesquelles la productivité croissante du travail trouve son expression capitaliste. » (Marx, Capital, L.III, Pléiade, T.2, p.1023)

Retenons ici juste cet extrait :

« Au-delà d'un certain point, le développement des forces productives devient un obstacle pour le capital ; donc le rapport capitaliste devient un obstacle au développement des forces productives du travail. Parvenu à ce point, le capital, c.-à-d. le travail salarié, entre vis-à-vis du développement de la richesse sociale et des forces productives dans le même rapport que les corporations, le servage, l'esclavage, devient une entrave dont, nécessairement on se débarrasse. L'ultime figure servile que prend l'activité humaine, celle du travail salarié d'un côté, du capital de l'autre, se trouve ainsi dépouillée, et ce dépouillement lui-même est le résultat du mode de production correspondant au capital ; les conditions matérielles et intellectuelles de la négation du travail salarié et du capital, qui sont déjà elles-mêmes la négation des formes antérieures de la production sociale non libre, sont elles-mêmes résultats de son procès de production. L'inadéquation croissante du développement productif de la société aux rapports de production qui étaient les siens jusqu'alors s'exprime dans des contradictions aiguës, des crises, des convulsions. » (Marx, Manuscrits de 1857-1858, Grundrisse, Editions sociales, T.2, p.237)

Si cette loi est cruciale pour comprendre les crises et le cours du mode de production capitaliste il est logique qu'elle concentre les assauts de la pensée bourgeoise soit pour la réfuter, soit pour la minorer, soit pour la détourner, la réviser, lui ôter toute portée révolutionnaire. Cette loi qui demeura un mystère qui préoccupa l'économie politique classique[16] est devenue une abomination depuis son élucidation. Il n'est donc pas étonnant que la loi de la baisse

---

16 « Si simple qu'apparaisse cette loi d'après ce qui précède, l'économie politique n'a pourtant su jusqu'à présent la découvrir (...). Elle a aperçu le phénomène et s'est épuisée dans des tentatives contradictoires pour l'élucider. Vu la grande importance de cette loi pour la production capitaliste, on peut dire qu'elle représente le mystère dont la solution préoccupe toute l'économie politique depuis Adam Smith et que les écoles successives se distinguent par les différentes tentatives pour résoudre cette question. » (Marx, Capital, L.III, Pléiade, T.2, p.1003)

tendancielle du taux de profit soit prise pour cible par les critiques du marxisme tandis que ses pseudos défenseurs n'ont d'autre ambition que de la ramener dans le giron de l'économie politique. Il s'agit soit d'en contester le caractère scientifique soit d'en émousser le tranchant révolutionnaire.

Marx et les manifestations de la baisse tendancielle du taux de profit

Pour Marx, la baisse tendancielle du taux de profit ne se manifeste nettement que :

- sur une longue période
- dans certaines circonstances

La longue période

La longue période induit que cette baisse ne s'évalue que sur plusieurs cycles (Marx parle de trente ans dans le livre III du capital, rédigé avant le livre I qui est publié en 1867, tandis que la première crise moderne date de 1825).
Il ne s'agit pas pour autant d'une loi a-historique indépendante de la configuration du marché mondial. De ce fait, la loi de la baisse tendancielle du taux de profit s'exerce au sein d'un espace géo-historique défini et concerne plusieurs cycles d'accumulation entrecoupés de crises de surproduction dont la tendance est à l'aggravation.

Les circonstances

D'autre part, cette loi ne se manifeste nettement que dans « certaines circonstances », ce qui suppose une dimension qualitative (un saut, un bond qualitatif) dans l'expression de la baisse du taux de profit, une discontinuité, des moments de l'histoire économique qui viennent rappeler le capital à la réalité et le conduisent à révéler cette baisse, à en reconnaître la nécessité comme le besoin.
Les périodes de crise notamment sont l'occasion d'une recomposition de la base productive et le point de départ d'une nouvelle phase d'accumulation. Dans ces phases d'accumulation, le taux de profit tend à s'élever avant de chuter brutalement au moment de la crise. La baisse tendancielle du taux de profit suppose que *tendanciellement* la moyenne des taux de profit baisse d'un cycle à l'autre.

Dire que cette baisse tendancielle ne se manifeste que dans certaines circonstances conduit à ajouter que, au-delà même de cette moyenne, certains moments jouent un rôle particulier agissant comme révélateurs d'une tendance qui peut être, outre le phénomène des contre-tendances à la baisse du taux de profit, masquée pendant quelque temps.
Les crises périodiques sont justement une de ces circonstances, celle où le capital est mis à nu, où les effets nominaux éventuels s'évanouissent, où les bulles crèvent, où la base productive est reconstituée via l'élimination des acteurs faillis ou dépassés, la mise au rancart des moyens de production obsolètes …
Pour évaluer la baisse tendancielle du taux de profit, on peut donc ajouter à la courbe moyenne de l'évolution des taux de profit celle qui relie les taux de profit lors des points bas de la production capitaliste.
Ces remarques restent encore dans le cadre d'une continuité de l'histoire économique. Pour tenir compte de la dimension qualitative, discontinue, de l'expression de la baisse tendancielle du taux de profit, on doit aussi comprendre que l'affirmation effective de la baisse du taux de profit, masquée, contre balancée par des facteurs opposés, ne se réalise pleinement qu'au terme de plusieurs cycles, quand le capital épuisé renonce à sa mission historique pour attendre le coup de grâce que doit lui porter le prolétariat.

Les représentations de l'économie politique

Pourquoi une baisse du taux de profit conduit-elle à la crise ? En quoi les capitalistes ne compensent-ils pas par la masse ce qu'ils perdent par le taux ?

Toutes ces questions ont conduit nombre d'exégètes à rechercher un point particulier, un point « absolu » à partir duquel la crise était inévitable. Suivant qu'ils l'aient trouvé ou pas ils concluent à la pertinence ou non de la loi de la baisse tendancielle du taux de profit comme facteur explicatif des crises de surproduction.

La reconnaissance de la baisse du taux de profit n'implique pas en soi celle des crises générales de surproduction. Un Ricardo, par exemple, voyait l'évolution de la société vers un état stationnaire, le taux de profit étant tombé tellement bas que l'accumulation ultérieure serait découragée. Nous avons donc l'idée que la productivité augmente chaque année mais moins rapidement que les dépenses pour l'obtenir ; la productivité augmente mais sa progression est décroissante, le taux de profit baisse. Pour une fraction des ricardiens cela peut durer bien longtemps, sans provoquer de crise. Au bout de ce processus, si elle parvient à ce stade, nous aurons une société dans un « état stationnaire »[17].

Les critiques sous-consommationnistes de Marx ont en fait la même représentation que les disciples de Ricardo. Par exemple, les héritiers de Rosa Luxemburg et Rosa Luxemburg elle-même, en bon représentants de ce courant sous-consommationniste, ne voyant pas se dessiner le mur sur lequel le taux de profit déclinant irait butter, concluaient à l'inanité de la loi de la baisse du taux de profit comme facteur explicatif de la crise (on lui substitue l'absence de demande solvable pour réaliser la plus-value à accumuler). Les adversaires aussi bien que les partisans ont donc une interprétation ricardienne de la baisse du taux de profit.

Les critiques sous-consommationnistes qui reconnaissent l'existence des crises, font alors remarquer que ce processus ne peut pas aboutir à une crise. La loi de la baisse tendancielle du taux de profit serait donc incapable d'expliquer les crises de surproduction qui ébranlent à intervalles réguliers le mode de production capitaliste. En conséquence, les sous-consommationnistes en viennent à rejeter ou du moins à atténuer l'importance de la loi de la baisse du taux de profit et portent leur attention sur les conditions de la réalisation du produit social et tout particulièrement de la plus-value.

---

[17] « Mais bien que le taux minimum de profit soit ainsi susceptible de varier, et bien qu'il soit impossible de spécifier exactement ce qu'il est à un moment donné, ce minimum existe toujours ; et qu'il soit haut ou bas, lorsqu'il est atteint, aucune nouvelle augmentation de capital ne peut pour le moment avoir lieu. Le pays a ainsi atteint ce qui est connu aux économistes sous le nom d'état stationnaire. » John Stuart Mill Principles of Political Economy, Livre IV, chap. IV, § 3.

Mais il est des ricardiens pour qui la baisse du taux de profit engendre des crises. Henryk Grossmann[18] ou Paul Mattick[19] font partie de cette école. Dans cette représentation, on met en évidence, un point « absolu », un point spécifique caractéristique qui annonce la crise. Grossmann et Mattick, considèrent que ce point est atteint dès lors que la masse de la plus-value devient insuffisante pour financer l'accumulation. Grossmann et Mattick substituent, fallacieusement, au taux de profit la masse de celui-ci. Comme nous l'avons déjà montré ailleurs[20] et comme nous le verrons rapidement dans ce texte, ces auteurs s'inscrivent dans une tradition ricardienne. Pour celle-ci, les crises ne peuvent aller au-delà de disproportions, c'est-à-dire de

---

[18] Henryk Grossmann (1881-1950), né en Pologne sous domination autrichienne, il milite assez tôt dans la social-démocratie polonaise puis dans le parti social-démocrate juif de Galicie. En 1908, il suit les cours de Carl Grunberg, un des pères de l'austro-marxisme. Après la première guerre mondiale, il est membre du parti communiste de Pologne. Professeur d'économie, il rejoint l'Allemagne et l'institut de recherche sociale de Francfort dont Grunberg est le premier directeur. Il émigre ensuite à New-York. Après-guerre il rejoint l'Allemagne de l'Est, pour un poste de professeur d'économie à l'université de Leipzig où il meurt en 1950. Il serait resté un médiocre professeur stalinien si le révolutionnaire Paul Mattick n'avait pas eu la mauvaise idée de reprendre à son compte son corpus théorique.

[19] Paul Mattick (1904-1981), né en Poméranie, il grandit à Berlin dans une famille ouvrière révolutionnaire. Il adhère très jeune à l'organisation de jeunesse de la ligue Spartakus, puis adhère au KAPD en 1920. Emigré aux Etats-Unis à partir de 1926 tout en restant en relation avec la gauche allemande, il étudie Marx et trouve dans l'ouvrage principal de Grossmann publié en 1929 une restauration de la théorie de l'accumulation de Marx. Fidèle toute sa vie, à la tradition de la gauche communiste, il défend et développe le point de vue de Grossmann assimilé à celui de Marx dans des écrits comme « Marx et Keynes », « Crise et théorie des crises ». Son fils, Paul Mattick jr, né en 1944, s'inscrit également dans cette tradition.

[20] Une critique plus détaillée de la théorie de Grossmann/Mattick se trouve dans le texte consacré à la théorie marxiste des crises (cf. http://www.robingoodfellow.info). Anton Pannekoek, dans un article de 1934, consacré à la théorie de l'effondrement du capitalisme en a également critiqué l'essentiel (cf. http://bataillesocialiste.wordpress.com/documents-historiques/1934-06-la-theorie-de-lecroulement-du-capitalisme)

crises partielles où à un excédent dans un secteur fait face un déficit dans un autre. La théorie de Grossmann/Mattick revient à dire que la plus-value est insuffisante en regard des besoins de l'accumulation. Une hausse *autonome* (c'est-à-dire qui ne tient pas compte de la plus-value) du capital accumulé et de la composition organique du capital conduit à une crise due à l'insuffisance de la plus-value (en fait de crise, il s'agit d'une disproportion imaginaire).

A défaut de pouvoir expliquer les crises périodiques qui secouent la production capitaliste, on les rend permanentes. Qu'ils soient adeptes de la baisse du taux de profit, comme Paul Boccara qui réinterprète et falsifie complètement la théorie de la suraccumulation[21], ou épigones de Rosa Luxemburg, tous convergent, pour des motifs bien différents, et sans toujours le reconnaître, vers l'idée d'une crise permanente.

Contre ces interprétations, nous défendons ce qui est pour nous la véritable conception de Marx. Il existe des moments où le taux de profit baisse brutalement. Cette baisse soudaine est le résultat d'un retournement dans le progrès de la productivité du travail qui pour être surmonté doit se traduire par des dévalorisations qui ne résultent pas du progrès de la productivité mais de l'élimination des capitaux faillis, des baisses de prix ruineuses, des destructions de capitaux inemployés, etc. Il y a une suraccumulation du capital et l'ampleur de celle-ci permet de dire si cette suraccumulation est relative ou absolue (cf. chapitre 2.5). Dans le cours du taux de profit, il y a bien un changement d'état, un changement qualitatif, il ne s'agit pas d'un point absolu, quantitatif et produit par un résultat mécanique mais d'un point relatif, qualitatif, produit d'un développement organique, qui se caractérise, quel que soit le niveau atteint par le taux de profit, par un renversement brutal de la productivité du travail.

---

21 Théorie qui elle-même fait l'objet de nombreuses autres assertions révisionnistes comme nous le verrons plus bas.

Surproduction de capital et surproduction de marchandises

Traditionnellement, le marxisme présente les crises de surproduction comme des crises de surproduction de marchandises :

« Nous avons vu comment la perfectibilité poussée au maximum du machinisme moderne se transforme, par l'effet de l'anarchie de la production dans la société, en une loi impérative pour le capitaliste industriel isolé, en l'obligeant à améliorer sans cesse son machinisme, à accroître sans cesse sa force de production. La simple possibilité de fait d'agrandir le domaine de sa production se transforme pour lui en une autre loi tout aussi impérative. L'énorme force d'expansion de la grande industrie, à côté de laquelle celle des gaz est un véritable jeu d'enfant, se manifeste à nous maintenant comme un besoin d'expansion qualitatif et quantitatif, qui se rit de toute contre-pression. La contre-pression est constituée par la consommation, le débouché, les marchés pour les produits de la grande industrie. Mais la possibilité d'expansion des marchés, extensive aussi bien qu'intensive, est dominée en premier lieu par des lois toutes différentes, dont l'action est beaucoup moins énergique. L'expansion des marchés ne peut pas aller de pair avec l'expansion de la production. La collision est inéluctable et comme elle ne peut engendrer de solution tant qu'elle ne fait pas éclater le mode de production capitaliste lui-même, elle devient périodique. La production capitaliste engendre un nouveau « cercle vicieux ».
En effet, depuis 1825, date où éclata la première crise générale, la totalité du monde industriel et commercial, la production et l'échange de l'ensemble des peuples civilisés et de leurs satellites plus ou moins barbares se détraquent environ une fois tous les dix ans. Le commerce s'arrête, les marchés sont encombrés, les produits sont là aussi en quantités aussi massives qu'ils sont invendables, l'argent comptant devient invisible, le crédit disparaît, les fabriques s'arrêtent, les masses travailleuses manquent de moyens de subsistance pour avoir produit trop de moyens de subsistance, les faillites succèdent aux faillites, les ventes forcées aux ventes forcées. L'engorgement dure des années, forces productives et produits sont dilapidés et détruits en masse jusqu'à ce que les masses de marchandises accumulées s'écoulent enfin avec une dépréciation plus ou moins

forte, jusqu'à ce que production et échange reprennent peu à peu leur marche. Progressivement, l'allure s'accélère, passe au trot, le trot industriel se fait galop et ce galop augmente à son tour jusqu'au ventre à terre d'un *steeple-chase* complet de l'industrie, du commerce, du crédit et de la spéculation, pour finir, après les sauts les plus périlleux, par se retrouver... dans le fossé du krach. Et toujours la même répétition. Voilà ce que nous n'avons pas vécu moins de cinq fois déjà depuis 1825, et ce que nous vivons en cet instant (1877) pour la sixième fois. Et le caractère de ces crises est si nettement marqué que Fourier a mis le doigt sur toutes en qualifiant la première de crise pléthorique. [En français dans le texte. (N.R.)]
On voit, dans les crises, la contradiction entre production sociale et appropriation capitaliste arriver à l'explosion violente. La circulation des marchandises est momentanément anéantie ; le moyen de circulation, l'argent, devient obstacle à la circulation ; toutes les lois de la production et de la circulation des marchandises sont mises sens dessus sens dessous. La collision économique atteint son maximum : *le mode de production se rebelle contre le mode d'échange, les forces productives se rebellent contre le mode de production pour lequel elles sont devenues trop grandes* » (Engels, Anti-Dühring, Editions sociales, p.312)

« D'un côté, perfectionnement du machinisme, dont la concurrence fait une loi impérative pour tout fabricant et qui équivaut à une élimination toujours croissante d'ouvriers : *armée industrielle de réserve*. — De l'autre côté, extension sans limite de la production, également loi coercitive de la concurrence pour chaque fabricant. — Des deux côtés, développement inouï des forces productives, excédent de l'offre sur la demande, surproduction, encombrement des marchés, crises décennales, cercle vicieux : *excédent, ici, de moyens de production et de produits - excédents, là, d'ouvriers* sans emploi et sans moyens d'existence ; mais ces deux rouages de la production et du bien-être social ne peuvent s'engrener, du fait que la forme capitaliste de la production interdit aux forces productives d'agir, aux produits de circuler, à moins qu'ils ne soient précédemment transformés en capital : ce que leur surabondance même empêche. La contradiction s'est intensifiée en contre-raison : *le mode de production se rebelle contre la forme d'échange*. La bourgeoisie est convaincue d'incapacité à diriger davantage ses propres forces productives sociales. » (Engels, Anti-Dühring, Editions sociales, p.320)

Cette présentation, claire et pédagogique, met l'accent sur le déséquilibre qui se crée entre la progression de la production, progression d'autant plus grande que la productivité croît, et la croissance de la demande, l'augmentation de la taille et de l'intensité du marché. C'est ce que notait la gauche d'Italie quand elle opposait le « volcan de la production » au « marais du marché »[22]. Ce n'est pas parce qu'un pouvoir d'achat équivalent à la production est distribué (d'ailleurs, pour une part, il ne l'est que si l'accumulation s'effectue), que celui-ci va s'exercer, que les besoins vont croître dans la même proportion. Si la production de pommes de terre double et que parallèlement leur valeur est divisée par deux sous l'effet d'une hausse de la productivité, mon estomac n'avalera pas pour autant le double de pommes de terre. Mais, pour réaliser la même valeur, le capitaliste doit vendre le double de pommes de terre. Si des machines toujours plus efficaces et dont le prix est relativement en baisse arrivent sur le marché, la capacité de les acheter ne dépendra pas uniquement de leur prix mais aussi des débouchés escomptés par le capitaliste pour les produits qu'elles permettent de fabriquer. La crise de surproduction de marchandises menace donc régulièrement la production capitaliste ; c'est ce sujet qui est en fait confondu avec la question de la sous-consommation ; nous le reprendrons plus loin (cf. partie 4). Par contre, dans cette partie 2, nous examinerons en détail la surproduction de capital, la suraccumulation.

Notons cependant ici que la surproduction de marchandises que nous venons de mettre en lumière n'est pas strictement identique à la surproduction de capital. C'est d'ailleurs pour cela que nous donnons deux noms différents, deux étiquettes, pour un phénomène identique : la surproduction générale. En fait, tout dépend de l'angle à partir duquel on examine la contradiction : si l'on prend l'angle de la valeur d'échange, la limite du capital s'exprime comme suraccumulation, surproduction de capital ; si l'on prend celui de la valeur d'usage, le capital trouve une limite dans la surproduction de marchandises. Si la surproduction de capital induit celle de

---

22 Parti communiste international. Rapport exposé à la réunion générale d'Asti du 26-27 Juin 1954 et publié dans « il programma comunista », n°s 13 à 19, 1954.

marchandise, la surproduction de marchandise n'implique pas la surproduction de capital : sa suraccumulation. Phénoménalement, nous aurons le même résultat : la surproduction générale. Dans un cas comme dans l'autre, le capital sous toutes ces formes (argent, moyens de production, marchandises) se fige : c'est la crise de surproduction. Dans les deux cas, cette crise est une crise générale, une crise catastrophique qui appelle la dévalorisation (nous en verrons les diverses modalités). La surproduction de capital, la suraccumulation est induite par une baisse brutale du taux de profit, baisse dont nous verrons les caractéristiques, tandis qu'avec la surproduction de marchandises nous avons le phénomène opposé, c'est-à-dire que dans ce cas, c'est la surproduction qui a comme effet d'abaisser le taux de profit et le degré d'exploitation.

Nous avons là les deux écueils entre lesquels navigue la production capitaliste. D'un côté, une hausse de la production qui se traduit par une insuffisance de la production de plus-value induit une crise de surproduction de capital et par voie de conséquence, une surproduction de marchandises, de l'autre une progression de la production, une expansion du surproduit, qui ne trouve pas les débouchés correspondants engendre une surproduction de marchandises. Il s'agit de deux manifestations de la même limite. La recherche du maximum de plus-value, la valorisation du capital passe par sa dévalorisation, la hausse de la productivité et la croissance de la masse des marchandises.

Bien entendu, les marchandises sont aussi du capital-marchandise. Si Marx distingue avec la théorie de la suraccumulation, la surproduction de capital de la surproduction de marchandises, c'est pour bien souligner et distinguer les racines des obstacles qui se dressent devant la production capitaliste. Il s'agit de la même limite mais elle est exposée selon deux directions différentes. D'un côté, on insiste sur la dimension propre à la valeur d'échange (sous la forme des limites propres à la production du maximum de plus-value). La suraccumulation, la surproduction de capital est à mettre en relation avec le but même de la production capitaliste : la recherche du maximum de plus-value, la production de valeur d'échange extra, de survaleur, et les limites provoquées par une production insuffisante de celle-ci. De l'autre côté, on met en avant la dimension propre à la valeur d'usage, c'est-à-dire aux questions propres à la forme que prend le produit social, sa composition matérielle (les types de valeurs d'usage qu'il revêt et notamment la distinction entre les marchandises destinées à la consommation productive, les moyens de production, et celles destinées à une consommation individuelle ou collective) et leur volume, leur masse, la distribution des revenus entre les classes, la capacité d'accumulation, la capacité à trouver les débouchés nécessaires à l'expansion du surproduit et de la production en raison des limites provoquées par une trop grande valorisation et le développement de la productivité qui l'accompagne.

Dans les deux cas, il s'agit d'une crise générale de surproduction qui appelle la même solution : une dévalorisation du capital. Dans les deux cas, marchandises, argent, moyens de production se figent tandis que la force de travail rejoint l'armée de réserve industrielle. Dans les deux cas, ce qui rend la crise possible, ce qui lui permet de se manifester, c'est la forme marchande du produit social, la contradiction entre la valeur d'échange et la valeur d'usage, la contradiction entre la marchandise et l'argent qui font que la réalisation du capital-marchandise en argent ne va pas de soi. Surproduction et non-réalisation du produit social signifient dialectiquement la même chose[23]. Que la surproduction de marchandises soit en relation avec la surproduction de capital ou qu'elle soit autonome, dans les deux cas, mais pour des motifs en partie différents, il n'y pas de réalisation du produit social, les marchandises restent invendues, la surproduction est manifeste et il s'ensuit une dévalorisation du capital. Dans le cas de la surproduction de capital, la surproduction résulte de la baisse brusque du taux de profit. Dans l'autre cas, celui d'une surproduction de marchandises, c'est la surproduction qui conduit à la baisse soudaine du taux de profit. Quelle que soit la cause immédiate de la surproduction, la réponse sera la dévalorisation du capital. Quelle que soit la cause

---

[23] « (...) affirmer que l'on produit trop *peu d'argent* revient en fait à affirmer que la production ne coïncide pas avec la valorisation, qu'elle est donc *surproduction* ou, ce qui revient au même, qu'elle est production ne pouvant se convertir en argent, en *valeur* ; qu'elle ne peut se confirmer dans la circulation. » (Marx, Manuscrits de 1857-1858, Grundrisse, Editions sociales, T.1, p. 351)

immédiate de la surproduction, le capital menacé par ces crises périodiques, doit, à terme, renoncer à son but et s'abandonner à la baisse (tendancielle) du taux de profit.

Relation entre baisse tendancielle du taux de profit et suraccumulation du capital

Baisse tendancielle et baisse brutale du taux de profit

Une grande source de confusion, présente chez de nombreux auteurs, est d'assimiler unilatéralement la baisse tendancielle du taux de profit et la suraccumulation du capital. En ne distinguant pas au sein de la loi générale de la baisse du taux de profit, le moment particulier qui caractérise la suraccumulation du capital, la surproduction de capital, on ramène la théorie de Marx au niveau de l'économie politique.

La baisse tendancielle du taux de profit est, comme nous l'avons vu, une loi dont la temporalité concerne plusieurs cycles de la production capitaliste tandis que la suraccumulation de capital, corollaire de la crise de surproduction suppose une baisse brutale du taux de profit. Si l'on considère que la crise marque la fin d'un cycle, la suraccumulation du capital correspond à cette période du cycle. Dans son développement, la loi de la baisse du taux de profit se traduit, dans des moments singuliers, par une suraccumulation de capital, une crise générale de surproduction de capital, due à une brusque baisse du taux de profit.

Nous avons donc, d'un côté, une baisse *tendancielle* qui s'étend sur plusieurs cycles et, de l'autre côté, une baisse *soudaine*, *subite* qui marque la fin du cycle. Ce qui revient à dire que tout en connaissant une baisse tendancielle du taux de profit, le capital connaît régulièrement, périodiquement (cycliquement) une baisse brutale du taux de profit qui se traduit par une crise générale de surproduction. La recherche du maximum de plus-value induit notamment le développement de la productivité du travail. Celui-ci s'exprime par la *hausse* du degré d'exploitation de la force de travail et la baisse tendancielle du taux de profit. Par contre, la baisse brutale du taux de profit qui va caractériser la suraccumulation, la surproduction de capital, est marquée par la brusque *baisse* de ce même degré d'exploitation.

La loi de la baisse du taux de profit se manifeste donc :

1° en tant que tendance, sur plusieurs cycles, dans un cadre géo-historique donné, dans certaines circonstances, en tant qu'expression du développement contradictoire de la productivité du travail.
2° périodiquement, en fin de cycle, du fait d'un retournement de la productivité, sous la forme d'une baisse brutale du taux de profit, sous la forme d'une suraccumulation, d'une surproduction de capital ou encore, autre écueil que nous verrons plus en détail dans le chapitre 4, sous la forme d'une surproduction de marchandises qui précipite la baisse du taux de profit.

Les deux aspects, nous l'avons vu, ne sont pas séparés. Dans son développement, le processus valorisation dévalorisation se présente sous la forme de la loi de la baisse du taux de profit à la fois dans son aspect tendanciel (intercycles) et son aspect soudain, sa baisse soudaine sous l'effet d'une baisse brusque du degré d'exploitation du travail ou d'une surproduction de marchandises ; ces circonstances particulières caractérisent soit la suraccumulation qui est une crise de surproduction générale de capital soit la surproduction de marchandises (qui est tout aussi générale).

Il est important de ne pas confondre ces deux dimensions. Toute baisse du taux de profit n'engendre pas de crise. En revanche, il y a des moments particuliers où, au contraire, cette baisse prend corps et se traduit par une crise de surproduction générale de capital, une suraccumulation.

Si l'on peut rejeter l'existence de points absolus, mécaniques conduisant à la crise (par exemple, c'est le cas de la théorie de Grossmann/Mattick avec l'insuffisance de plus-value pour faire face à l'accumulation) on ne peut pas ignorer pour autant l'existence de ces points nodaux, de ces points spécifiques, relatifs et non pas absolus, où la productivité se retourne et se traduit par une crise générale de surproduction. Critiquer, à juste titre, la théorisation de l'existence de points spécifiques absolus dans la baisse du taux de profit ne doit pas conduire à nier l'existence de points caractéristiques, relatifs, pour lesquels, quelle que soit la hauteur du taux de profit et sa tendance, une baisse brutale du taux de profit intervient. Ces points nodaux relatifs se caractérisent par un retournement de la productivité du travail[24] dès lors qu'il s'agit d'une suraccumulation. Dans ce cas c'est la baisse soudaine du taux de profit qui provoque la surproduction générale. A l'inverse, dans le cas d'une surproduction de marchandises, phénomène qui intervient quand celles-ci ne trouvent pas le marché qui leur est nécessaire, c'est la surproduction qui engendre la baisse du taux de profit et le recul de la productivité qui accompagne la crise générale.

Une parabole agraire

Si nous avons à nous représenter simplement, et donc très schématiquement, la spécificité de la suraccumulation (surproduction liée à une baisse brutale du taux de profit qui marque la fin du cycle) au sein de la loi générale de la baisse tendancielle du taux de profit (intercycle) on pourrait tenter une parabole agraire.

La baisse brutale du taux de profit provoquant une crise peut être assimilée à une très mauvaise récolte qui se traduit donc par un recul brutal de la productivité du travail tandis que la baisse tendancielle du taux de profit serait l'équivalent des «rendements décroissants » (tendanciellement) pour parler comme les économistes, bref elle refléterait le fait que la productivité non pas se retournerait mais progresserait de moins en moins rapidement, aurait un taux d'accroissement tendanciellement de plus en plus faible.

---

24 « 1° Le développement de la productivité du travail engendre, dans la baisse du taux de profit, une loi qui, à un certain moment, se tourne brutalement contre ce développement et doit être constamment surmontée par des crises ;

2° Ce qui décide de l'extension ou de la limitation de la production, ce n'est pas le rapport entre la production et les besoins sociaux ou les besoins d'individus socialement développés, mais l'appropriation de travail non payé et le rapport entre celui-ci et le travail matérialisé en général, ou bien, en termes capitalistes, le profit et le rapport entre ce profit et le capital employé, donc un certain niveau du taux de profit. » (Marx, Capital, L.III, Pléiade, T.2, p.1041)

Le retournement de la productivité du travail engendre une pression à la hausse à la fois sur le capital constant et le capital variable tandis qu'une pression opposée, à la baisse, s'exerce brutalement sur la plus-value. Au mouvement contradictoire de la valeur qui, dans ces occasions, prend la direction opposée de sa tendance historique (avec le développement de la productivité du travail, toutes choses égales par ailleurs, la valeur des marchandises baisse), il faut substituer une dévalorisation, une dépréciation brutale du capital, par une baisse des prix, l'arrêt du processus de production, la destruction de capitaux, tandis que la mévente et la surproduction des marchandises s'installent, que l'armée de réserve industrielle enfle, que le capital argent et les moyens de production restent en jachère, …

Conduit à des crises qui se développent sur la base d'une force productive du travail toujours plus grande et à la gravité tendanciellement croissante, le capital ressent le besoin impérieux de limiter son expansion, sa puissance productive, le développement de la productivité sociale, puisque celle-ci le menace régulièrement. Il lui faut dissiper et gaspiller ce potentiel productif.

Cette dissipation prend plusieurs aspects, limitation du taux d'accumulation via la consommation des classes moyennes, recherche d'une demande solvable sur le marché mondial, réalisation d'investissements en capital fixe (grands travaux, ouvrages d'art) dont les retombées productives sont à long terme, et baisse tendancielle du taux de profit. Au final, acculé, le capital accepte une baisse du taux de profit qui marque pour lui le renoncement à une mission historique, favorise les tendances parasitaires, la spéculation, avoue son impuissance et son caractère limité, se met à se survivre en attendant le coup de grâce que doit lui porter le prolétariat.[25]

---

25 Le déclin relatif des Etats-Unis, du Japon et de l'Europe, pour porteurs qu'ils soient d'un renouveau du socialisme, ne doit pas pour autant nous faire penser que nous en sommes arrivés à ce stade aujourd'hui. Dans le reste du monde, qui représente plus de 85% de la population mondiale, l'accumulation du capital et la production de plus-value continuent à aller bon train, ce qui ne veut pas dire que les contradictions ne s'y accumulent pas pour autant.

La suraccumulation du capital chez Marx

Un cadre théorique à expliciter

Pour bien faire comprendre ce qu'il entend par suraccumulation, c'est-à-dire surproduction de capital, Marx envisage un cas dit de « suraccumulation absolue ». Son exemple en a dérouté plus d'un. En effet, Marx se place dans des conditions théoriques qui lui permettent d'illustrer son propos sans avoir recours au processus valorisation dévalorisation, sans prendre en compte l'évolution contradictoire de la productivité du travail[26]

Pour mieux mettre en évidence les résultats d'un processus complexe, Marx le simplifie. Pour éviter de traiter le sujet dans un contexte où le développement de la productivité du travail à des effets contradictoires[27], Marx se place dans un cadre théorique qui les élimine.

Ainsi Marx suppose qu'aucune révolution n'intervient dans le progrès des forces productives. En d'autres termes, il écarte le procès valorisation-dévalorisation. Dans cette représentation, on admet donc qu'il n'y a ni progrès de la productivité du travail ni modification de la composition technique du capital (le rapport entre la masse des moyens de production et la force de travail nécessaire pour les mettre en œuvre.). Dans cette hypothèse, la crise de suraccumulation absolue ne peut s'expliquer que par une hausse du salaire telle que la

---

[26] Ce n'est pas la première fois. Dans le chapitre sur la baisse tendancielle, il écrit « Nous faisons ici totalement abstraction du fait que, dans la progrès de la production capitaliste et le développement correspondant de la productivité du travail social, avec la multiplication des branches de production et des produits, la même quantité de valeurs représente une masse toujours croissante de valeurs utiles et de moyens de jouissance » (Marx, Capital, L.III, Pléiade T.2 p.1007).

[27] Le procès de valorisation (création de plus-value) est en même temps un procès de dévalorisation (sous l'effet de l'augmentation de la productivité, la valeur unitaire des marchandises, et donc des éléments constitutifs du capital, diminue tandis que la masse des marchandises grossit).

plus-value additionnelle due à l'accroissement du nombre d'ouvriers est dévorée par la hausse générale de l'ensemble des salaires[28].

Pour ce faire, Marx nous replonge dans une situation déjà rencontrée[29] dans le livre I du capital[30]. De ce point de vue, on peut rapprocher suraccumulation absolue et plus-value absolue et le cadre théorique de l'accumulation du capital de l'époque de la manufacture quand le procès de travail n'était pas spécifiquement capitaliste (avant la révolution industrielle) et que donc le capital se subordonnait formellement le travail.

Pour être plus précis, en Angleterre, les périodes historiques où l'on rencontre des hausses de salaires, susceptibles de faire baisser le taux de plus-value sont :

- le XVe siècle, à l'aube de la production capitaliste (la manufacture s'implante surtout à partir du XVIe siècle),
- la première moitié du XVIIIe siècle, période qui correspond à l'apogée de la manufacture et à l'émergence de la grande industrie (le coup d'envoi de la révolution industrielle date de 1735 et elle fera

28 « (…), il y aurait aussi une baisse sensible et subite du taux général de profit, mais la cause en serait cette fois un changement dans la composition du capital, dû non pas au développement des forces productives, mais à une hausse dans la valeur monétaire du capital variable (en raison des salaires accrus) et à la diminution correspondante dans le rapport du surtravail au travail nécessaire. » (Marx, Capital, L.III, Pléiade, T.2, p.1034)

29 Il est donc complètement faux de prétendre comme le fera Paul Mattick (cf. chapitre suivant) que la situation décrite par Marx n'a aucune portée ni pratique (elle contredirait toutes les données de l'expérience) ni théorique (elle serait contraire à la théorie marxienne de l'accumulation).

30 Livre I, chapitre XXV, I, La loi de l'accumulation ; la composition du capital restant la même le progrès de l'accumulation tend à faire monter le taux des salaires.

> sentir pleinement ses effets dans le dernier quart du XVIIIe siècle[31]).

Marx d'ailleurs fait remarquer que Smith écrit à cette époque où la grande industrie est naissante[32] et il critique Ricardo qui se sert des premières années du XVIIIe siècle comme modèle alors qu'il ne s'agit que d'un cas possible, par ailleurs dépassé par le développement de la grande industrie qui suppose un procès de travail spécifiquement capitaliste (machinisme) et donc la subordination réelle du travail au capital[33].

---

31 « De tout cela, il résulte que chaque année fournira de l'emploi pour un nombre de salariés supérieur à celui de l'année précédente, et qu'à un moment donné les besoins de l'accumulation commenceront à dépasser l'offre ordinaire de travail. Dès lors, le taux des salaires doit suivre un mouvement ascendant. Ce fut en Angleterre, pendant presque tout le XVe siècle et dans la première moitié du XVIIIe, un sujet de lamentations continuelles » (Marx, Capital, L.I, Pléiade T.1, p.1122-1123)

32 « On pourrait en conclure, comme le faisait Adam Smith, à une époque où l'industrie moderne était encore dans l'enfance, que l'accumulation accélérée du capital doit faire pencher la balance en faveur du travailleur, puisqu'elle assure au travail une demande croissante » (Marx, Salaire, prix et plus-value, Pléiade, T.1, p.531)

33 « Au taux de profit en baisse correspondent donc chez Ricardo une croissance nominale du salaire et une croissance réelle de la rente foncière. Cette façon unilatérale de voir les choses chez Ricardo, qui ne conçoit qu'un *cas* singulier, tout à fait comparable à celui où le taux de profit baisserait, parce que le salaire augmente momentanément, etc., et qui élève au rang de loi générale un rapport historique valable pendant une période de 50 ans, mais qui se trouve renversé dans les 50 années qui suivent, et qui, plus généralement, se fonde sur la disproportion historique entre le développement de l'industrie et celui de l'agriculture – au fond, il est comique que Ricardo, Malthus, etc., à une époque où la chimie physiologique existait encore à peine, aient établi des lois universelles et éternelles sur cette science -, cette façon de concevoir les choses chez Ricardo a été de ce fait attaquée de toutes parts, plutôt par intuition qu'elle était fausse et pas satisfaisante ; mais en même temps, le plus souvent, c'est à son côté vrai plutôt qu'à son côté faux qu'on s'en est pris. » (Marx, Grundrisse, T.2, p.240, Editions sociales)

Bien entendu, dans ces périodes, il n'y a pas ces crises de surproduction[34] propres à la production capitaliste moderne[35] ; celles-ci commencent à partir de 1825[36]. Paradoxalement, Marx se sert donc

---

[34] « Smith ne connaît pas encore le phénomène de la surproduction, des crises résultant de la surproduction. Ce qu'il connaissait, c'était seulement des crises de crédit et des crises monétaires qui vont de soi dès que s'installent le système de crédit et le système bancaire. » (Marx, Théories sur la plus-value, Editions sociales, T.2, p.625). Plus de deux siècles plus tard, le socialisme petit bourgeois découvre la « financiarisation » de l'économie.

[35] Dans le livre I, la hausse des salaires ne se traduit pas par une crise mais induit soit une compensation du taux par la masse et l'accroissement de la sujétion du prolétaire, soit si elle devient trop forte un ralentissement de l'accumulation qui recrée les conditions d'une baisse des salaires avec la formation d'une surpopulation (absolue) ouvrière.

« Dans nos données, le taux des salaires s'est élevé grâce à un accroissement du capital supérieur à celui du travail offert. Il n'y a qu'une alternative : Ou bien les salaires continuent à monter, puisque leur hausse n'empiète point sur le progrès de l'accumulation, ce qui n'a rien de merveilleux, « car ; dit Adam Smith, après que les profits ont baissé, les capitaux n'en augmentent pas moins ; ils continuent même à augmenter bien plus vite qu'auparavant... Un gros capital, quoique avec de petits profits, augmente, en général, bien plus promptement qu'un petit capital avec de gros profits. ». Alors il est évident que la diminution du travail gratuit des ouvriers n'empêche en rien le capital d'étendre sa sphère de domination. Ce mouvement, au contraire, accoutume le travailleur à voir sa seule chance de salut dans l'enrichissement de son maître. Ou bien, émoussant l'aiguillon du gain, la hausse progressive des salaires commence à retarder la marche de l'accumulation qui va en diminuant, mais cette diminution même en fait disparaître la cause première, à savoir l'excès en capital comparé à l'offre de travail. Dès lors le taux du salaire retombe à un niveau conforme aux besoins de la mise en valeur du capital, niveau qui peut être supérieur, égal ou inférieur à ce qu'il était au moment où la hausse des salaires eut lieu. De cette manière, le mécanisme de la production capitaliste écarte spontanément les obstacles qu'il lui arrive parfois de créer » (Marx, Capital, L.I, Pléiade T.1, p.1129)

[36] « D'un côté, la grande industrie sortait à peine de l'enfance, car ce n'est qu'avec la crise de 1825 que s'ouvre le cycle périodique de sa vie moderne. » (Marx, Postface de la seconde édition allemande du Capital, Pléiade, T.1, p.553)

d'un cadre théorique[37] et historique dépassé, un cadre qui ne connaît pas les crises propres au mode de production capitaliste le plus développé, pour illustrer plus facilement ces crises modernes.

L'avantage que Marx en retire est de ne pas introduire le procès valorisation-dévalorisation et, en conséquence, de simplifier son propos. Donc, ce faisant, Marx peut bâtir un cas pédagogique, un exemple heuristique pour illustrer la suraccumulation. En revanche, une fois la crise de surproduction déclenchée sur la base de critères simplifiés, les modalités du recouvrement de la capacité à accumuler, du rétablissement des rapports d'exploitation et de la restauration du taux de profit qui l'accompagne sont propres au mode de production capitaliste moderne. Les diverses formes de dévalorisation du capital qui y sont envisagées sont celles qui prévalent au sein de la production capitaliste la plus développée.

La suraccumulation absolue

Suraccumulation absolue = crise générale de surproduction

Pour Marx, suraccumulation absolue signifie tout d'abord crise générale de surproduction de capital. Il ne s'agit donc pas d'une crise partielle, d'une crise limitée à tel ou tel secteur de la production mais d'une crise générale affectant l'ensemble des domaines de la production capitaliste. C'est le premier sens de cette suraccumulation, surproduction, absolue[38]. On notera que dans cette citation (en note

---

[37] Il ne faut pas pour autant penser que la baisse du taux de profit et les crises qui s'ensuivent puissent être le produit, sauf exception, d'une hausse des salaires ; avec le progrès de la production capitaliste le salaire relatif baisse. « Dès lors, quoi de plus absurde que d'expliquer la baisse du taux de profit par une hausse du taux de salaire, bien que cela puisse arriver quelquefois, à titre exceptionnel. » (Marx, Capital, L.III, Pléiade T.2, p.1023)

[38] « Pour comprendre ce qu'est cette suraccumulation (…), on n'a qu'à supposer qu'elle est absolue. Quand la surproduction du capital serait-elle absolue ? A savoir une surproduction qui affecterait non pas tel ou tel domaine ou quelques domaines importants de la production, mais serait absolue par son ampleur même et engloberait donc tous les domaines de la production. » (Marx, Capital, L. III, Pléiade, T.2, p. 1033)

de bas de page), Marx trace de nouveau un trait d'égalité entre suraccumulation de capital et surproduction de capital, ce qui ne laisse aucun doute sur le sens de sa pensée à propos du concept de suraccumulation. S'il est bien évident que la crise éclate à un moment donné, donc à l'occasion d'une nouvelle accumulation du capital, c'est bien l'ensemble du rapport social qui est concerné. On notera que Marx emploie le conditionnel car il s'agit d'une hypothèse théorique. Dans la pratique, la crise, toute générale qu'elle soit, n'a pas besoin de toucher tout le capital de tous les secteurs. Ailleurs, Marx développe l'idée que pour qu'une crise soit générale, il suffit qu'elle concerne les secteurs pilotes de la société[39].

---

[39] « (…) dans les moments de surproduction générale, dans certaines sphères, la surproduction n'est toujours que le *résultat*, la *conséquence* de la surproduction dans les articles commerciaux pilotes : [elle n'est] toujours que *relative* : surproduction parce qu'il existe une surproduction dans d'autres sphères. » (Marx, Théories sur la plus-value, Editions sociales, T.2, p.631). Par articles pilotes, Marx entend des articles qui généralement ne peuvent être produits qu'en masse et industriellement (y compris dans l'agriculture).

« En ce qui concerne la distinction entre la surproduction partielle et la surproduction universelle, consistant à affirmer la première pour mieux esquiver la seconde, nous ferons les remarques suivantes :

1° Pour tous les articles qui appartiennent à la production capitaliste, les crises sont le plus souvent précédées d'une hausse générale des prix. C'est pourquoi tous participent au krach qui suit et provoquent, à leurs prix antérieurs, un encombrement du marché. (…). La surabondance des marchandises est toujours relative : elle n'existe qu'en fonction de certains prix. Mais les prix auxquels les marchandises sont alors absorbées sont ruineux pour le producteur et pour le commerçant.

2° Pour qu'une crise (donc également la surproduction) soit générale, il suffit qu'elle affecte les principaux articles commerciaux. » (Marx, Matériaux pour « l'Economie », Pléiade, T.2, p.472)

Suraccumulation absolue = surproduction de capital

En insistant sur la surproduction de capital, distincte pour une part mais également articulée à la surproduction de marchandises[40], il s'agit pour Marx de montrer que la crise n'est ni un phénomène limité à une sphère particulière, ni un phénomène accidentel mais un produit organique de la production capitaliste qui trouve ces racines au sein de celle-ci. La force de la théorie de la suraccumulation c'est qu'elle recherche l'origine de la crise au cœur même de la production capitaliste. La crise est mise en relation avec la production insuffisante de plus-value (dont la production maximum est le but exclusif de la production capitaliste) par rapport au capital avancé et la baisse brutale du taux de profit qui s'ensuit. La suraccumulation et la crise générale de surproduction qui l'accompagne se caractérisent alors par la dégradation soudaine du rapport d'exploitation, par une baisse subite du degré d'exploitation.

Suraccumulation absolue = « taux de profit marginal » nul ou négatif

En effet, Marx définit ensuite la suraccumulation absolue par l'importance de la baisse du taux de profit qu'elle suppose. « il y aurait surproduction absolue de capital dès le moment où le capital additionnel destiné à la production capitaliste serait égal à zéro » (Marx, Capital, L.III, Pléiade, T.2, p.1033).

Cette première définition peut paraître ambiguë. Marx veut-il dire que la fraction de la plus-value accumulée (on pourrait peut-être interpréter ainsi le membre de phrase cité précédemment : « le capital additionnel destiné à la production capitaliste ») devient nulle ou veut-il dire autre chose ? et notamment vise-t-il la plus-value, la survaleur dans son ensemble ?. Il ne faut pas oublier que nous avons affaire à des brouillons qu'Engels ou d'autres (Rubel notamment) ont édité. Quant aux traductions, elles sont d'une qualité fort inégale.

La pensée de Marx se précise ensuite « (…) dès que le capital accru ne produirait donc qu'autant, voire moins de plus-value qu'avant son accroissement, il y aurait surproduction absolue de capital ; autrement

---

[40] « Surproduction de capital, et non surproduction de marchandises – bien que l'une implique toujours l'autre – signifie donc simplement suraccumulation de capital. » (Marx, Capital, L.III. Pléiade T.2, p.1033)

dit, le capital accru C + ΔC ne produirait pas plus de profit, peut-être moins, que le capital C avant son accroissement par ΔC. » (Marx, Capital, L.III, Pléiade, T.2, p.1034)

C'est donc l'idée que la plus-value produite après l'accumulation du capital est identique voire moindre à celle qui était produite sur la base du capital avancé précédemment qui est la bonne (ou que implicitement Marx suppose ici une accumulation de la totalité de la plus-value). C'est ce phénomène qui caractérise la suraccumulation absolue, la surproduction absolue de capital. Cette surproduction absolue est donc le corollaire d'une baisse brutale du taux de profit.

Dans la baisse tendancielle du taux de profit, nous avions à la fois une tendance à la hausse de la composition organique du capital et une tendance à la hausse du taux de la plus-value et l'accumulation s'accompagnait d'un accroissement de la masse de plus-value. Le phénomène ici est complètement inversé puisque, contrairement à la tendance générale du mode de production capitaliste, le degré d'exploitation de la force de travail diminue brutalement. En effet, avec la hausse des salaires, nous avons simultanément une baisse du taux d'exploitation, du taux de plus-value et une baisse de la composition valeur du capital. Le taux de profit chute brutalement sous l'effet de ce retournement de tendance.

La suraccumulation par l'exemple

Prenons un exemple. Admettons que le produit social se décompose ainsi : 50 c + 50 v +50 pl. Ignorons les questions propres au capital fixe. Admettons maintenant que toute la plus-value soit accumulée et que le capital constant et le capital variable additionnels se répartissent selon la composition organique en vigueur soit 1. Le capital constant additionnel serait alors de 25 et le capital variable additionnel également de 25. La plus-value de 50 est donc accumulée et se décompose en 25 c + 25 v. Le degré de développement des forces productives reste constant tandis qu'elles s'étendent. Ici, l'accumulation entraîne un accroissement proportionnel de la force de travail. Par conséquent, le produit social attendu devrait être :

75 c + 75 v + 75 pl.

Or, Marx nous dit que ce qui caractérise la suraccumulation absolue c'est que la plus-value additionnelle est nulle voire négative. La plus-value totale de la période considérée se retrouve égale ou inférieure à la plus-value totale de la période antérieure. Donc, au lieu des 75 attendus nous avons au mieux 50.

Comment cela est-il possible alors que la population productive augmente ?

Pour nous retrouver dans la situation indiquée par Marx, Il faut que la hausse du salaire pour l'ensemble du prolétariat (le capital variable qui va se transformer en salaire versé à l'ensemble du prolétariat est de 75) vienne contrebalancer l'accroissement de la plus-value due à l'accumulation du capital additionnel (la plus-value nouvelle est potentiellement de 25). Il faut donc que la plus-value potentielle, soit 75, soit ramenée à 50. Pour ce faire, le salaire doit s'élever de 75 à 100.

Une baisse de la plus-value (de 75 à 50) en relation avec l'augmentation du capital variable (qui passe toutes choses égales par ailleurs de 75 à 100) induit une baisse brutale du taux de profit (il était de 50%, il tombe à 50/175 soit 28%) et décourage les perspectives d'une nouvelle accumulation et donc la réalisation du produit social ; la crise de surproduction éclate.

Lorsque le capitaliste collectif qui a le monopole du produit social souhaite à nouveau salarier le prolétariat existant, il doit désormais débourser 100 au lieu de 75 ; toute la plus-value additionnelle créée lors de la période est annihilée.

Dans le cas explicité par Marx, il n'y a pas de développement contradictoire de la productivité du travail. Le procès valorisation/dévalorisation a été écarté. La hausse des salaires intervient parallèlement au procès de production (par exemple, sous l'effet d'un fort accroissement des offres d'emploi favorisant la hausse des salaires ou encore de luttes de classes qui tournent à l'avantage de la classe productive). Cette hausse se présente comme une contrainte externe. Ce choix permet à Marx d'illustrer son propos sans complications. Mais, nous l'avons déjà vu, il serait absurde de penser que les crises résultent d'une hausse des salaires. Cette perspective est introduite ici, uniquement à des fins simplificatrices. La cause externe, la hausse des salaires permet de ne pas se confronter au processus valorisation/dévalorisation pour introduire la crise de suraccumulation. Mais, en fait, c'est au sein du processus de production que se passe le phénomène qui engendre la suraccumulation. Le choc externe (la hausse des salaires), plus simple à mettre en œuvre, à justifier, à expliquer, à illustrer, remplace le processus interne (retournement de tendance dans le processus valorisation dévalorisation) qui engendre la baisse de la plus-value produite.

Dans la suraccumulation mise en scène par Marx, c'est au moment où la classe capitaliste se lance dans une nouvelle accumulation qu'elle constate que les conditions du marché ont changé. Le prix de la force de travail s'est envolé et la plus-value qui avait été extorquée s'évanouit. A la fin du processus de production, les salaires ont augmenté pour s'élever à 100. La réalisation du produit social rapporte potentiellement 225 au capitaliste. Pour reproduire le niveau d'accumulation antérieur, il devra avancer 75 de capital constant et 100 de capital variable du fait de la hausse des salaires. Il ne lui reste alors plus que 50 de plus-value, soit le même résultat que lors de la phase d'accumulation précédente. Il ne disposera pour accumuler que 50 de capital argent additionnels. Pour le prochain cycle, il ne peut espérer une plus-value additionnelle que sur la base d'un taux de profit de l'ordre de 28% contre 50% auparavant et à condition qu'une nouvelle hausse de salaire ne vienne pas ruiner cette perspective. L'accumulation est découragée, la surproduction se manifeste en relation avec une insuffisante valorisation[41],

[41] Alors qu'il critique Mill puis Say et leurs théories que nous rangeons sous l'étiquette « disproportionnaliste » ricardienne, Marx déclare « Say exprime la même idée, en l'abêtissant totalement : les produits ne s'échangent que contre des produits ; on en a donc tout au plus trop des uns, pas assez des autres. Il oublie 1) que ce sont des valeurs qui s'échangent contre des valeurs et qu'un produit ne s'échange contre un autre que s'il est une valeur, c'est-à-dire que s'il est ou devient de l'argent ; 2) que l'échange se fait contre du travail. Ce brave homme se place du point de vue de l'*échange simple* dans lequel il n'y a effectivement pas de surproduction possible, parce qu'il s'agit, en fait, non de la valeur d'échange, mais de la valeur

conséquence d'une baisse brutale du degré d'exploitation de la force de travail.

Bien entendu, notre exemple est spectaculaire. Cela tient à l'importance de la croissance de la population productive en raison notamment d'un taux d'accumulation (100% de la plus-value) et d'un taux de profit élevés. La formule générale qui mesure ce taux de croissance est pl k/ (c + v), c'est-à-dire la combinaison du taux de profit (pl/c+v) et du taux d'accumulation de la plus-value (k). Ici, nous avons laissé de côté la question du capital fixe en posant sa rotation égale à l'unité. Toute la plus-value est accumulée et donc le taux d'accumulation (k) est de 100%. Dans notre exemple, le taux de croissance et le taux de profit sont égaux.

Par conséquent, dans le cas d'une suraccumulation absolue, le taux de profit marginal (qu'on nous pardonne ce flirt avec l'économie politique, en attendant de trouver, si possible, un meilleur concept), le taux de profit qui rapporte la plus-value additionnelle au capital avancé additionnel, doit tomber à 0 voire devenir négatif.

La suraccumulation et la baisse du degré d'exploitation

Les contradictions que met en lumière l'analyse de Marx sont dialectiques ; elles ne relèvent pas d'une logique plate et mécanique, d'une logique purement formelle. Si le capitaliste collectif a accumulé la plus-value et avec elle l'ensemble du capital social réalisé, c'est parce qu'il recherchait le maximum de plus-value. Si ce processus s'interrompt, c'est parce qu'il s'est produit, au cœur du processus productif, un événement qui engendre une insuffisance de plus-value, une baisse du degré d'exploitation. Dès lors que celle-ci atteint un certain point, le capital est confronté à la suraccumulation, à une crise de surproduction de capital. Celle-ci se manifeste par un arrêt de l'accumulation et de la reproduction du capital[42] tandis que, corollaire

d'usage. Il y a surproduction par rapport à la valorisation, *et à rien d'autre.* » (Marx, Manuscrits de 1857-1858, Grundrisse, Editions sociales, T.1,.p.363)

42 « Surproduction de capital ne signifie jamais que surproduction de moyens de production – instruments de travail ou moyens de subsistance – qui peuvent fonctionner comme capital, c'est-à-dire servir à l'exploitation à un degré donné d'exploitation ; une baisse du degré d'exploitation au-

de ce blocage du processus, les marchandises créées se révèlent invendables[43]. La nature même de l'argent, rend possible une scission entre la vente et l'achat. Donc, la réalisation de la plus-value et du capital avancé ne se fait pas dans la mesure où le capital ne se lance plus dans la recherche du maximum de plus-value, déstabilisé qu'il est par cette baisse brutale du degré d'exploitation et du taux de profit qui l'accompagne.

Comment ce phénomène est-il à la fois possible et nécessaire sur la base de la production capitaliste la plus développée ? Nous devons concéder que nous sommes arrivés aux confins de ce que Marx a exploré. Nos travaux mettent à jour ses intentions et sa conception. Et, en même temps qu'ils cherchent à restaurer et à éclairer la théorie, ils mettent en évidence les parties qui sont dans l'ombre, les parties pour lesquelles le parti communiste doit poursuivre un effort scientifique. C'est donc à cet effort que nous appelons pour mieux percer encore les secrets du mode de production capitaliste. Ce sont d'ailleurs des efforts de ce genre qui permettent de montrer que le socialisme est scientifique[44] et non une ratiocination vide de sens ou pire encore, et c'est malheureusement sous cette forme qu'il occupe le devant de la scène, une idéologie de la contre-révolution. Le marxisme orthodoxe que nous cherchons à représenter, ne s'est jamais attelé à l'étude du processus valorisation/dévalorisation. L'enjeu scientifique est là et reste entier. Pour pouvoir l'entreprendre, il faut d'abord se débarrasser des obstacles que constituent les interprétations révisionnistes en général et celles du marxisme de la chaire en particulier.

---

dessous d'un certain point provoque, en effet, des perturbations et des arrêts dans le processus de production capitaliste, des crises, voire la destruction de capital. » (Marx, Capital, L. III, Pléiade, T.2, p.1038)

43 « D'ailleurs, le capital se compose de marchandises ; donc la surproduction de capital implique celles de marchandises. » (Marx, Capital, L. III, Pléiade, T.2, p.1039).

44 Cf. « La nature du marxisme » sur notre site : http://www .robingoodfellow.info

Il appartient donc aux nouvelles générations du parti communiste de labourer ce terrain pour en faire ressortir une nouvelle moisson qui conduira la théorie révolutionnaire à un nouveau sommet.

Ceci posé, nous pouvons envisager quelques pistes. La hausse des salaires, nous l'avons vu, permet d'illustrer sans effort l'idée d'une baisse brutale du taux de profit. Mais dans le mode de production capitaliste moderne, quand le capital se subordonne réellement le travail en créant une technologie spécifiquement capitaliste (machinisme), qui se caractérise par la baisse du salaire relatif, un tel cas de figure ne peut être qu'exceptionnel.

Si nous écartons également la perspective d'un abaissement brutal de la durée du travail, c'est vers le retournement dans le progrès de la productivité du travail qu'il nous faut nous tourner. Comment cela est-il possible ? Un tel phénomène se comprend très bien dans le cas de l'agriculture ou de la production de matières premières. Des mauvaises récoltes, le recours à des terrains ou des mines moins productifs, font reculer la productivité du travail. Mais tout cela a un caractère accidentel, extérieur, alors que nous cherchons des causes organiques, internes.

Ecartons l'objection naïve qui comparerait la productivité sociale avec celle d'un producteur individuel, son boulanger par exemple, en considérant qu'il maîtrise très bien sa productivité (et moins la demande). Pour Marx, la productivité du travail est toujours une productivité sociale qui résulte de la moyenne d'une force de travail collective. Qui plus est, cette force de travail collective, le seuil à partir duquel la force de travail produit les marchandises dans les conditions sociales moyennes doit augmenter avec le développement de la production capitaliste[45]. Par conséquent, la maîtrise de la

---

45 « Avec la baisse du taux de profit s'accroît le minimum de capital requis au main du capitaliste individuel pour l'emploi productif du travail ; requis aussi bien pour son exploitation en général qu'afin que le temps employé soit le temps nécessaire à la production des marchandises, qu'il ne dépasse pas la moyenne du temps de travail socialement nécessaire à cette production. En même temps s'accroît la concentration, parce qu'au-delà de certaines limites, un gros capital avec un faible taux de profit accumule plus

productivité sociale n'est pas du seul ressort de l'entreprise capitaliste. Celle-ci est soumise à un processus social dans lequel elle est immergée et qu'elle subit autant qu'elle y participe. D'autre part, quand nous analysons à un très haut niveau d'abstraction la question de la suraccumulation, nous devons penser que dès lors que nous introduisons le procès valorisation/dévalorisation, il s'ensuit une modification dans la composition organique du capital[46]. Celle-ci ne se traduit pas par une évolution graduelle mais par de véritables sauts qui modifient considérablement voire bouleversent les conditions de production. A ce niveau d'analyse, la maîtrise de la productivité qui résulte de cette nouvelle organisation ne va pas de soi.

Plus la production capitaliste est développée, plus le taux de la plus-value est important, plus la masse des marchandises s'est accrue. Obtenir un surcroît de plus-value suppose un accroissement d'autant plus considérable de la force productive du travail ; l'instabilité de la production capitaliste, du fait de sa difficulté croissante à remplir son contrat : le maximum de plus-value, s'accroît donc et favorise d'autant plus les crises.

Existe-t-il des facteurs qui faussent le jugement de la classe capitaliste ? Peut-il se laisser gagner par l'euphorie et s'engager dans la voie de la suraccumulation ? Indéniablement les indicateurs dont dispose la classe capitaliste sont faussés aussi bien par sa

---

rapidement qu'un petit capital avec un fort taux de profit. Parvenue à un certain niveau, cette concentration croissante provoque de son côté une nouvelle baisse du taux de profit. La masse des petits capitaux disséminés est ainsi entraînée dans la voie aventureuse de la spéculation, des actions et du crédit frauduleux, des crises. » (Marx, Capital, L.III, Pléiade, T.2, p.1032-1033)

[46] Dans son analyse de la suraccumulation absolue, Marx, nous l'avons vu, écarte cette perspective ; la composition technique du capital demeure identique, seule fluctue – à la baisse – la composition valeur du fait de l'augmentation des salaires. De ce point de vue, on ne peut pas vraiment dire que la composition organique évolue, car ce n'est que si la composition valeur reflète le changement dans la composition technique que nous pouvons véritablement parler d'un changement dans la composition organique du capital. Cf. plus loin la discussion à propos du capital fixe.

représentation théorique des phénomènes car elle ignore la source de la valeur et de la plus-value que par la réalité objective de ceux-ci. Les comptabilités ne donnent qu'une approximation de la valeur, le profit qui sert de guide n'est qu'une partie de la plus-value. La spéculation est une source d'enrichissement tentante dans bien des occasions. Dans ces périodes d'euphorie spéculative, l'entreprise est facilement entraînée dans des investissements sans lendemain. A l'ivresse de la spéculation succède la gueule de bois de la crise.

Ces derniers éléments montrent d'une part qu'à ce niveau d'analyse, celui du capital total et du capital productif, ne sont posés que les fondements généraux des crises. Pour comprendre les crises réelles, outre une analyse du procès valorisation/dévalorisation, il faut également prendre en compte la sphère financière, le cycle du capital fixe et se placer également au niveau des « capitaux nombreux », des capitaux entrant en concurrence les uns avec les autres sans oublier la lutte des classes comme les interventions de la classe dirigeante et de son Etat.

La suraccumulation relative

Même si l'école normale supérieure pense le contraire[47], en première analyse, le concept de « suraccumulation relative » ne semble pas exister chez Marx. Dans l'édition de Maximilien Rubel, il existe bien un passage, dédié à l'analyse de la suraccumulation, où il est question de « surproduction relative », mais compte tenu de ce qui est dit dans ce paragraphe, il s'agit d'un lapsus pour « surpopulation relative »[48].

Le concept de « surproduction relative », s'il n'est pas associé directement à suraccumulation, est cependant employé par Marx dans des contextes variés.

---

47 « Marx distingue deux cas à ce propos, la suraccumulation absolue et la suraccumulation relative. » http://ses.ens-lyon.fr/les-grands-themes-suite--50165.kjsp

48 C'est une erreur de l'éditeur et non de Marx. Dans d'autres éditions, il est bien écrit « surpopulation relative »

De même qu'il ne définissait pas uniquement la suraccumulation absolue sur la base de critères quantitatifs[49] comme c'est le cas quand il la définit par un taux de profit marginal égal à 0 voire négatif, Marx utilise plus loin, vraisemblablement en réponse aux économistes bourgeois, le terme de « surproduction relative » dans un sens général[50]. L'expression vise la relativité du mode de production capitaliste. La surproduction n'est pas « absolue » (et donc est « relative ») car elle ne résulte pas du fait que les besoins sont tous satisfaits et la production trop grande. Nous sommes loin d'une telle situation car la consommation du prolétariat est limitée. La surproduction est donc dans ce sens « relative », caractéristique du mode de production capitaliste. La société n'est pas parvenue à la satiété ; c'est le capital, affamé de surtravail, qui a périodiquement du mal à le produire et le digérer. La surproduction démontre le caractère historique, transitoire, de ce mode de production comme la nécessité de son renversement révolutionnaire.

---

[49] Nous avons vu que par suraccumulation « absolue », Marx veut signifier qu'il s'agit d'une surproduction générale. Mais comme il s'en explique dans « Théories sur la plus-value », il y a une crise générale dès lors que les branches qui produisent les « articles pilotes », les articles produit en masse et industriellement (même dans l'agriculture) connaissent la surproduction. Les autres branches sont touchées en conséquence de cette surproduction qui dans ce sens est « relative » (cf. Marx, Théories sur la plus-value, Editions sociales, T.2, p.631)

[50] « Dire que la surproduction n'est que relative est tout à fait correct ; mais, dans son ensemble, le mode de production capitaliste n'est précisément qu'un mode de production relatif, dont les limites ne sont pas absolues : elles ne sont absolues que pour ce type de production, c'est-à-dire sur ses propres bases » (Marx, Capital, L.III, Pléiade, T.2, p.1039)

Marx vise ici l'idée que « Ce qui se révèle ici [la représentation de la baisse du taux de profit par les économistes NDR] de manière purement économique, c'est-à-dire du point de vue bourgeois, dans les limites mêmes de la compréhension capitaliste, c'est la limite de la production capitaliste, sa relativité : elle n'est pas un mode de production absolu, mais un système historique qui correspond à une époque déterminée et restreinte du développement des conditions matérielles de la production. » (Marx, Capital, L.III, Pléiade, T.2, p.1042)

Les économistes comme Ricardo se servaient de l'expression « surproduction relative » pour nier la possibilité d'une surproduction générale, touchant tous les secteurs[51]. Pour eux, si la surproduction était générale, la proportion entre toutes les branches serait respectée, il n'y aurait pas de disproportions entre les secteurs et donc on aurait affaire à un accroissement des forces productives. Par conséquent, s'il y a une surproduction, elle ne peut être que relative, concerner uniquement certains secteurs. La théorie de la monnaie de Marx va à l'encontre de ce raisonnement en montrant que la possibilité d'une scission entre la vente et l'achat est inscrite dans la nature de l'argent et rend possible une surproduction générale, une surproduction qui affecte tous les secteurs. Dialectiquement, la surproduction de marchandises apparaît du fait de la non réalisation du produit social, tandis que la surproduction de capital conduit à la non réalisation du produit social.

Ailleurs, dans les manuscrits de 1857-1858 (Gründrisse), Marx développe l'idée que pour que le capital puisse accumuler du capital fixe dont la réalisation suppose une longue période de production (barrages, canaux, chemins de fer, grands ponts, etc.), un niveau élevé de productivité est nécessaire. Pour qu'une telle production soit possible, une surpopulation et surproduction relatives[52] sont nécessaires. C'est-à-dire, d'une part, qu'une force de travail doit être disponible, libérée du fait du développement de la productivité sociale et non pas rivée à des travaux qui lui assurent juste ce qu'il faut pour se reproduire. D'autre part, une capacité à faire des avances de capital importantes doit exister car il s'écoulera du temps avant que le capital fixe ainsi créé puisse être utilisé. Il faut donc une surproduction relative ce qui signifie dans ce contexte un surplus relatif. Il peut être un vecteur de crise ; non pas de ces crises générales de surproduction dont nous parlons tout au long de ce

---

51 C'est donc en opposition à cette idée que Marx définit (cf. ci-dessus) la suraccumulation absolue, la surproduction absolue, comme une surproduction qui affecte tous les domaines, comme une surproduction générale. Il est alors logique que Marx ne développe pas le concept de suraccumulation relative.

52 Les traducteurs précisent les termes allemands. Ce ne sont pas ceux qui sont utilisés dans le cas des crises.

texte mais de disproportions entre capital fixe et capital circulant, disproportions qui elles-mêmes, du fait des décalages dans la production du capital fixe jouent un rôle dans la périodicité du cycle[53]. Dans ce sens, « surproduction relative » s'oppose à « production nécessaire »[54].

---

[53] « La partie de la production orientée vers la production du *capital fixe* ne produit pas d'objets de jouissance immédiats, ni des valeurs d'échange immédiates ; du moins pas des valeurs d'échange immédiatement réalisables. *Il dépend donc du degré de productivité déjà atteint – de ce qu'une partie du temps de production suffit pour la production immédiate – qu'une partie d'importance croissante soit affectée à la production des moyens de production.* Cela suppose que la société puisse atteindre, puisse prélever une part importante de la richesse déjà créée, tant sur la jouissance immédiate que sur la production destinée à la jouissance immédiate, pour appliquer cette part à du travail *non immédiatement productif* (à l'intérieur du procès de production matériel lui-même). Cela nécessite un niveau élevé de la productivité déjà atteinte et de l'excédent relatif, et que ce niveau élevé soit directement proportionnel à la transformation du *capital circulant* en *capital fixe*. De même que la *grandeur du surtravail relatif dépend de la productivité du travail nécessaire, de même la grandeur du* temps de travail affecté à *la production de* **capital fixe** – que ce soit du travail vivant ou du travail objectivé – dépend *de la productivité du temps de travail destiné à la production directe de produits. Une surpopulation* (de ce point de vue) de même qu'*une surproduction* en sont la condition. C'est-à-dire que le résultat du temps utilisé à la production immédiate doit être relativement trop grand pour qu'il y en ait besoin en vue de la reproduction du capital utilisé dans ces branches d'industrie. *Moins le capital fixe* porte immédiatement des fruits et intervient dans le *procès de production immédiat*, plus il faut que cette *surpopulation* et cette *surproduction* relatives soient importantes ; donc plus pour construire des chemins de fer, des canaux, des canalisations d'eau, des télégraphes, etc., que pour construire de la machinerie agissant directement dans le procès de production immédiat. D'où - ce sur quoi nous reviendrons – dans la surproduction et sous-productions continuelles de l'industrie moderne – les oscillations et crispations continuelles provenant de la proportion mal ajustée dans laquelle tantôt pas assez, tantôt trop de *capital circulant* est transformé en *capital fixe*. » (Marx, Manuscrits de 1857-1858, Grundrisse, Editions sociales, T.2, p.195)

[54] « En outre, le capitaliste industriel qui pousse l'ouvrier à cette *surproduction de surplus* (c'est-à-dire production au-delà des besoins vitaux) et qui met tous les moyens en œuvre pour l'accroître autant que possible, pour

Dans le livre II du capital, lorsqu'il traite de la reproduction du capital fixe, Marx constate que dans une société communiste, il devrait y avoir une « surproduction relative continuelle » pour faire face aux fluctuations. Bien entendu, cela ne signifie pas que la société communiste connaît une crise permanente mais que des stocks régulateurs sont indispensables. Dans la société bourgeoise, ils sont une composante de l'anarchie de la production[55]. Ici aussi le concept a donc un sens particulier qui ne peut être rapproché de la suraccumulation absolue.

On ne peut pas non plus comme nous le faisions dans « Communisme ou civilisation »[56] historiciser les concepts :

---

augmenter cette *surproduction* relative par opposition à la production nécessaire, s'approprie immédiatement le surproduit. » (Marx, Théories sur la plus-value, Editions sociales, T.1, p.321)

55 « La forme capitaliste de la reproduction une fois abolie, on se trouve simplement devant le problème du volume de la partie du capital fixe qui dépérit et doit donc être remplacé en nature (le capital servant dans notre exemple à la création de produits de consommation). Or, ce volume change d'année en année. S'il est très grand une année (supérieur à la mortalité moyenne comme pour les hommes, il sera à coup sûr d'autant plus faible l'année suivante. La masse de matières premières, de produits semi-finis et de matériaux auxiliaires, nécessaires pour la production annuelle des articles de consommation – toutes choses restant égales d'ailleurs – ne diminue pas pour autant. La production globale des moyens de production devrait donc augmenter dans un cas et diminuer dans l'autre. Le seul remède sera une surproduction relative continuelle ; d'une part, une certaine quantité de capital fixe produisant au-delà de ce qui est directement nécessaire ; d'autre part, et surtout, un stock de matières premières, etc., dépassant les besoins annuels immédiats (cela vaut surtout pour les moyens de subsistance). Cette sorte de surproduction implique le contrôle par la société, des moyens matériels de sa propre reproduction. Mais, au sein de la société capitaliste, elle constitue un élément d'anarchie. » (Marx, Capital, L.II, Pléiade, T.2, p.802)

56 « Communisme ou civilisation » s'était donné pour tâche, en retournant à Marx, de fonder strictement sur la théorie de Marx, les positions politiques qui sont, pour faire bref et simplifier outrageusement, le fonds de commerce de l'ultra-gauche (anti-démocratisme formel, anti-syndicalisme, abandon des revendications démocratiques ou nationales le tout reposant

« suraccumulation absolue » pour la période manufacturière (avec en écho, la production de plus-value absolue ou encore la surpopulation absolue) quand le travail est subordonné formellement au capital

« suraccumulation relative » (et la production de plus-value relative comme d'une surpopulation relative avec l'élévation de la composition organique du capital) avec le mode de production capitaliste moderne où le travail est subordonné réellement au capital.

Il est vrai, nous l'avons rappelé, que le cadre défini par Marx pour mettre en relief la suraccumulation est bien celui de la période manufacturière. Par contre, les caractéristiques de la crise et de la destruction de capital qui l'accompagne sont celles des crises de surproduction qui naissent sur la base de la production capitaliste la plus développée[57]. La première de ce genre, nous l'avons déjà souligné, est datée de 1825. La suraccumulation, qu'elle soit absolue ou relative, ne peut donc intervenir qu'à partir de cette date.

Devons-nous alors renoncer au concept de suraccumulation relative ?

---

peu ou prou sur l'idée d'un changement de paradigme du mode de production capitaliste à partir de la première guerre mondiale - domination réelle du capital, décadence, ….-), tandis que l'échec complet des prévisions de la gauche d'Italie (bordiguiste) et sa trajectoire activiste conduisaient à reprendre intégralement la théorie des crises. Chemin faisant, tout en progressant dans la restauration de la théorie des crises, c'est surtout l'inanité d'une telle tentative qui s'est révélée. Loin de pouvoir fonder une coupure, c'est au contraire la cohérence de la théorie de Marx qui s'est toujours plus manifestée. Les révolutions démocratiques, les guerres nationales (en ex-Yougoslavie), la création de nouvelles nations en Europe (dont certaines n'avaient jamais existé), autant d'événements qui étaient inimaginables dans la sphère de la pensée ultra-gauche, ont donné le coup de grâce. En rupture avec cette démarche, la création de Robin Goodfellow signifie donc notre rattachement au marxisme, à tout le marxisme, rien qu'au marxisme.

57 Nous avons vu que cette contradiction apparente s'expliquait par le fait que Marx souhaitait faciliter son exposé en éliminant le procès valorisation/dévalorisation.

Pour les staliniens du PCF, la suraccumulation relative se définit comme suit : « Dans le cas de suraccumulation relative, à un capital additionnel ne correspond pas une masse de profit additionnel telle qu'elle puisse donner le taux de profit minimum nécessaire. » (Traité d'économie politique marxiste, Editions sociales, T.1, p.38)

On pourrait en conclure qu'il s'agit d'une variante ricardienne de la baisse du taux de profit qui suppose un taux de profit minimum, minimum variable (cf. la citation de Stuart Mill dans le chapitre 2.3) à partir duquel s'interrompt l'accumulation. Si cette interprétation est exacte, ici, à la différence de Stuart Mill, ce n'est pas le taux de profit moyen qui est en cause mais le taux de profit marginal. La représentation générale n'est pas pour autant changée. L'autre manière, plus proche de Smith, d'interpréter cette définition serait de considérer que chaque baisse du taux de profit se traduit par une suraccumulation relative. Une telle conception reviendrait alors à postuler implicitement ce qu'on pourrait appeler un « taux de profit d'or », c'est-à-dire un taux de profit optimum, dont le niveau est inconnu et néanmoins postulé. Chaque éloignement, à la baisse, de ce « taux de profit d'or », chaque baisse du taux de profit induit une suraccumulation (relative)/dévalorisation. Dans cette interprétation nous n'avons plus à considérer qu'il existe un taux de profit minimum à partir duquel apparaît la suraccumulation relative. Comme les théoriciens du PCF ne peuvent (veulent) pas dire qu'à chaque baisse, il y a suraccumulation, ils élaborent des définitions ambiguës de celle-ci[58]. Les théoriciens staliniens sont conduits à la fois à une théorie des crises permanentes (et à le dire officiellement) et, en même temps, pour articuler leur discours avec la théorie de Marx qui nie explicitement l'existence de crises permanentes, à limiter la portée de leurs analyses.

---

58 Par exemple, Boccara conclut que « La dévalorisation, succédant à la suraccumulation et exprimant la baisse du taux de profit, conditionne le jeu des contre-tendances (…) » et précise en note « Alors que la suraccumulation exprime seulement la tendance à la baisse » (Paul Boccara, Etudes sur le capitalisme monopoliste d'Etat, sa crise et son issue, Editions sociales, p.299)

La suraccumulation relative, telle que nous pouvons la concevoir, peut être définie comme une baisse relative, et non plus absolue, de la plus-value par rapport au capital avancé. Ce phénomène intervient dès qu'une hausse de la composition organique n'est pas suffisamment compensée par une hausse du taux d'exploitation. Par conséquent, il y aurait selon cette définition une suraccumulation relative dès qu'une baisse du taux de profit intervient. Une telle représentation est évidemment absurde. Ce ne sont que les baisses brutales qui peuvent être concernées par cette forme de suraccumulation. Nous devons donc préciser la définition en y ajoutant une condition des plus importantes. Nous avons vu en effet qu'il ne s'agissait que des baisses du taux de profit qui correspondaient à un retournement brutal du progrès de la productivité du travail et que de ce fait la suraccumulation relative du capital, pour bien en voir toute la portée, doit être appréciée en introduisant la contradiction valorisation/dévalorisation qui, pour des raisons méthodologiques, n'est pas abordée par Marx dans le livre III du « Capital ».

Par conséquent, la suraccumulation, la surproduction de capital intervient, dès lors que nous prenons en compte le procès valorisation/dévalorisation, en cas de retournement brutal dans le progrès de la force productive du travail. Il s'ensuit une baisse soudaine, brusque du taux de profit qui conduit à l'arrêt du processus de production et de réalisation du produit social, à une crise de surproduction. Si le taux de profit marginal reste positif, la suraccumulation est relative ; si le taux de profit marginal est nul ou négatif, la suraccumulation est absolue.

Les diverses acceptions du terme dévalorisation chez Marx

Marx emploie le terme de dévalorisation dans des acceptions différentes. On peut en relever, notamment dans les manuscrits de 1857-1858 (Grundrisse), au moins sept :

Dévalorisation = conversion du capital argent en capital productif ou capital marchandise (sens 1)

Dans une première acception, Marx utilise le terme de dévalorisation dans le sens de conversion du capital argent en capital marchandise ou capital productif. Le capital quitte sa forme argent pour prendre la forme du capital marchandise. Dans ce sens, Il se dévalorise. On pourrait écrire dé-valorise pour rendre mieux compte de ce que Marx veut dire. En opposition, la valorisation correspond à la fois à l'accroissement du capital via la plus-value et à la réalisation du capital marchandise en capital argent.

« Le capital s'étant, par le procès de production, 1° valorisé, c'est-à-dire ayant créé une valeur nouvelle 2° dévalorisé, c'est-à-dire étant passé de la forme d'argent à celle d'une marchandise déterminée ; 3° se valorise lui-même, en même temps que sa valeur nouvelle, dans la mesure où le produit est relancé dans la circulation et échangé, en tant que M contre A. » (Marx, Manuscrits de 1857-1858, Grundrisse, Editions sociales, T.1, p.386-387)

Dévalorisation = baisse de la valeur du capital sous l'effet de l'accroissement de la productivité (sens 2)

Une autre acception se rencontre plus fréquemment chez Marx. Le capital, valeur en procès, valeur qui cherche à se valoriser en s'accroissant d'une survaleur, d'une plus-value, se dévalorise par la même occasion dès lors que la production de plus-value repose sur la plus-value relative et le progrès de la productivité du travail. Nous avons donc une opposition dialectique entre valorisation et dévalorisation du capital. Pour se valoriser, pour s'accroître d'une survaleur, d'une plus-value, le capital doit se dévaloriser, perdre de sa valeur sous l'effet du développement de la productivité du travail, ce faisant la masse des marchandises enfle. Le but de la production capitaliste est de produire le maximum de plus-value, la forme spécifique du surtravail propre à la production capitaliste. Dès lors qu'existe le mode de production capitaliste moderne, celui qui repose sur la subordination réelle du travail au capital (révolution industrielle), une nouvelle méthode d'extraction de la plus-value, la production de plus-value relative, se met en place via le développement de la productivité du travail. Cette augmentation de la productivité du travail, dès lors qu'elle concerne directement ou indirectement des éléments matériels qui déterminent la valeur de la force de travail, permet d'abaisser cette valeur et, toutes choses égales par ailleurs, d'accroître la plus-value. Le capital se valorise mais la valeur des marchandises baisse, y compris la force de travail, et donc le capital se dévalorise. Et plus le capital est dévalorisé, plus la productivité doit augmenter pour obtenir une même masse de plus-value additionnelle. C'est cette contradiction fondamentale que Marx écarte de son analyse de la suraccumulation absolue, pour lui substituer une hausse des salaires.

« L'augmentation de la force productive (qui, par ailleurs, (…) va toujours de pair avec une dépréciation du capital existant) ne peut directement accroître la grandeur de la valeur du capital que si, en élevant le taux de profit, elle augmente l'élément de valeur du produit annuel qui est reconverti en capital. S'il s'agit de la force productive du travail, ce résultat ne peut se produire (…) qu'autant qu'elle entraîne une élévation de la plus-value relative ou encore une réduction de la valeur du capital constant, donc que si les marchandises entrant, soit dans la reproduction de la force de travail, soit dans les éléments du capital constant, sont produites à meilleur marché. Or, ces deux conséquences impliquent une dévalorisation du capital existant et vont de pair avec la réduction du capital variable par rapport au capital constant. Toutes deux entraînent la baisse du taux de profit et toutes deux la ralentissent. » (Marx, Capital, LIII, Editions du progrès, p.264)

Le capital, à travers ce type de dévalorisation, est détruit en permanence (à chaque accroissement de la productivité sociale). Une des caractéristiques de la crise de suraccumulation, c'est que ce phénomène de dévalorisation s'enraye, se retourne. Il faut donc substituer à cette forme de dévalorisation, d'autres formes (désaccumulation, destruction, dépréciation), tandis que le recouvrement d'une base productive plus forte permet à nouveau à ce processus de s'exprimer et donc de faciliter le rétablissement du rapport d'exploitation (cf. le chapitre sur la dévalorisation au sens 7).

Dévalorisation = absence de valorisation du capital du fait de la fixation du capital dans les diverses phases de son procès (sens 3)

Le capital aimerait changer de référentiel dans l'espace-temps de façon à ce que la valorisation soit instantanée. Le capital porteur d'intérêt, la captation de plus-value dans la spéculation lui en donnent l'illusion. Mais il est prisonnier de multiples déterminations qui entravent son cycle et dont il cherche à s'affranchir. Dès lors qu'il est improductif (au sens où il ne se valorise pas, au sens où il n'est pas dans la sphère de la production sous forme de moyens de production et de force de travail), qu'il ne se valorise pas, qu'il se fixe et il doit nécessairement être pour une part fixé, immobilisé, Marx considère qu'il se dévalorise. D'ailleurs, même quand il est dans une phase productive, de valorisation, une phase où il se valorise, cette valorisation n'est jamais assez rapide.

« De même que, en tant que semence, placé en terre, le grain perd sa valeur d'usage immédiate, est *dévalorisé* en tant que valeur d'usage immédiate, de même le capital est *dévalorisé* à partir de l'achèvement du procès de production jusqu'à sa retransformation en argent et, de là, de nouveau en capital. » (Marx, Manuscrits de 1857-1858, Grundrisse, Editions sociales, T.2, p.12).

La même idée, beaucoup plus développée, est exprimée plus loin. Marx oppose :
1° le capital sous sa dimension de capital circulant[59], c'est-à-dire ici dans le sens de : mobile, fluide, de passage d'une forme à l'autre,

---

[59] « En tant que sujet, que valeur dont la détermination gagne les différentes phases de ce mouvement, qui se conserve et se multiplie en lui, en tant que sujet de ces mutations qui se déroulent dans une course circulaire, décrivent une spirale, un cercle qui va en s'élargissant, le capital est ***capital circulant***. Le *capital circulant* n'est donc pas d'abord une forme *particulière* du capital, mais c'est le capital dans une détermination plus poussée, en tant que sujet du mouvement décrit, qu'il est lui-même en tant qu'il est son propre procès de valorisation. Considéré de ce côté, tout capital est donc *capital circulant* » (Marx, Manuscrits de 1857-1858, Grundrisse, Editions sociales, T.2, p.111)

d'une phase à l'autre, en se valorisant, c'est-à-dire en s'accroissant d'une plus-value, d'une survaleur ;
2° le capital sous sa dimension de capital fixé, c'est-à-dire dans le sens de : immobile, de prisonnier d'une forme, d'une détermination, d'une phase de son procès.
Il ne s'agit pas de deux espèces de capital mais de deux déterminations formelles du même capital.

« Aussi longtemps qu'il persiste dans une de ces phases – que cette phase n'apparaît pas elle-même comme un passage fluide –, et chacune de ces phases a sa durée propre, il n'est pas circulant, il est fixé. Aussi longtemps qu'il persiste dans le procès de production, il est incapable de circuler, et virtuellement dévalorisé. Aussi longtemps qu'il persiste dans la circulation, il est incapable de produire, il ne pose pas de survaleur, il n'est pas dans son procès de capital. Aussi longtemps qu'il ne peut pas être lancé sur le marché, il est fixé en tant que produit ; aussi longtemps qu'il doit rester sur le marché, il est fixé en tant que marchandise. Aussi longtemps qu'il ne peut s'échanger contre des conditions de production, il est fixé en tant qu'argent. Enfin, si les conditions de production restent sous cette forme de condition et n'entrent pas dans le procès de production, il est de nouveau fixé et dévalorisé. Le capital, comme sujet qui traverse toutes ces phases, comme unité en mouvement, unité en procès de la circulation et de la production, est du capital *circulant* ; le capital reclus dans chacune de ces phases et posé dans ses *différences*, est du capital *fixé*, du capital *engagé*. En tant que capital circulant, il se fixe, en tant que capital fixé, il circule. La distinction entre ***capital circulant*** et ***capital fixe*** apparaît ainsi d'abord comme la détermination formelle du capital, selon qu'il apparaît comme unité du procès ou comme moment déterminé de celui-ci. » (Marx, Manuscrits de 1857-1858, Grundrisse, Editions sociales, T.2, p.111-112)

L'explicitation du concept de dévalorisation dans ce contexte n'est pas simple. Ce d'autant plus que, dans ces passages, Marx passe facilement d'un sens à l'autre. Plusieurs sens y sont mêlés. Ici, nous comprenons que le capital cherche à parcourir son circuit le plus rapidement possible, se valoriser d'un maximum de plus-value et recommencer. Dès lors qu'il se fixe dans une partie du processus de production, cette fixation apparaît comme une dévalorisation, un frein, un obstacle, une entrave à la valorisation. Le capital n'a de cesse de réduire de tels obstacles. Par exemple, on cherche à réduire la période de circulation[60], les stocks, la période de production, le capital-argent qui reste toujours sous forme argent, à augmenter la durée d'utilisation du capital fixe, … tandis que le capital bénéficie de la présence d'une armée de réserve dans laquelle il peut puiser rapidement la force de travail dont il a besoin avant de l'y rejeter dès lors qu'elle lui est inutile. Dans son idéalité, le capital est totalement circulant, fluide, il se valorise alors au maximum[61]. Dans la situation inverse, aboutissement de la période précédente, lors de la crise générale de surproduction, il est totalement fixé[62]. Dans sa réalité, dans ses périodes intermédiaires où il tend vers l'un ou l'autre pôle faits de renversements brutaux, il est toujours à la fois circulant et fixé[63] dans des proportions variables qui expliquent les variations de

---

60 La tendance est même de la poser comme égale à zéro, ce qui aboutit à nier les présupposés du capital. « Le maximum de valorisation du capital, et de continuité du procès de production, ou le temps de circulation posé comme = à 0 ; ce qui veut donc dire que sont abolies les conditions dans lesquelles le capital produit, sa limitation par le temps de circulation, la nécessité de parcourir les différentes phases de sa métamorphose. La tendance du capital est, nécessairement, de poser le temps de circulation comme = à 0, c'est-à-dire de s'abolir lui-même, puisque ce n'est que par le capital que le temps de circulation est posé comme moment déterminant du temps de production. Cela revient à abolir la nécessité de l'échange, de la monnaie et de la division du travail qui repose sur eux, donc à abolir le capital lui-même. » (Marx, Manuscrits de 1857-1858, Grundrisse, Editions sociales, T.2, p.120)

61 « Dans une première période, le procès apparaît totalement fluide, c'est la période de valorisation extrême du capital. » (Marx, Manuscrits de 1857-1858, Editions sociales, Grundrisse, T.2, p.113-114)

62 « Dans une deuxième période, réaction de la première, l'autre moment se manifeste de façon d'autant plus violente, c'est la période de dévalorisation extrême du capital, l'arrêt brusque du procès de production. » (Marx, Manuscrits de 1857-1858, Grundrisse, Editions sociales, T.2, p.114)

63 « Les moments où ces deux déterminations apparaissent conjointement ne constituent eux-mêmes que des périodes intermédiaires entre ces mouvements violents de passage et de renversement » (Marx, Manuscrits de 1857-1858, Grundrisse, Editions sociales, T.2, p.114)

la conjoncture, qui vont d'une activité ralentie à la tension exacerbée des forces productives, de la reprise lente à l'expansion fiévreuse, de la stagnation à la surproduction générale[64]

« (...) une partie du capital national se trouve toujours enlisée dans l'une des phases que doit parcourir le capital. L'*argent* lui-même, dans la mesure où il constitue une portion particulière du capital national, mais persiste constamment dans la forme de moyens de circulation, et où il ne parcourt donc jamais les autres phases, est considéré pour cette raison par A. Smith comme une *forme postérieure* du *capital fixe.* » (Marx, Manuscrits de 1857-1858, Grundrisse, Editions sociales, T.2, p.112)

64 « Il est particulièrement important de considérer ces déterminations de capital circulant et de capital fixé comme des *déterminations formelles* du capital en général, car une foule de phénomènes de l'économie bourgeoise resteraient sinon insaisissables : par exemple, les périodes du cycle économique, qui se distinguent fondamentalement du temps d'un parcours unique du capital ; (...)

S'il n'était pas dans la nature du capital de n'être jamais entièrement occupé, c'est-à-dire constamment en partie *fixé*, d'être dévalorisé et improductif, aucun stimulus ne saurait l'amener à une plus forte production. » (Marx, Manuscrits de 1857-1858, Grundrisse, Editions sociales, T.2, p.114)

« Les capitalistes, leurs copropriétaires, leurs hommes-liges et leurs gouvernements gaspillent chaque année une partie considérable du produit net annuel. De plus, ils retiennent dans leurs fonds de consommation une foule d'objets d'usage lent, propres à un emploi reproductif, et ils stérilisent à leur service personnel une foule de force de travail. La quote-part de la richesse qui se capitalise n'est donc jamais aussi large qu'elle pourrait l'être. Son rapport de grandeur vis-à-vis du total de la richesse sociale change avec tout changement survenu dans le partage de la plus-value en revenu personnel et en capital additionnel, et la proportion suivant laquelle se fait ce partage varie sans cesse sous l'influence de conjonctures auxquelles nous ne nous arrêterons pas ici. Il nous suffit d'avoir constaté qu'au lieu d'être une aliquote prédéterminée et fixe de la richesse sociale, le capital n'en est qu'une fraction variable et flottante.

Quant au capital déjà accumulé et mis en oeuvre, bien que sa valeur soit déterminée de même que la masse des marchandises dont il se compose, il ne représente point une force productrice constante, opérant d'une manière uniforme. Nous avons vu au contraire qu'il admet une grande latitude par rapport à l'intensité, l'efficacité et l'étendue de son action. En examinant les

En d'autres termes, tout le capital avancé ne se valorise pas. Pour qu'une partie se valorise, une partie doit rester improductive, fixée, dévalorisée. La proportion de l'une et de l'autre varient suivant les phases de la conjoncture et la tendance du capital est de réduire au minimum la part du capital fixé mais celle-ci renaît à une échelle d'autant plus grande avec les crises.

Il y a, à nouveau, une relation dialectique entre valorisation et dévalorisation mais ici l'opposition prend le sens de valorisation et non valorisation, obtention de profit et absence de profit, fluidité et fixité, activité et oisiveté, fructification et mise en friche.

Du point de vue du taux de profit, cela signifie que la plus-value se rapporte à un capital avancé qui inclut ce capital qui reste fixé, latent, en friche, improductif, dormant. Le taux de profit en est diminué d'autant et dès lors que le capital réduit cette partie du capital avancé, le taux de profit s'accroît. C'est ce qui se passe dans les phases du cycle où la conjoncture est favorable aux affaires. Le phénomène inverse se produit avec la crise générale.

Dévalorisation = effet des dépenses improductives (sens 4)

En relation avec le processus examiné ci-dessus, Marx introduit une nouvelle nuance dans le concept de dévalorisation. Quand le capital est fixé dans la phase de circulation, il ne se valorise pas et donc dans ce sens se dévalorise, c'est ce sens que nous avons jusqu'à présent

---

causes de ce phénomène nous nous étions placés au point de vue de la production, mais il ne faut pas oublier que les divers degrés de vitesse de la circulation concourent à leur tour à modifier considérablement l'action d'un capital donné. En dépit de ces faits, les économistes ont toujours été trop disposés à ne voir dans le capital qu'une portion prédéterminée de la richesse sociale, qu'une somme donnée de marchandises et de forces ouvrières opérant d'une manière à peu près uniforme. (…)

Le dogme de la quantité fixe du capital social à chaque moment donné, non seulement vient se heurter contre les phénomènes les plus ordinaires de la production, tels que ses mouvements d'expansion et de contraction, mais il rend l'accumulation même à peu près incompréhensible » (Marx, Capital, L.I, Pléiade, T.1, p.1117-1118)

examiné. Mais dès lors que des dépenses supplémentaires se font jour pour faire circuler ce capital pour contribuer à sa réalisation, elles affectent la plus-value effective qui sera transformée en profit.
« (…) quand je convertis la marchandise sous forme d'argent ou l'argent sous forme de marchandise, la valeur reste la même ; mais la forme est changée. Il est donc clair que la circulation – du fait qu'elle se résout en une série d'opérations d'échange entre équivalents – ne peut augmenter la valeur des marchandises en circulation. Si donc du temps de travail est requis pour mener à bien cette opération, c'est-à-dire que des valeurs doivent être consommées – puisque toute consommation de valeur se résout en consommation de temps de travail ou de temps de travail objectivé, de produits ; si la circulation entraîne donc des frais et que le temps de circulation coûte du temps de travail, cela représente un prélèvement, une abolition relative des valeurs en circulation ; une dévalorisation de ces dernières à proportion des coûts de circulation. » (Marx, Manuscrits de 1857-1858, Grundrisse, Editions sociales, T.2, p.123-124)

Par conséquent ici, dévalorisation prend le sens de diminution de la plus-value effectivement transformée en profit du fait des dépenses improductives dans le processus de circulation. Nous verrons dans un autre ouvrage qui sera notamment consacrée à l'incidence de ce type de capital sur le taux de profit que nous aboutissons ainsi à dégager un concept de taux de profit que appelons « taux de profit de reproduction » qui rapporte la plus-value diminuée des dépenses improductives au capital avancé augmenté des dépenses improductives (qui se présentent également comme du capital avancé) selon une formule déjà établie par Joseph Gillman en 1957.

Dévalorisation = désaccumulation (sens 5)

Nous avons déjà vu que par dévalorisation, Marx pouvait entendre la fixation du capital. Le capital s'immobilise brusquement dans les crises et le capital inemployé (sa présence est permanente, bien qu'il se réduise à rien dans les phases d'extrême tension des forces productives) s'étend rapidement.

Tournons-nous vers ce chapitre du livre III du « Capital » où est abordée la suraccumulation et la crise, ainsi que ses effets qui sont autant de conditions permettant de rétablir la situation afin que le capital reprenne sa course à la valorisation.

Nous pouvons relier les concepts de « capital fixé », « capital dormant », « capital en friche »[65] des manuscrits de 1857-1858, tels que nous les avons analysés plus haut avec ceux de « capital inoccupé », « capital oisif », de « mise en sommeil »[66] ou « mise en

---

65 « Le concept de ***capital dormant***, capital en friche, ne peut correspondre qu'à sa situation en friche dans l'une de ses déterminations [capital circulant et capital fixé, NDR], et l'une des conditions du capital est justement qu'il soit toujours partiellement en friche. » (Marx, Manuscrits de 1857-1858, Grundrisse, Editions sociales, T.2, p.112)

66 Les deux passages que Boccara cite à partir de la traduction des Editions sociales sur la base de l'Edition d'Engels et qui parlent de « mise en sommeil » sont traduits par des termes différents dans l'édition de Maximilien Rubel. Les traductions sont :

« En toutes circonstances, une partie de l'ancien capital devra rester oisive et renoncer à sa qualité de capital actif destiné à fructifier » (Marx, Capital, L.III, Pléiade, T.2, p.1035)

« Dès lors, comment ce conflit s'aplanirait-il et comment seraient rétablies les conditions d'un mouvement « sain » de la production capitaliste ? Le simple énoncé du conflit qu'il s'agit d'aplanir implique déjà la manière de le résoudre. Dans tous les cas, l'équilibre se rétablirait par la mise en friche, voire la destruction de capitaux plus ou moins importants. » (Marx, Capital, L.III, Pléiade, T.2, p.1035-1036)

Si nous nous tournons vers le texte original, la relation est évidente. Dans les Grundrisse, Marx emploie les termes brachliegendem Kapital; Brachliegen, brachliegt, correctement traduit par la notion de friche (cf. citation note 56) et dans les citations du « Capital » ci-dessus, il s'agit dans les deux cas du terme Brachlegung, qui peut se traduire par jachère.

En allemand nous avons la même racine, qui rend les termes assez proches. Mais , nous pouvons noter qu'entre friche et jachère, il peut y avoir des différences de durée et d'intentionnalité. La jachère est programmée et de durée délimitée, là où la friche est plus généralement synonyme de désaffection pour une longue durée. Dans le cas des crises de surproduction, la logique de la friche et de la jachère ne peuvent totalement se départager. Le caractère soudain de la crise et les faillites qu'elle entraîne n'ont pas le caractère programmé, organisé, de la jachère. Il en va de même dès lors que le capital est détruit. Mais d'autre part, la cessation d'activité friche » ou « en jachère » du capital, du livre III[67], tandis que celui de capital circulant, fluide est à mettre en relation avec le « capital actif ».

Comme nous l'avons vu, avec la crise le capital se fige dans les diverses phases de son procès et sous ses différentes formes. Avec la crise ce phénomène est généralisé, l'ensemble du capital se fixe, se fige et est incapable de se valoriser. Ce n'est plus seulement une partie du capital, partie nécessaire pour que la valorisation puisse se faire et que le capital cherche à réduire à son minimum, qui se fixe, mais l'ensemble du capital. Sous l'effet de la scission entre la vente et l'achat, des difficultés rencontrées dans la réalisation de la plus-value et du produit social, et dans la conversion du capital-argent dans les

---

d'une partie du capital n'est pas définitive et peut reprendre dès lors que la crise est surmontée. Le caractère non permanent des crises, la rationalisation du capital qui intervient dans ces occasions et qui améliorent le niveau de productivité peuvent également rappeler la jachère. En tout état de cause, si le rapprochement entre les termes des manuscrits de 1857-1858 et ceux du « Capital » sont évidents, celui qui est opéré par Boccara relève de la manipulation de citations.

[67] « (...) on verrait qu'une partie du capital resterait inoccupée – totalement ou partiellement – parce qu'avant de fructifier il aurait à évincer le capital déjà en fonction ; et l'autre partie, sous l'influence du capital inoccupé ou à moitié occupé, fructifierait à un taux de profit inférieur » (Marx, Capital L.III, Pléiade, T.2, p.1034)

« La partie de delta C [le capital nouveau accumulé] que les anciens capitalistes actifs auraient en main, ils la laisseraient plus ou moins oisive, pour ne pas déprécier eux-mêmes leur capital primitif et ne pas rétrécir sa place dans le champ de production ; ou ils l'emploieraient, même avec des pertes momentanées, pour amener les nouveaux venus et, d'une façon générale, leurs concurrents à ne pas employer de capital additionnel.

« La partie de delta C, qui se trouverait entre de nouvelles mains chercherait à se faire une place aux dépens de l'ancien capital, et elle y réussirait partiellement en réduisant à l'inactivité une partie de l'ancien capital qu'elle forcerait à lui céder sa place et à prendre lui-même celle du capital additionnel partiellement ou totalement inoccupé.

En toutes circonstances, une partie de l'ancien capital devra rester oisive et renoncer à sa qualité de capital actif destiné à fructifier. » (Marx, Capital L.III, Pléiade, T.2, p.1035) éléments du capital productif[68] le capital est paralysé dans les diverses phases de son procès et sous ses différentes formes.

La classe capitaliste a le monopole des moyens de production, de l'argent, des moyens de consommation. Comme les conditions de la production et celles de la réalisation ne sont pas identiques, c'est la concurrence qui décide de qui va être touché, et dans quelle proportion, par les effets de la baisse du taux de profit et de la crise qui l'accompagne.

La mise en friche, en jachère relève donc de la fixation du capital, de son passage de capital actif au rang de capital fixé, figé. S'il est toujours pour une part dans ce rapport, la détérioration de celui-ci au profit du capital fixé, conduit également à une nouvelle baisse du taux de profit car le capital ne se met plus en valeur, il cesse de se valoriser. Nous entrons donc dans la spirale négative de la crise de surproduction[69]. Dans l'hypothèse la plus favorable, le montant du capital qui se fige est égal au montant du capital qui doit disparaître pour rétablir les conditions d'une exploitation « normale » de la force de travail. Mais, rien n'est réglé quand on est dans cette situation. Le capital est immobilisé, fixé. Dans ce sens, il est dévalorisé au sens 3, au sens de sa non valorisation, de son improductivité comme capital. Pour qu'il reprenne sa course à la valorisation, à la recherche d'un maximum de plus-value, le capital doit sortir de son inaction. Avec la crise, le capital figé s'accroît et donc la dévalorisation de ce type se

---

68 « De la même façon, du capital sous forme d'argent, de valeur soustraite à la circulation, peut être en friche, être fixé. Au cours des crises, quand le moment de panique est passé et que l'industrie stagne, l'argent est fixé entre les mains des *banquiers*, *agents de change*, etc. et tout comme le cerf brame sa soif d'eau fraîche, l'argent crie son désir d'un *domaine où il puisse être employé*, valorisé en tant que capital » (Marx, Manuscrits de 1857-1858, Grundrisse, Editions sociales, T.2, p.112)

69 « Et la masse de profit réduite serait à calculer sur un capital sur un capital total accru. Mais en supposant même que le capital employé continue à fructifier à l'ancien taux de profit et que la masse de profit reste donc la même, celle-ci serait toujours calculée sur un capital total accru, ce qui implique de nouveau une baisse du taux de profit » (Marx, Capital, L.III, Pléiade, T.2, p.1034)

traduit par une aggravation de la crise. Au mieux, elle en signifie l'effectuation, son accomplissement. La crise en acte, c'est justement la généralisation du passage de l'état actif à l'état fixé.

En même temps, elle en constitue un élément de solution pour autant que la masse du profit puisse en compenser la baisse du taux. En effet, si une partie seulement du capital est fixée tandis que l'autre continue à se valoriser, le taux de profit baisse mais le profit restant peut être suffisant pour absorber le choc lié à la partie du capital qui devient inactif. Cette dimension existe pour les grands capitaux. Mais, pour rétablir pleinement les conditions favorables à la reprise de l'accumulation, à la sortie de la torpeur qui saisit le capital, à la renaissance du capital actif à la poursuite du maximum de plus-value, il faut qu'il y ait une destruction du capital[70].

La crise, nous devons le répéter, n'affecte pas seulement une partie du produit social, notamment la plus-value ou une partie de celle-ci. C'est l'ensemble du produit social qui tend à ne pas se réaliser, à ne pas passer de la forme marchandise à la forme argent. Par la même occasion, le capital argent ne se convertit pas dans les éléments du capital productif. Dit autrement, le capital actif se fige, se fixe et s'immobilise dans ses diverses phases et formes et cesse de se réaliser et de se valoriser. La crise est générale.

Mais cette analyse se situe à un niveau conceptuel particulier. Nous en sommes au niveau conceptuel du capital total. Si le concept tend vers la réalité et la réalité tend vers le concept, il ne faut pas pour autant s'imaginer que dans les crises toute l'activité est paralysée.

---

70 « Dès lors, comment ce conflit s'aplanirait-il et comment seraient rétablies les conditions d'un mouvement « sain » de la production capitaliste ? le simple énoncé du conflit qu'il s'agit d'aplanir implique déjà la manière de le résoudre. Dans tous les cas, l'équilibre se rétablirait par la mise en friche, voire la destruction de capitaux plus ou moins importants. Cela s'étendrait en partie sur la substance matérielle du capital ; c'est-à-dire qu'une partie des moyens de production, capital fixe et capital circulant, cesserait de fonctionner et d'agir comme capital ; un certain nombre d'entreprises cesseraient leur activité. » (Marx, Capital L.III, Pléiade, T.2, p.1035-1036)

Dans le livre III du « Capital », Marx se situe au niveau des « capitaux nombreux » et mesure l'influence de la crise sur ceux-ci. Le capital se déploie dans des entreprises. Les plus grandes concentrent une grande part du capital social tandis que les plus petites pullulent. Ces entreprises elles-mêmes tendent à s'inscrire dans des métiers, des branches de production, des secteurs spécifiques et, sur une autre plan, peuvent faire partie de groupes. Par conséquent, il y a une répartition variable du capital dans un ensemble d'entreprises elles-mêmes engagées dans des activités diverses. Elles ne sont pas égales devant la crise, compte tenu du capital dont elles disposent, de l'activité qu'elles mènent et aussi de leur ancienneté sur le marché. En permanence, même quand les affaires sont « saines », des entreprises disparaissent que ce soit du fait de la cessation d'activité de leur propriétaire, retraite par exemple, ou parce qu'ils se retirent sur la pointe des pieds parce que leur activité n'est pas viable quand ils ne doivent pas la quitter plus brutalement (faillites), alors que d'autres se créent. Avec, la cessation d'activité une partie du capital se convertit en revenu, tandis qu'avec la création d'une entreprise une partie du revenu et autres « valeurs dormantes »[71] se convertissent en capital (nous faisons ici abstraction de l'influence de l'accumulation de la plus-value, du détachement de nouvelles boutures à partir d'anciens capitaux et du crédit). Dans les crises, la création d'entreprise est freinée ; elle se replie tandis que les disparitions s'accroissent. Mais, les pertes peuvent également se manifester sans pour autant faire disparaître l'entreprise. Le capital de l'entreprise diminue ; elle licencie, elle reconvertit et rationalise ses activités en espérant une reprise de l'accumulation.

Marx montre donc que c'est (cas de la surproduction de capital) l'insuffisance de plus-value en regard du capital avancé, la baisse brutale du taux de profit qui conduit à la scission entre la vente et l'achat et donc à la manifestation de la crise. Lorsque cet arrêt se traduit par une réduction du capital avancé que ce soit du fait de pertes, de l'accroissement des faillites et des cessations d'activité tandis que le renouvellement du capital est freiné, il se met en place

---

71 Cf. Marx, Capital, L.I, Pléiade, T.1, p.1137

une nouvelle base productive permettant le redressement du degré d'exploitation et du taux de profit.

Le phénomène de la fixation du capital, de la limitation de la valorisation (et dans ce sens de dévalorisation au sens d'improductivité du capital - cf. ci-dessus -), induit une destruction du capital, qui est un nouveau sens du terme dévalorisation. Il s'agit alors d'une destruction de capital, du fait de pertes, et donc d'une désaccumulation, d'une décapitalisation. La base du capital se replie pour rétablir les conditions d'une reprise de l'exploitation. Elle dispose désormais d'un potentiel productif plus puissant. Les branches mortes sont élaguées et les jeunes pousses, bien que relativement moins nombreuses, prennent pour une part leur place.

Quand on se place du point de vue du capital total, nous constatons que le capital reste en friche, en jachère, en sommeil, fixé dans une des phases (production et circulation) de son circuit, que ce soit sous forme argent, sous forme de capital productif ou sous forme de capital marchandise. Le capital est paralysé, immobilisé et hormis le temps, rien ne vient le perturber. Le capital est en attente d'un nouveau départ que peut donner la dévalorisation/dépréciation brutale (encore un nouveau sens de dévalorisation que nous examinerons plus bas).

L'analyse s'affine dès lors qu'on introduit la décomposition du capital en capitaux nombreux. Pour les capitaux où la masse du profit ne peut compenser la baisse de son taux, pour ceux qui ont une activité trop réduite pour continuer à exister, pour ceux dont les pertes menacent l'existence[72] c'est la voie de la sortie, et donc de la désaccumulation, de la décapitalisation sans issue, qui est indiquée.

Un nouveau couple valorisation/dévalorisation peut être formé comme synonyme de accumulation/désaccumulation - décapitalisation. Le capital se replie sur une base productive plus

[72] Les autres foyers de perte désaccumulent également mais peuvent escompter se rétablir soit parce que des profits dans d'autres affaires viennent atténuer ces pertes, soit parce que la masse du capital accumulé est telle que l'entreprise a les moyens de gérer son repli.

réduite mais plus productive. C'est cette situation que vise Marx dans cette partie de la citation que nous reproduisons intégralement plus bas. « L'autre côté de la crise se résout en une diminution effective de la production, du travail vivant – pour reconstituer le rapport exact entre travail nécessaire et surtravail qui est, en dernier ressort, à la base de tout. » (Marx, Manuscrits de 1857-1858, Grundrisse, Editions sociales, T.1, p.386)

Dévalorisation = destruction des valeurs d'usage (sens 6)

Si, pour des raisons analytiques, nous séparons certains aspects pour mieux en faire ressortir les spécificités, ils restent unis dans la réalité des crises.
La fixation, paralysie, mise en friche, mise en sommeil du capital engendrent une destruction de capital. Sous ce terme, Marx regroupe des phénomènes[73] comme la :

- dévalorisation /désaccumulation
- dévalorisation /destruction des valeurs d'usage

---

[73] « Quand on parle de *destruction de capital* par les crises, il faut distinguer deux choses :

Dans la mesure où le procès de reproduction s'arrête, le procès de travail se ralentit ou est, par endroits, complètement paralysé, c'est du capital *réel* qui est détruit. Le travail qui n'est pas exploité est autant dire de la production perdue. Des matières premières qui restent inemployées ne sont pas du capital. Des bâtiments qu'on n'occupe pas (tout comme des machines nouvellement construites) ou qui restent inachevés, des marchandises qui pourrissent dans les entrepôts, tout cela c'est de la destruction de capital. Mais tous ces phénomènes se limitent à l'arrêt du procès de reproduction et au fait que les conditions de production *existantes* n'exercent pas véritablement leur fonction de conditions de production, ne sont pas mises en œuvre. Dans ce cas, leur valeur d'usage et leur valeur d'échange s'en vont au diable.

Secundo, la *destruction de capital* par les crises signifie encore la dépréciation de *masses de valeur* qui les empêche de renouveler ultérieurement leur procès de reproduction comme capital à la même échelle. C'est la baisse ruineuse des prix des marchandises. » (Marx, Théories sur la plus-value, Éditions sociales, T.2, p.591-592)

- dévalorisation /dépréciation générale (dernier cas que nous verrons ensuite)

Dans le chapitre précédent nous avons traité la question de la dévalorisation / désaccumulation. Dans ce chapitre nous prenons en compte le point suivant que nous isolons ici avec le sous-titre dévalorisation = destruction des valeurs d'usage,

Dès lors que le capital se fixe, s'immobile, tombe en sommeil, le capital sous sa dimension de valeur d'usage peut s'abîmer du fait de son inutilisation. Le temps joue un rôle négatif. Les stocks s'abîment. Les machines inemployées, les bâtiments désaffectés connaissent le même sort. Un proverbe allemand illustre bien ce cas (*wer rastet, der rostet*, ce qui s'arrête se rouille)[74] où la valeur d'échange part en fumée avec la perte de la valeur d'usage. A ces valeurs d'usage achevées qui se détériorent, on doit ajouter celles qui ne verront pas le jour alors qu'elles ont fait l'objet d'avances de capitaux (chantiers de construction abandonnés par exemple).

Dévalorisation = dépréciation générale du capital (sens 7)

Dans ce dernier sens dévalorisation signifie dépréciation générale, baisse brutale et ruineuse des prix au moment de la crise afin de rétablir l'équilibre du capital en favorisant sa destruction. Il s'agit de la forme la plus aiguë de la crise, ce que l'économie politique bourgeoise range avec crainte sous le terme de déflation. Les prix ont, dans ce cas, un mouvement inverse de celui de la valeur laquelle tend à augmenter car la productivité du travail s'est retournée ; ils baissent brutalement.

On peut considérer que dans ce sens, le terme de dévalorisation est également classique car cette dévalorisation par la dépréciation

---

74 «(…) bien que le temps s'attaque à tous les moyens de production (la terre exceptée) et les détériore, l'arrêt de leur fonctionnement aurait ici un effet bien plus fortement destructeur » (Marx, Capital L.III, Pléiade, T.2, p.1036). Par cet effet plus fortement destructeur Marx ne fait pas allusion à ce que nous venons de décrire via la cessation d'activité mais à une autre forme encore de dévalorisation : la dévalorisation/dépréciation générale qui fait l'objet du dernier sens de dévalorisation que nous analysons.

générale vient se substituer à la dévalorisation au sens 2 (dévalorisation = baisse de la valeur sous l'effet de l'accroissement de la productivité), dont le défaut a engendré la crise. A la baisse de la valeur sous l'effet du développement de la productivité du travail, corollaire d'un accroissement de la plus-value se substitue, alors que le taux de la plus-value se retourne, une dévalorisation par l'intermédiaire d'une baisse générale des prix. Outre le capital réel, le capital **fictif**[75], qui a par ailleurs un mouvement autonome, est également concerné par cette dévalorisation[76].

---

[75] Ce texte n'aborde que de manière incidente la question du capital fictif qui joue cependant un rôle important dans les crises. Notre analyse se concentre sur la crise en tant qu'elle résulte du processus de production lui-même.
Marx n'a pas créé le concept de capital fictif. Il le reprend de l'économie politique qui l'utilise dans diverses acceptions (cf. la recension de Michael Perelman in Marx's crises theory). Dans l'état actuel de nos analyses, nous avons constaté que Marx lui donne au moins trois acceptions différentes que nous nous sommes habitués à classer ainsi :

1° Capital **fi**c**t**if au sens I, ou au sens i, avec une emphase sur le i. Ici, fictif a le sens d'illusoire, imaginaire. Le capital fictif au sens I regroupe les titres comme les actions, obligations, bons du trésor, traites, hypothèques... Leur valeur de marché est égale à leur revenu anticipé capitalisé en fonction du taux d'intérêt du marché.

2° Capital **fictif** au sens II, ou au sens f, avec une emphase sur le f. Ici, fictif a le sens de frauduleux. Le capital réel emprunté par des chevaliers du crédit ne fonctionne pas comme capital, il est dépensé comme revenu. Un exemple de ce type de pratiques frauduleuses peut être trouvé dans l'émission de traites de cavalerie.

3° Capital fi**ct**if au sens III, ou au sens ct comme crédit, avec une emphase sur le ct. Ici, il s'agit de surcrédit. Trop de crédit est distribué. La distribution de crédit au-delà des besoins de l'accumulation (la question est d'ailleurs plus complexe car une masse d'argent supérieure doit toujours exister notamment pour faire face à la circulation du capital **fictif** ou encore des actifs immobiliers) est d'ailleurs susceptible de favoriser le capital fictif au sens II et au sens I (il existe alors une demande ex nihilo qui vient gonfler la demande de titres et augmenter artificiellement leur valeur de marché et alimenter spéculation et surspéculation tandis que l'accumulation de capital réel en favorise également l'accroissement sur des fondements à la fois réels et parasitaires). On trouvera quelques éléments qui expliquent

Dans ce cas, Marx a sans doute hésité à employer le terme « dépréciation » plutôt que celui de « dévalorisation ». Mais comme le terme de dépréciation peut être relatif, c'est-à-dire ne concerner qu'une marchandise, ou une entreprise, il préfère parler de dévalorisation d'une part pour en élargir la portée et d'autre part, pour bien montrer que ce processus rétablit l'équilibre brisé par l'arrêt de la dévalorisation au sens 2[77]. Dans ce sens, donc, la

---

l'élévation du capital fictif à partir du mouvement du capital réel dans le texte : Crise du capital, crise de l'entreprise. Cf. http:\www.robingoodfe llow.info

[76] « La destruction principale, dans sa forme la plus aiguë, frapperait le capital en tant qu'il possède le caractère de valeurs, donc les *valeurs* des capitaux. La partie de la valeur-capital qui n'a que la forme de simples titres sur des parts futures dans la plus-value ou le profit, en fait, la forme de créances sur la production sous des aspects divers, se trouve dépréciée dès qu'il y a baisse des recettes sur lesquelles elle est calculée. Une partie de l'or et de l'argent en barre reste inexploitée, ne fonctionne pas comme capital. Une partie des produits jetés sur le marché ne peut accomplir son processus de circulation et de reproduction que par une énorme contraction de ses prix, donc par la dépréciation du capital qu'elle représente. De même, les éléments du capital fixe sont plus ou moins dépréciés. A cela s'ajoute le fait que le processus de reproduction dépend de certaines conditions de prix préalablement données, donc qu'une baisse générale des prix l'arrête et le désorganise. Cette perturbation et cette stagnation paralysent la fonction de l'argent en tant que moyen de paiement, dont le développement est lié à celui du capital qui est fondé sur ces conditions de prix présupposées. La chaîne des obligations de paiement à échéance fixe est brisée en cent endroits ; la confusion se trouve encore aggravée par l'effondrement inévitable du système de crédit, qui s'est développé simultanément avec le capital, et elle aboutit ainsi à des crises violentes et aiguës, à des dévalorisations soudaines et forcées, à l'arrêt effectif du processus de reproduction et, par suite, au déclin total de la reproduction. » (Marx, Capital, L.III, Pléiade, T.2, p.1036)

[77] D'autre part, Marx semble également préserver l'usage du terme dépréciation pour l'analyse des mouvements de prix qui affectent la production capitaliste dans son cours « normal ». Dans ce sens dépréciation est synonyme de baisse de valeur du capital avancé (par exemple, baisse du prix des matières premières). Cette baisse (pour la hausse, Marx parle d'augmentation de valeur – on écarte la valorisation due à la plus-value -) peut provenir aussi bien d'une baisse de la valeur proprement dite que de

dévalorisation signifie une dépréciation générale du capital[78], dépréciation générale, destruction de capital, qui a pour objectif de

---

mouvements des prix dus à la concurrence, aux effets du système de crédit, etc. Cette dépréciation du capital avancé peut concerner aussi bien le capital constant (qu'il soit fixe ou circulant) et le capital variable (cf. Capital, L.III, Pléiade, T.2, p.926)

78 « En période de crise - dépréciation générale des prix – il y a donc, jusqu'à un certain moment, une *dévalorisation générale*, ou *destruction de capital*. La dévalorisation peut être *générale*, absolue et non relative comme la *dépréciation*, la valeur exprimant non seulement (comme c'est le cas du prix) le rapport d'une marchandise à une autre, mais le rapport entre le prix de la marchandise et le travail objectivé en elle, ou entre un quantum de travail objectivé (de la même qualité) et un autre quantum. Dès lors que ces quanta ne sont pas égaux, il y a *dévalorisation*, qui n'est pas compensée par une appréciation de l'autre côté, puisque cet autre côté exprime un quantum de travail objectivé fixe et immuable. Dans des crises générales, cette dévalorisation s'étend jusqu'à la puissance de travail vivante elle-même. D'après ce que nous avons signalé plus haut, la destruction de valeur et de capital qui survient dans une crise coïncide avec – et équivaut à – un *accroissement général des forces productives*. Cet accroissement n'est cependant pas dû à une augmentation effective de la force productive du travail (pour autant qu'il y ait une telle augmentation effective à la suite de crises, mais ce n'est pas le moment d'en parler), mais il est dû à une diminution de la valeur existante des matières premières, des machines, de la puissance de travail. Par exemple. Le fabricant de coton perd du capital sur ses produits (p.ex. du filé), mais il achète à un prix moindre la même valeur en coton, travail, etc. Pour lui c'est la même chose que si la valeur *effective* du travail, du coton, etc., avait diminué, c'est-à-dire que c'est comme si les produits avaient été produits meilleur marché, du fait d'une augmentation de la force productive du travail. En même temps et d'autre part, un accroissement soudain des forces et général des forces productives dévaloriserait [il s'agit ici de la dévalorisation au sens 2 NDR] relativement toutes les *valeurs existantes* (le travail étant objectivé à un stade inférieur des forces productives) et détruirait donc du capital existant aussi bien que de la puissance de travail existante. L'autre côté de la crise se résout en une diminution effective de la production, du travail vivant – pour reconstituer le rapport exact entre travail nécessaire et surtravail qui est, en dernier ressort, à la base de tout. » (Marx, Manuscrits de 1857-1858, Grundirsse, Editions sociales, T.1, p.385-386)

ramener par la violence la valeur à un niveau ou le rapport entre plus-value et travail nécessaire permet une reprise de la valorisation.

Si, du point de vue du capital total, il s'agit d'une dévalorisation qui affecte l'ensemble du capital dès lors que nous situons l'analyse au niveau de la concurrence et des « capitaux nombreux », ce qui est un des objectifs[79] inachevés de l'oeuvre de Marx, les différents capitalistes ne sont pas égaux devant cette dévalorisation[80].

---

79 « Le mouvement effectif de ce processus [valorisation/dévalorisation, crise c'est-à-dire l'abolition de cette dévalorisation au sens 2 et son remplacement par celle au sens 7 NDR] ne pourra être examiné qu'avec le capital *réel*, c'est-à-dire la concurrence, etc., les conditions réelles effectives. Pas ici. » (Marx, Manuscrits de 1857-1858, Grundrisse, Editions sociales, T.1, p.386)

80 « Ce qui est ainsi détruit, ce ne sont pas les valeurs d'usage. Ce que l'un perd, l'autre le gagne. Des masses de marchandises faisant fonction de capital ne peuvent se renouveler comme *capital* entre les mêmes mains. Les anciens capitalistes font faillite. (…). Une grande partie du capital nominal de la société, c'est-à-dire de la *valeur d'échange* du capital existant, est détruite une fois pour toutes, bien que cette destruction, précisément, parce qu'elle n'affecte pas la valeur d'usage, puisse grandement stimuler la nouvelle reproduction. C'est en même temps une période pendant laquelle les financiers s'enrichissent au détriment des industriels. En ce qui concerne maintenant la baisse de capital purement fictif, bons du trésor, actions, etc. dans la mesure où elle ne conduit pas à la faillite de l'Etat ou de la société par actions, dans la mesure où la reproduction générale n'en est pas, en général, entravée parce que le crédit des capitalistes industriels qui détiennent ces titres seraient ébranlé – c'est un simple transfert de richesses d'une main dans une autre, et l'opération aura dans l'ensemble un effet favorable sur la reproduction, dans la mesure où les parvenus qui acquièrent à vil prix ces actions ou ces titres sont, en règle générale, plus entreprenants que les anciens propriétaires. » (Marx, Théories sur la plus-value, Éditions sociales, T.2, p.591-592)

Marx, la crise de suraccumulation et la dévalorisation du capital

Changement de décor

Comme nous l'avons dit, Marx se sert d'un cadre historique particulier, historiquement dépassé, pour illustrer la suraccumulation, la surproduction de capital. En revanche, les considérations auxquelles il se livre sur les conditions du rétablissement d'une situation « saine », d'une pleine reprise de l'accumulation, sont propres au capitalisme moderne, aux crises de surproduction inhérentes à la production capitaliste la plus développée.

Dans un schéma idéel, conceptuel, nous avons, lors de la crise générale, une immobilisation totale du capital. Il est figé dans les diverses formes de son procès, sous forme argent, de moyens de production, de marchandises, dans le procès de production ou de circulation. Le capital ne se convertit pas dans les éléments du capital productif, les marchandises, par la même occasion, ne se réalisent pas. Dès lors que le capital ne fructifie pas, il est fixé, immobilisé. Avec la crise, quand on parle de capital fixé, il ne s'agit pas tant de ce capital fixé qui nécessairement existe en relation avec le capital actif (par exemple, dès lors que le capital entre dans le processus de circulation ou quand capital continue à figurer sous la forme de capital argent pour faire face aux fluctuations de l'activité) que de constater que tout le capital devient fixé. Nous avons affaire ici à un arrêt soudain de l'accumulation. Avec la crise, quand la plus-value est insuffisante par rapport aux conditions attendues du niveau d'exploitation, il se produit une scission entre la vente et l'achat, le capital ne se réalise plus tandis que l'argent ne se convertit plus dans les éléments du capital productif. Le capital s'immobilise subitement.

En théorie, dans la dimension abstraite de l'analyse de la crise, c'est l'ensemble du capital social qui peut être paralysé. Dans la réalité, dès lors que nous nous plaçons non plus au niveau du capital total mais des capitaux nombreux, l'immobilisation, l'oisiveté, la mise en sommeil, la mise en friche, la mise en jachère du capital sont autant de solutions pour rétablir les conditions d'une reprise de l'accumulation en rétablissant voire améliorant les conditions d'exploitation qui prévalaient antérieurement. Elles sont à la fois le symptôme de la crise et l'ébauche de la solution pour rétablir l'équilibre troublé. Ici, on ne s'encombre pas avec le droit du travail et les modalités de licenciement. Dès que la crise éclate, brutalement, soudainement et que tout le capital se fige, la force de travail n'est plus salariée et rejoint l'armée de réserve industrielle qui se gonfle d'autant.

Ce schéma théorique ne se présente jamais ainsi dans la réalité. La crise se développe en spirale et s'étend aux divers secteurs à partir de la sphère où elle a éclaté. Si l'ensemble du capital est affecté, ce n'est pas, en pratique, la totalité du capital qui s'arrête. Au niveau du capital individuel, au niveau des « capitaux nombreux », certaines entreprises peuvent même se développer tandis que de nouvelles se créent et prennent pied.

Pour avoir une idée plus circonstanciée de la crise, il est nécessaire de quitter le niveau d'abstraction du capital total pour examiner, analyser le capital dans ses diversités et ses dynamiques. Ces dimensions particulières de la crise, n'étant pas dans le plan du « Capital », Marx ne les traite que de manière incidente renvoyant à un autre ouvrage les questions propres à ces aspects de la crise.

Si le capital s'est immobilisé, fixé, figé et mis en sommeil, en jachère, cela signifie aussi que la scission entre la vente et l'achat s'est manifestée et que la mévente s'est installée. Par conséquent, lorsque la suraccumulation intervient, à un moment du cycle, à la suite d'une accumulation de la plus-value, cela ne doit pas nous faire comprendre que la suraccumulation ne touche que cette partie du capital. C'est l'ensemble du rapport capitaliste qui est ébranlé, l'ensemble du capital social. Il va de soi que dans le cadre de la division du produit social en capital constant, capital variable et plus-value, dès lors qu'une partie de ce capital social seulement peut être réalisée, on commence par imputer ce capital réalisé au capital avancé et donc la plus-value est la première concernée par la crise. Elle n'en constitue pas pour autant la limite. Il ne s'agit donc pas dans la suraccumulation d'un excès d'accumulation de la plus-value mais d'une surproduction au niveau du capital total qui résulte d'une insuffisance de la plus-value produite.

La suraccumulation absolue se caractérise notamment par le fait que le taux de profit marginal est au minimum nul, voire négatif. Ce dernier cas signifie que le capital avancé marginal est pour une part perdu, ce qui affecte au niveau du capital total, le reste de la plus-value.

Pour récapituler toutes les expressions plus ou moins synonymes employées par Marx et que nous avons répétées plus qu'à satiété, nous constatons que quand le capital se fige, se fixe, s'immobilise, est inactif, ne fructifie pas, il reste en friche, il entre en sommeil : c'est la crise de surproduction. Le capital ne se valorise pas. Dans ce sens, il se dévalorise (cf. dévalorisation au sens 3). Mais, cet arrêt, ce blocage soudain, est caractéristique de la crise de surproduction. Elle laisse l'argent immobilisé entre les mains des capitalistes industriels ou commerciaux et des banquiers, les moyens de production inutilisés, les marchandises invendues, et la force de travail sur le pavé.

Pour que l'accumulation reprenne plusieurs facteurs vont intervenir.
Marx fixe le montant du capital à dévaloriser de telle manière que le taux de profit et le rapport d'exploitation qui prévalaient soient rétablis.
Dans son modèle pédagogique, nous l'avons vu, la baisse du taux de profit et la suraccumulation qui la suit est le produit de la hausse du salaire. Par conséquent, si nous en restions à ce schéma, pour rétablir le rapport d'exploitation il faudrait abaisser le salaire. Le fait de licencier la force de travail doit exercer une pression à la baisse sur les salaires et favoriser le rétablissement des rapports d'exploitation antérieurs. Marx évoque bien ce phénomène de balancier dans le livre I, quand il traite du cadre qui sert à la formalisation de la suraccumulation absolue. Il n'oublie pas, bien sûr, de prendre en compte cet aspect dans l'analyse des facteurs qui vont permettre la reprise des affaires. Il les analyse cependant comme un facteur complémentaire[81], un facteur qui épaule « la mise en sommeil et la

[81] « Mais, en même temps, d'autres facteurs [autres que la dévalorisation et la mise en sommeil NDR] seraient entrés en jeu. L'arrêt de la production aurait réduit à l'inactivité une partie de la classe ouvrière, plaçant ainsi la partie occupée dans la nécessité de subir une réduction du salaire même au-

destruction de capitaux », ce qui montre qu'il traite bien ici des crises de surproduction propres au mode de production capitaliste le plus développé, celui où le capital se subordonne réellement le travail.

Nous avons donc bien dans la présentation de Marx, deux dimensions. Pour faire naître la crise, il met en place une hausse des salaires qui affecte brutalement la production de plus-value et le taux de profit. Une suraccumulation, une surproduction de capital en est le corollaire. Le cadre théorique est historiquement dépassé mais suffisamment simple pour expliciter son propos. Dès lors que nous nous tournons vers les suites de la crise et le procès de recouvrement de l'accumulation, le cadre est changé. Marx ne met plus au premier plan la question des salaires mais celle de la dévalorisation brutale du capital.

Il est également à noter que Marx traite le capital avancé comme un seul bloc sans se soucier particulièrement de la décomposition du capital en capital constant et capital variable. Il faut voir là une nouvelle preuve que nous sommes dans un modèle pédagogique, un cadre théorique simplifié afin de faciliter la compréhension et la démonstration.

Dans la logique qu'il a développée les salaires ont augmenté. Pour rétablir le rapport d'exploitation, il faudrait les abaisser. Ce peut être obtenu dès lors que les licenciements font pression sur les salaires. Mais ce n'est pas tant le propos. En raisonnant, à ce moment, sur le capital total, Marx minore cet aspect du sujet qui effectivement n'a qu'une importance relative dans le cadre des crises de surproduction modernes. Celles-ci intègrent et résultent du procès valorisation dévalorisation, du progrès contradictoire de la productivité du travail et exigent diverses formes de dévalorisation brutale du capital.

La dévalorisation/désaccumulation

Marx parle également lorsqu'il s'agit de rétablir les rapports d'exploitation favorables à la sortie de la crise, de « mise en sommeil

---

dessous de la moyenne. Cette opération a, pour le capital, le même effet que si, avec des salaires moyens, la plus-value relative ou absolue avait été augmentée » (Marx, Capital, L.III, Pléiade, T.2, p.1037) et même une destruction partielle de capital »[82]. Du point de vue du capital total, la mise en sommeil est donc à la fois l'expression de la crise et une des modalités du rétablissement de l'activité. Marx envisage les crises, comme l'ensemble des contradictions, sous un aspect dialectique[83]. La crise est à la fois la création d'un déséquilibre par la séparation violente de l'unité que constituent les diverses phases que parcourt le capital et le rétablissement violent de cette unité qui a été troublée.

Le montant du capital mis en sommeil est a priori égal au montant qui doit être dévalorisé pour restaurer le rapport d'exploitation qui permet la reprise de l'accumulation. Le capital mis en sommeil est l'expression de la crise ; la crise se manifeste par la fixation, l'immobilisation du capital. En même temps, à travers la crise, à

---

[82] Mise en friche ou en jachère, cf. notes chapitre 2.7.5

[83] « Le processus de la circulation ou de la reproduction constitue, dans son ensemble, l'unité des phases de production et de circulation ; c'est un processus qui parcourt les deux phases et implique de ce fait des possibilités plus développées ou la forme abstraite de la crise. Les économistes qui nient la crise se contentent de s'attacher à la seule unité de ces deux phases. Si elles n'étaient que séparées, sans faire un tout, le rétablissement violent de leur unité serait impossible ; il n'y aurait pas de crise. Si elles faisaient un tout, leur séparation violente serait impossible, ce qui signifie crise. Celle-ci est due au rétablissement violent de l'unité faite de moments individualisés et à l'individualisation violente de moments qui font essentiellement un tout. » (Marx, Matériaux pour l' « Economie » , Pléiade, T.2, p.478)

« La difficulté de transformer la marchandise en argent, de vendre, provient simplement de ce que la marchandise doit nécessairement être transformée en argent, alors que l'argent ne doit pas nécessairement être immédiatement transformé en marchandise, que *vente* et *achat* peuvent donc être disjoints. Nous avons dit que c'est cette *forme* qui inclut la *possibilité* de la *crise*, la possibilité que des moments qui vont l'un avec l'autre, qui sont inséparables, se séparent et soient, partant, violemment réunis, la possibilité que leur cohérence soit réalisée par la violence faite à leur autonomie respective. Et la *crise* n'est rien d'autre que la mise en oeuvre violente de l'unité de phases du procès de production qui se sont autonomisées l'une vis-à-vis de l'autre. » (Marx, Théories sur la plus-value, Editions Sociales, T.2, p.607-608) travers la mise en friche, en jachère du capital, s'effectue le rétablissement violent d'une unité perdue.

Pour les grands capitaux, la masse des profits peut compenser la baisse du taux[84] ; le taux du profit baisse mais la masse du profit est telle qu'elle peut compenser la baisse du taux[85]. Mais dans ce cas, cela signifie que le capital a réalisé l'ensemble du capital marchandise produit. Il encaisse la baisse du taux de profit, parce que toute la valeur capital est réalisée. Il n'y a donc pas ici de mise en sommeil, d'immobilisation du capital. Si celle-ci intervient, cela signifie, par la même occasion, mévente. Une partie du capital se fige et donc ne rapporte plus de profit. De plus, sa reproduction en tant que capital ne s'accomplit pas. Par exemple, des moyens de production inemployés voient leur valeur se perdre. Du point de vue comptable, leur valeur est amortie au même titre que les moyens de production utilisés. Les locaux restent, dans une certaine mesure et pendant un certain temps, identiques qu'ils abritent tant ou tant et plus de salariés. Il en va de même pour les entrepôts ou même pour des bâtiments désaffectés tant qu'ils font partie du capital avancé. Si les salariés sont en sous activité mais ne sont pas licenciés, leur salaire pour la partie inactive se transforme en autant de prélèvement sur le profit réalisé par la partie active. Tous ces facteurs pèsent sur le profit total effectif. Pour ces entreprises, le capital mis en sommeil participe au dénominateur du taux de profit. Pour une part variable, compte tenu notamment de l'importance du capital fixe, il vient aussi en déduction du profit réalisé. Le taux de profit en est affecté d'autant. Suivant leur taille, la masse de leurs fonds propres, leur situation sur le marché, les entreprises vont avoir des résultats différents.

Pour les plus solides parmi les entreprises, les foyers de perte sont compensés et au-delà par les secteurs qui dégagent des profits. Le

---

84 « La compensation de la baisse du taux de profit par la masse de profit accrue ne vaut que pour le capital total de la société et pour les gros capitalistes complètement installés. » (Marx, Capital, L.III, Pléiade, T.2, p.1038)

85 Notons que dans la citation précédente Marx parle masse de profit accru alors que la suraccumulation absolue suppose un profit marginal nul voire négatif.

taux de profit baisse mais reste positif. Pour d'autres, la baisse peut se traduire par une perte[86], mais elles ont suffisamment d'assise pour réagir et s'adapter à la situation ouverte par la crise. Pour d'autres entreprises encore, la crise va précipiter leur fin, soit par un arrêt prématuré de leur activité soit du fait d'une accélération des faillites[87]. Enfin d'un autre côté, la création d'entreprise est freinée tandis que les cessations d'activité croissent. Les nouveaux entrants sont moins nombreux. Par conséquent moins de revenu, moins de « valeurs dormantes », se convertissent en capital. De même moins de plus-value, que ce soit via le crédit ou l'accumulation dans les jeunes pousses et les rejetons de capitaux anciens, s'accumule dans ces nouveaux champs. Le rapport entre capital actif et capital fixé est plus défavorable qu'auparavant. La rentabilité du jeune capital diminue et les masses de capitaux engagées également[88]. En même temps, dans la mesure où ce jeune capital prend pied, il concurrence l'ancien et favorise l'inaction ou la sortie d'une fraction de ce dernier.

Le capital immobilisé, mis en sommeil, mis en friche, ne crée pas les marchandises qui permettent au capital non seulement de se valoriser, d'obtenir un profit, mais également de se reproduire en tant que capital avancé. Par voie de conséquence, les valeurs d'usage utiles à cette double fonction ne sont pas créées, la valeur est perdue et vient en déduction de la plus-value et du capital existants. Les entreprises dont les pertes ont été compensées par les profits ou dont les pertes ont été limitées et momentanées, ou encore celles qui ont une

---

86 La perte peut aussi être le produit d'une stratégie de baisse des prix pour résister à la concurrence. Cf. la dévalorisation/dépréciation

87 Ce sont ces situations qui sont visées par la citation suivante « Cela s'étendrait en partie sur la substance matérielle du capital ; c'est-à-dire qu'une partie des moyens de production, capital fixe et capital circulant, cesserait de fonctionner et d'agir comme capital ; un certain nombre d'entreprises cesseraient leur activité » (Marx, Capital, L.III, Pléiade, T.2, p.1036)

88 « En réalité, on verrait qu'une partie du capital resterait inoccupée - totalement ou partiellement - parce qu'avant de fructifier il aurait à évincer le capital déjà en fonction ; et l'autre partie, sous l'influence du capital inoccupé ou à moitié occupé, fructifierait à un taux de profit inférieur » (Marx, Capital, L.III, Pléiade, T.2, p.1034)

certaine assise pour assumer les pertes[89], conservent cependant leur base productive dans la perspective de reconquérir leur place sur le marché (c'est d'ailleurs un des critères qui a pu guider leur politique en face de la crise qui les touche[90]).

C'est cet aspect de la mise en sommeil que nous avons appelé dévalorisation/désaccumulation. Pour une part, le capital a réduit son assise et encaissé la baisse du taux de profit. En même temps, cette assise s'est affermie.

La dévalorisation/destruction

Comme nous l'avons vu lors de l'analyse des diverses acceptions du terme dévalorisation, les effets de l'immobilisation du capital induisent aussi la destruction de valeurs d'usage. Le capital existant non seulement ne se reproduit pas mais ici, il disparaît du fait de la détérioration des valeurs d'usage (marchandises périssables, marchandises obsolètes, bâtiments inachevés abandonnés, capital fixe mis au rencart, ...). La valeur d'échange est perdue avec la destruction de la valeur d'usage. Le capital est dévalorisé d'autant. Ici aussi cette destruction réduit son assise. Des supports matériels de la valorisation sont détruits ou abandonnés inachevés.

La dévalorisation/dépréciation

Marx met aussi en évidence que la forme principale et également la plus aiguë de la dévalorisation est ce que nous appelons la dévalorisation/dépréciation. Sous diverses formes intervient une

---

89 La perte du fait qu'elle résulte de la détérioration du rapport capital actif/capital fixé ne doit pas être assimilée à un système de vases communicants où les pertes des uns sont la source des profits des autres. Cette représentation est celle de Boccara et constitue une des falsifications qui entoure son concept de dévalorisation (cf. critique de Boccara, plus bas).

90 « La partie de ΔC que les anciens capitalistes actifs auraient en main, ils la laisseraient plus ou moins oisive, pour ne pas déprécier eux-mêmes leur capital primitif et ne pas rétrécir sa place dans le champ de production ; ou ils l'emploieraient, même avec des pertes momentanées, pour amener les nouveaux venus, et d'une façon générale, leurs concurrents à ne pas employer le capital additionnel » (Marx, Capital, L.III, Pléiade, T.2, p.1035)

baisse des prix, une baisse ruineuse des prix qui frappe le « capital en tant qu'il possède le caractère de valeurs, donc la valeur des capitaux ». La dévalorisation/dépréciation générale se traduit par une baisse du niveau général des prix afin de compenser le mouvement inverse de la valeur du fait de la détérioration du rapport d'exploitation et de la diminution relative ou absolue de la plus-value. Nous avons vu que l'exacerbation de la concurrence engendrée par la baisse subite du taux de profit et le marasme des affaires qui s'ensuit, poussait les capitalistes à baisser les prix afin de limiter les pertes en sauvant le capital quitte à abandonner tout ou partie de la plus-value, empêcher de nouveaux concurrents de prendre pied, ruiner les anciens. C'est la scission entre la vente et l'achat qui permet à la crise de se manifester. C'est donc dans la sphère financière et commerciale qu'elle prend son origine, là où l'argent est mis à disposition des capitalistes industriels[91]. Cette baisse intervient d'abord dans les

---

[91] « Le commerce n'est pas limité par la production elle-même ou seulement de façon très élastique, la reproduction pouvant toujours être considérablement élargie. Outre la séparation entre M-A et A-M qui résulte de la nature de la marchandise, une demande fictive est donc ici créée. Malgré son autonomie, le mouvement du capital marchand n'est jamais rien d'autre que le mouvement du capital industriel dans la sphère de la circulation. Mais cette autonomie rend ses mouvements, dans une certaine mesure, indépendants des limites posées par le processus de reproduction, et pousse celui-ci au-delà de ses propres limites. Par suite de sa dépendance interne et de son indépendance externe, le capital marchand en arrive à un point où la cohésion intérieure est rétablie de façon violente, par une crise. C'est ce qui explique que les crises n'éclatent pas d'abord dans le commerce de détail qui vise la consommation directe, mais dans les sphères du commerce de gros et des banques, qui mettent le capital-argent de la société à la disposition du premier. » (Marx, Capital, L.III, Pléiade, T.2, p.1074-1075)

« (…) dans une crise générale de surproduction, la contradiction ne surgit pas entre les différentes sortes de capital productif, mais entre le capital industriel et le capital de *prêt* – entre le capital tel qu'il est directement engagé dans le procès de production et tel qu'à l'extérieur de celui-ci il apparaît de façon (*relativement*) autonome dans l'argent. » (Marx, Manuscrits de 1857-1858, Grundrisse, Editions sociales, T.1, p.353)

« Au cours des crises, quand le moment de panique est passé et que l'industrie stagne, l'argent est fixé entre les mains des *banquiers*, *agents de* relations entre capitalistes et entre capitalistes industriels et commerçants, au niveau des prix de gros.

On mesure aussi tout l'intérêt politique qu'il peut y avoir de désigner le « capital financier » comme bouc émissaire de la crise. Alors, la critique ne porte que sur les dimensions parasitaires du capital et non plus sur le cœur même de la production capitaliste : la production d'un maximum de plus-value. L'exploitation du prolétariat est évacuée. Non seulement cet aspect, qui est au fondement de la production capitaliste n'est pas critiqué, mais il est même défendu contre le « capital financier », le « capital fictif » supposés gaspiller et détourner les capitaux de l'accumulation dans la sphère productive de plus-value. Par conséquent, au « mauvais capital » : le capital fictif, le capital financier on oppose le « bon capital » : le capital producteur de plus-value, qu'il s'agit de développer, d'augmenter, de rationaliser, bref on l'engage à poursuivre plus avant et plus rapidement la production de la plus-value relative, gage de l'existence et de la prospérité des classes moyennes tenantes du socialisme petit-bourgeois. Cette classe d'économistes s'imagine que l'on peut séparer le bon gain de l'ivraie, que des banques puissent être nécessaires pour autre chose[92] que pour assurer la transition vers une économie non mercantile[93].

---

change, etc. et tout comme le cerf brame sa soif d'eau fraîche, l'argent crie son désir d'un *domaine où il puisse être employé*, valorisé en tant que capital » (Marx, Manuscrits de 1857-1858, Grundrisse, Editions sociales, T.2, p.112)

92 Quand François Chesnais, dans son livre sur les « dettes illégitimes », concept qui sent son petit-bourgeois à 10 lieues, pose la question : « Avons-nous besoin des banques sous leur forme actuelle ? », la réponse est déjà implicitement contenue dans la question.

Il s'agit alors de changer leur forme tout en maintenant l'institution. Il s'agit de les transformer en les cantonnant, excusez du peu, au financement "social" de l'économie, c'est-à-dire permettre l'accumulation de la plus-value et sa réalisation, d'en permettre l'accroissement sans les effets indésirables du gonflement du capital fictif. Ce qui revient à laisser intacts les rapports de production capitalistes. On promeut donc un capitalisme plus ou moins étatisé, un capitalisme où le capital bancaire serait étatisé.

On trouve toujours plus réformiste et plus opportuniste que soi. En témoigne la passe d'armes, à fleuret moucheté, de François Chesnais contre un des représentants de l'altermondialisme, à savoir Dominique Plihon, lui aussi adepte d'une « finance au service de la société », et qui parle de restructurer la dette, terme suffisamment vague pour couvrir toute une panoplie de politiques y compris les politiques les plus classiques imposées par l'impérialisme.

[93] En poussant à son comble la centralisation, en se servant des réseaux constitués (physiques et électroniques – guichets, virements, cartes de crédit, monnaie électronique, autant de bases matérielles, et ajoutons-y demain le téléphone portable et autres puces RFID), pour donner une forme moderne aux bons de travail, qui permettent dans la phase inférieure du communisme d'allouer à la consommation individuelle, une partie du produit social destiné à la consommation), en utilisant les fonctions de comptabilité sociale qu'elles tendent à créer (gestion des comptes bancaires), capital déjà détenu sous forme d'actions, gestion des crédits pour faciliter le regroupement des petites entreprise et en finir avec l'économie d'entreprise, etc.

« [Le système de crédit] est lui-même, d'une part, un facteur inhérent au mode de production capitaliste et, d'autre part, un moteur de son évolution vers sa forme ultime, la plus haute.

Eu égard à sa forme d'organisation et de centralisation, le système bancaire est le produit le plus ingénieux et le plus accompli que l'économie capitaliste puisse réaliser (...). D'où le prodigieux pouvoir qu'une institution comme la Banque d'Angleterre exerce sur le commerce et l'industrie, bien que leur mouvement réel échappe totalement à son action et qu'elle joue à cet égard un rôle passif. Certes la forme d'une comptabilité générale et d'une répartition des moyens de production est ainsi donnée, mais la forme rien de plus. (...). Mais, en même temps la banque et le crédit deviennent le moyen le plus puissant de faire sortir la production capitaliste de ses propres limites et l'un des véhicules les plus efficaces des crises et de la spéculation frauduleuse.

En substituant à l'argent les formes variées du crédit circulant, le système bancaire montre en outre que l'argent n'est pas autre chose, en réalité, qu'une expression particulière du caractère social du travail et de ses produits ; mais par contraste avec la base de la production privée, ce caractère social doit se présenter toujours, en dernière instance, comme une chose, une marchandise particulière parmi d'autres marchandises.

Enfin, il n'est pas douteux que le système de crédit servira de puissant levier dans la période de transition du mode de production capitaliste au mode de production du travail associé. Il ne sera pourtant qu'un élément

La pensée réifiée prend volontiers une des formes de la plus-value pour la plus-value elle-même, ce qui lui permet d'hypostasier cette forme pour mieux masquer le processus d'ensemble. La rhétorique pour tourner autour du pot est toujours la même. Alors que le but de la production capitaliste, l'être même du capital, est de produire un maximum de plus-value. Pour la pensée vulgaire, ce sont des agents extérieurs, représentants d'une composante de la plus-value, qui conduisent à l'exploitation. Une des formes de la plus-value par son accroissement contraint les autres acteurs, les représentants des autres formes de la plus-value, et tout particulièrement le capital industriel, a une action contre les salariés. Il ne s'agit pas d'une franc-maçonnerie unie contre le prolétariat pour obtenir le maximum de plus-valuc quitte à se déchirer ensuite pour le partage du butin, mais d'une exploitation induite, conçue comme une dégradation de la situation, résultant des excès d'une fraction.
Pour les altermondialistes, il s'agit du capital financier[94]. En exigeant des rendements élevés des fonds propres afin de « créer de la valeur pour l'actionnaire », le capital financier pousse les entreprises dans la

---

en liaison avec d'autres grands bouleversements organiques du mode de production lui-même. En revanche, les illusions sur le pouvoir miraculeux qu'auraient le crédit et les banques d'aller dans le sens du socialisme proviennent d'une méconnaissance totale et de l'économie capitaliste et du crédit comme l'une de ses formes. Dès que les moyens de production ont cessé de se transformer en capital (ce qui implique également l'abolition de la propriété foncière privée), le crédit comme tel perd sa raison d'être, ce que, au demeurant, les saint-simoniens ont déjà compris. Par ailleurs, tant que le mode de production capitaliste subsiste, le capital portant intérêt subsiste lui aussi comme l'une de ses formes et constitue de ce fait la base de son système de crédit. Seul Proudhon, cet écrivain à sensation, qui voulait laisser subsister la production marchande et abolir la monnaie, était capable d'imaginer ce monstre : le *crédit gratuit*, chimère engendrée par le peux désir du petit-bourgeois. Tous les faiseurs de projets vides et autres charlatans y trouvent leur compte. » (Marx, Capital, L.III, Pléiade, T.2, pp. 1279, 1280, 1281)

[94] Concept qui lui-même demanderait bien des précisions. Les bons apôtres du socialisme petit-bourgeois ne l'emploient généralement pas dans le sens de Marx, mais plutôt et devrait-on dire au mieux dans des acceptions léninistes. Sinon on entre dans le domaine des créations conceptuelles où la confusion le dispute à l'imprécision.

voie du profit à court terme et des « licenciements boursiers » tout en détournant les capitaux de l'accumulation dans la sphère de la production de plus-value.
Quand les coupables ne sont pas les capitalistes financiers, l'intérêt ou la captation de plus-value en relation avec les transactions sur le capital fictif, ce sont les capitalistes commerciaux ou les propriétaires fonciers, la rente et la spéculation immobilière[95.] Quand ce n'est pas la rente et la propriété foncière, ce sont les surprofits des monopoles. Les staliniens sont passés maîtres dans cette rhétorique. C'est sans doute à propos des PME que l'on retrouve les plus belles âneries. Dans sa critique du PCF et de sa théorie de la théorie du CME (capitalisme monopoliste d'Etat), Jacques Valier en propose une abondante moisson. Ainsi dans un livre sur les PME, écrit par Claude Quin, ultérieurement PDG de la RATP, on apprend que celles-ci ne sont qu'un « relais de l'exploitation monopoliste ». Claude Quin, va même jusqu'à dire que ce sont les monopoles qui les « obligent à se retourner contre leurs propres salariés. »

En général, on préserve le petit capital industriel (le coupable est le capital monopoliste) et l'Etat. Ce dernier est épargné car il est, dans la pensée réformiste, l'essence du bien et aussi le garant des salaires des

---

95 « Parmi les perspectives contre-révolutionnaires tracées au prolétariat, nous trouvons par exemple celle de Rocard, qui, parlant de la rente urbaine déplore qu'une « part du fruit de l'activité collective » (charabia désignant la plus-value), s'évapore sous forme de rente, privant ainsi la classe capitaliste de surprofits qui pourraient lui permettre de satisfaire une partie de revendications des « salariés » (terme qui dans le langage de M. Rocard désigne une masse interclassiste dans laquelle on trouve à la fois les prolétaires et les classes moyennes). Pauvres patrons, donc qui ne peuvent malgré toute leur bonne volonté offrir des « concessions aux travailleurs », parce qu'il leur faut maintenir leur taux de profit, déjà bien bas par ailleurs. En quelque sorte, la lutte des classes ne proviendrait pas du fait que le capital exploite le travail, mais de ce que la propriété foncière empêche la réalisation de l'harmonie de leurs intérêts. Soucieux de rationaliser le capital, et donc d'optimiser l'exploitation capitaliste, selon les méthodes apprises à l'ENA et aux cours du soir du parti socialiste, M. Rocard prône donc une politique de collaboration de classe dans laquelle le prolétariat uni aux classes moyennes s'allierait au capital industriel contre les propriétaires fonciers. » (La question agraire, Communisme ou civilisation)

professeurs d'économie politique. C'est la presse libérale qui se charge alors de critiquer l'Etat ou encore le monopole syndical qui laisse des salaires trop élevés. « D'abord parce que le niveau du taux de marge est beaucoup trop bas en valeur absolue, ensuite parce que la hausse des cotisations sociales et des salaires se conjuguent pour baisser encore davantage ce taux, et enfin parce que les entreprises n'ont d'autre solution pour y remédier que l'augmentation de la productivité, ce qui signifie hausse du chômage, rôle accru du capital au détriment de l'emploi, et augmentation des exigences vis-à-vis des salariés (et donc du stress de ces derniers). Les entreprises s'enferment en définitive dans un cercle vicieux où le niveau élevé des charges de production (impôts et salaires chargés) bride le dynamisme et la faculté d'embauche des entreprises, et où la seule réponse possible est l'augmentation du taux de productivité qui bien entendu a ses limites et provoque les réactions opposées des salariés. » (IFRAP, Bertrand Nouel, Pour l'emploi, améliorer le taux de marge des entreprises.)

Que la concurrence pour le partage de la plus-value, en s'avivant, pousse les entreprises capitalistes a d'autant mieux réaliser l'être du capital voilà qui laisse perplexe l'économiste petit-bourgeois. Dans la mesure où ils font valoir leur droit à ce que leur situation économique et sociale leur permet, les capitalistes agissent conformément à leur être et dans ce cas il est conforme à la tâche historique remplie par le mode de production capitaliste. Non seulement ils peuvent faire ce qu'ils font mais d'une certaine manière ils le doivent[96]. Cela ne doit

[96] « Le capitaliste n'a aucune valeur historique, aucun droit historique à la vie, aucune raison d'être sociale, qu'autant qu'il fonctionne comme *capital personnifié*. Ce n'est qu'à ce titre que la nécessité transitoire de sa propre existence est impliquée dans la *nécessité transitoire du mode de production capitaliste*. Le but déterminant de son activité n'est donc ni la valeur d'usage, ni la jouissance, mais bien la valeur d'échange et son accroissement continu. Agent fanatique de l'accumulation, il force les hommes, sans merci ni trêve, *à produire pour produire*, et les pousse ainsi instinctivement à développer les puissances productrices et les conditions matérielles qui seules peuvent former la base d'une société nouvelle et supérieure. Le capitaliste n'est respectable qu'autant qu'il est le capital fait homme. Dans ce rôle il est, lui aussi, comme le thésauriseur, dominé par sa passion aveugle pour la richesse abstraite, la valeur. Mais ce qui chez l'un parait être une manie

pas pour autant masquer le fait que l'origine de cette plus-value est dans l'exploitation de la force de travail.
La critique petite-bourgeoise se concentre sur certaines formes, les formes les plus parasitaires, les plus visiblement parasitaires, devrait-on dire, pour mieux masquer et préserver l'esclavage salarié, laisser intact le mode de production capitaliste[97].

---

individuelle est chez l'autre l'effet du mécanisme social dont il n'est qu'un rouage. » (Marx, Capital, L.I, Pléiade, T.1, p.1095-1096)
« (…) une société ne peut exister sans crise du logement lorsque la grande masse des travailleurs ne dispose exclusivement que de son salaire, c'est-à-dire de la somme des moyens indispensables à sa subsistance et à sa reproduction ; lorsque sans cesse de nouvelles améliorations mécaniques, etc., retirent leur travail à des masses d'ouvriers ; lorsque des crises industrielles violentes et cycliques déterminent, d'une part, l'existence d'une forte armée de réserve de chômeurs et, d'autre part, jette momentanément à la rue la grande masse des travailleurs ; lorsque ceux-ci sont entassés dans les grandes villes et cela à un rythme plus rapide que celui de la construction des logements dans les circonstances actuelles et quand pour les plus ignobles taudis il se trouve toujours des locataires ; lorsqu'enfin, le propriétaire d'une maison, en sa qualité de capitaliste, a non seulement le droit mais aussi dans une certaine mesure; grâce à la concurrence, le devoir de tirer de sa maison, sans scrupules, les loyers les plus élevés. » (Engels, La question du logement, Editions sociales, p.55-56)

[97] « Ce sont d'ailleurs de bien belles questions dont nous menace notre proudhonien : le *crédit* ! De quel crédit peut bien avoir besoin le travailleur, si ce n'est du crédit à la petite semaine ou de celui du mont-de-piété ? Et s'il lui est accordé gratuitement ou contre intérêts, même si ce sont des intérêts usuraires comme ceux du mont-de-piété, quelle est pour lui la différence ? Et si, d'une façon générale, il en retirait un profit et qu'ainsi les frais de production de la force de travail en devenaient moins élevés, est-ce que le prix de cette force de travail ne devrait pas tomber, lui aussi ? Mais pour le bourgeois, et surtout le petit bourgeois, pour ceux-là le crédit est une question importante ; pour le petit bourgeois tout spécialement, ce serait merveilleux de pouvoir en tout temps obtenir du crédit et, par-dessus le marché, sans payer d'intérêts. « La dette publique » ! La classe ouvrière sait qu'elle n'en est pas responsable et, quand elle prendra le pouvoir, elle en laissera le paiement à ceux qui l'ont contractée. « Les dettes privées » ! Voir ce qui vient d'être dit pour le crédit. « Les impôts » ! Ils intéressent beaucoup la bourgeoisie, très peu les travailleurs : ce qu'ils paient comme impôts s'incorpore à la longue aux frais de production de la force de travail

Les entreprises les plus solides sont susceptibles de mieux tirer leur épingle du jeu que les autres. D'autre part, au cours des faillites et des restructurations, la vente à l'encan de moyens de production ou de consommation peut se traduire par une dépréciation de ceux-ci dont profitent les repreneurs. Ce qui est perdu pour les faillis ou les entreprises encore actives qui se restructurent peut être profitable à celles qui achèteront à vil prix ces marchandises. Suivant que la baisse des prix obtenue des fournisseurs sera ou non répercutée (voire amplifiée si la dépréciation se généralise) sur les clients, l'entreprise qui en bénéficie tirera ou non des profits de cette baisse. Si elle même s'engage dans la spirale déflationniste, elle pourra connaître une baisse du taux de profit voire des pertes en dépit des avantages qu'elle aura retiré des baisses de prix de ses fournisseurs. Par ailleurs, ces baisses de prix et leurs fluctuations ont par elles-mêmes un caractère perturbateur qui désorganise le procès de production et de circulation et provoque un effet inverse de celui attendu en nuisant à la reproduction du capital. Une spirale déflationniste empêche le recouvrement d'une situation favorable à une reprise de l'accumulation. Sur le plan international ces phénomènes seraient accentués par la guerre des monnaies tandis que les tendances protectionnistes visant à préserver la masse de plus-value au détriment relatif de son taux s'affirmeraient.

Le cas pédagogique de Marx, ne comprend pas l'effet en retour de la hausse de valeur potentielle du capital constant et, par conséquent, la plus-value reste a priori positive. Pour que toute la plus-value soit perdue le taux d'exploitation devrait tomber à zéro. Mais si nous réintroduisons le procès valorisation/dévalorisation (au sens 2), il n'en est pas de même. La perspective de devoir dévaloriser le capital au-delà de l'ensemble de la plus-value devient possible, du fait que le capital constant lui-même - qui joue un rôle croissant dans la

---

et doit par conséquent être compensé par les capitalistes. Tous ces points qui nous sont présentés ici comme des questions d'une haute importance pour la classe ouvrière n'intéressent essentiellement que les bourgeois et surtout les petits bourgeois, et, malgré Proudhon, nous soutenons que les travailleurs n'ont pas pour mission de veiller aux intérêts de ces classes. » (Engels, La question du logement, Editions sociales, p.48-49)

composition du produit social - tend à se revaloriser sous l'effet du retournement de la productivité du travail.
Sur le plan du capital fictif (titres), il en va de même, les baisses de prix sont même relativement plus importantes. Elles sont en proportion de leur hausse artificielle dans la période d'expansion et de surspéculation qui précède l'éclatement de la crise. Désormais, le crédit se fait rare et aggrave la crise générale dans toutes les sphères, tandis que le capital fictif (fraude) émerge au milieu des affaires saines en déroute et de celles qui ont été soutenues par une fuite en avant liée au crédit et au surcrédit. La crise permet une centralisation du capital réel ; elle favorise encore plus la centralisation du capital fictif.

Dynamique du recouvrement

Dans un premier temps, le capital devient inoccupé. Ensuite, les entreprises vont réagir, si elles ne l'ont pas fait par anticipation. Elles vont licencier et en profiter pour mettre à plat les questions d'organisation restées pendantes voire se servir de la crise comme prétexte pour mettre en œuvre des rationalisations jusque-là différées notamment par crainte des réactions des salariés. Par conséquent, une base matérielle plus productive s'installe. Mise au rencart des moyens de production et techniques dépassés, suppression des activités les moins rentables, amélioration de la productivité dans les autres, économies et rationalisations, préparent l'entreprise à un nouveau contexte et améliorent sa productivité vis-à-vis de ses concurrents et permettent un nouveau bond dans la force productive du travail qui facilite le rétablissement sinon l'amélioration du rapport d'exploitation et de production de la plus-value[98].

---

98 « La baisse de prix et la lutte concurrentielle auraient, d'autre part, incité chaque capitaliste à élever la valeur individuelle de son produit au-dessus de sa valeur générale en employant des machines nouvelles, de nouvelles méthodes de travail perfectionnées, de nouvelles combinaisons, c'est-à-dire à accroître la productivité d'une quantité donnée de travail, à faire baisser la proportion du capital variable par rapport au capital constant, et à libérer des ouvriers, bref, à créer une surpopulation artificielle» (Marx, Capital, L.III, Pléiade, T.2, p.1037). On notera à nouveau que Marx réintroduit ici le progrès de la force productive du travail qui avait été explicitement écarté pour mettre en scène la suraccumulation absolue.

Dans le cadre de ce processus de restructuration, la dévalorisation du capital via la revente de capitaux dépréciés et destruction des valeurs d'usage a pu intervenir.
La force de travail elle-même, nous l'avons vu, voit son prix se déprécier sous l'action du gonflement de l'armée de réserve industrielle. Ces baisses de salaire favorisent la reprise.

Conclusion

En conclusion nous pouvons tirer quelques constatations quant à la nature de la crise de suraccumulation, de surproduction générale de capital. :
1° C'est unc crisc générale et non une crise partielle. Elle est générale non seulement par son étendue, en tant qu'elle touche toute les sphères de la société mais aussi parce qu'elle touche l'ensemble des composantes du capital social[99] et pas seulement une partie de celui-ci (totalité ou partie de la plus-value par exemple).
2° C'est une crise de surproduction, caractéristique de la société bourgeoise la plus évoluée, la plus moderne. Il y a surproduction générale de capital dès lors qu'il y a un retournement brutal du taux d'exploitation, ce qui implique dans le cadre du mode de production capitaliste le plus développé, un retournement brutal de la productivité du travail.

---

[99] « Dès que toute la quantité de surtravail que l'on peut extorquer est matérialisée en marchandise, la plus-value est produite. Mais cette production de plus-value n'achève que le premier acte du processus de production capitaliste, le processus immédiat. Le capital a absorbé une quantité déterminée de travail non payé. A mesure que le processus se développe, qui s'exprime dans la baisse du taux de profit, la masse de plus-value ainsi produite s'accroît immensément. Vient alors le second acte du processus. Il faut que toute la masse des marchandises, le produit total, aussi bien la partie qui représente le capital constant et le capital variable que celle qui représente la plus-value, se vende. Si la vente ne s'opère pas, ou bien qu'elle ne s'opère que partiellement ou à des prix inférieurs aux prix de production, il y a bien eu exploitation de l'ouvrier, mais elle n'est pas réalisée comme telle pour le capitaliste : elle peut même aller de pair avec l'impossibilité totale ou partielle de réaliser la plus-value extorquée, voire s'accompagner de la perte totale ou partielle du capital. » (Marx, Capital, L.III, Pléiade, T.2 p.1026)

3° La crise trouve son origine dans le procès de production, mais elle éclate dans la sphère de la circulation. C'est dans cette dernière sphère que la crise prend corps, du fait d'une possibilité de scission entre la vente et l'achat de la marchandise. Cette possibilité de la crise gisait dans la forme monnaie, dans la fonction moyen de paiement de l'argent. Les conditions de la production et de la réalisation de la valeur et de la plus-value ne sont pas identiques. La crise issue du processus productif éclate à la surface de la société. Nécessité et possibilité de la crise sont alors réunies.
4° Ces crises reviennent périodiquement. Ce ne sont pas des crises permanentes. Elles surviennent brutalement, soudainement. En tant qu'elles dévastent la société comme le ferait une catastrophe naturelle, ces crises générales sont catastrophiques. Mais ici la catastrophe est d'essence sociale[100].
5° Suraccumulation et dévalorisation, destruction de capital, entretiennent un lien dialectique et organique et non une relation mécanique et logique
6° A travers la répétition des crises, dont la tendance est à l'aggravation, se manifeste la tendance à la baisse du taux de profit. Il ne s'agit donc pas d'un cycle ou d'une onde longue de type Kondratiev mais de l'évolution du rapport capitaliste dans un contexte géo historique donné.
7° Ces crises expriment la révolte des forces productives trop à l'étroit dans les rapports de production capitalises dont le but limité, la recherche du maximum de plus-value entre en contradiction avec le développement de la force productive du travail qu'elle suscite.

---

[100] « Dès lors, coïncidant avec le plus haut développement des forces productives et la plus large expansion des richesses existantes, commencera la dépréciation du capital, la dégradation du travailleur, et l'épuisement de ses forces vitales. Ces contradictions conduisent à des explosions, à des cataclysmes, à des crises, à l'arrêt temporaire de tout travail et à l'anéantissement d'une grande partie du capital, qui ramèneront brutalement celui-ci à un point d'où il sera capable de recréer ses forces productives sans commettre un suicide. Mais parce que ces catastrophes reviennent régulièrement et se produisent chaque fois sur une plus grande échelle, elles aboutiront en fin de compte au renversement violent du capital. » (Marx, Principes d'une critique de l'économie politique, Grundrisse, Pléiade, T.2 p.273)

Elles appellent le renversement du capital et la domination politique du prolétariat sous la forme d'une dictature révolutionnaire afin d'instaurer une forme d'organisation sociale supérieure : le communisme.[101]

[101] « L'inadéquation croissante du développement productif de la société aux rapports de production qui étaient les siens jusqu'alors s'exprime dans des contradictions aiguës, des crises, des convulsions. La destruction violente du capital, non pas par des circonstances qui lui sont extérieures mais comme condition de sa propre conservation, est la forme la plus frappante du *conseil* qui lui est donné *de se retirer pour faire place à un niveau supérieur de production sociale.* » ((Marx, Manuscrits de 1857-1858, T.2, p.237-238)

Le marxisme vulgaire et la suraccumulation

Nous allons voir comment des représentants du marxisme vulgaire s'y prennent pour maltraiter la théorie de la suraccumulation. Nous parcourons rapidement, dans la mesure où nous leur avons déjà consacré ailleurs une longue réfutation, les points de vue développés par Grossmann/Mattick qui influencent l'ultra-gauche quoique celle-ci soit désormais en totale déliquescence. Puis, nous passerons à Paul Boccara dont les théories jouent un rôle notable dans l'histoire du PCF et pour finir nous prendrons pour emblème œcuménique du marxisme de la chaire les théories de Marcel Roelandts puisqu'il prétend faire la synthèse de tendances contradictoires. Ce sont autant de tentatives pour étouffer la théorie de Marx.

Grossmann/Mattick

Le cadre de l'exposé de Marx propre à la suraccumulation absolue ne fait pas que des enthousiastes. Nous avons mis en évidence la dimension pédagogique des hypothèses de Marx (mais qui ont des résonances avec un passé révolu de la production capitaliste) et que ce choix avait pour motivation d'écarter le procès valorisation/dévalorisation.

Parmi les mécontents, nous pouvons ranger Paul Mattick qui affirme :

« Pour illustrer le concept de suraccumulation, Marx recourt à un autre exemple, dont le choix n'est toutefois pas très heureux. » « (…) exemple (…) boiteux car il contredit toutes les données de l'expérience et jusqu'à la théorie marxienne de l'accumulation elle-même. » (Mattick, Crises et théories des crises, Editions Champ Libre, p.86 et p.88).

Nous avons montré qu'il n'en était rien. Bien que nous ayons affaire à des brouillons, il y a une cohérence dans cet exemple dès lors que l'on comprend la volonté simplificatrice de Marx en ce qui concerne l'exposition des causes qui engendrent la suraccumulation.

La théorie de Grossmann, reprise par Mattick, une fois qu'on lui a ôté les quelques masques derrière laquelle elle se dissimule est particulièrement vulgaire. Elle part de l'idée que l'accumulation est à mettre en relation avec le capital déjà avancé et non avec la plus-value produite et que cette accumulation est réalisée sur la base d'un taux de profit marginal décroissant.

Par exemple, supposons que la valeur de la production se décompose en

100 c + 100 v + 100 pl. (c = capital constant, v= capital variable et pl = plus-value)

Si les besoins de l'accumulation[102] s'élèvent à 50 c + 25 v[103] il restera à la classe capitaliste, une plus-value de 25 à consommer.

Lors de la période suivante nous obtenons donc la situation suivante :
150 c + 125 v + 130 pl [104]

Les besoins de l'accumulation deviennent alors[105] par exemple, 90 c + 30 v. Il ne reste plus que 10 à consommer à la classe capitaliste. A un moment donc la consommation de la classe capitaliste diminue pour faire face aux besoins croissants de l'accumulation.

Dans la période suivante nous sommes donc avec un produit social égal à :
240 c + 155 v + 175 pl [106].

---

102 Un des fondements de l'escroquerie intellectuelle de Grossmann gît dans cette extrapolation absurde.

103 Dans cet exemple, la composition organique marginale –c/v- double ; nous laissons de côté le capital fixe dont la rotation est supposée égale à 1.

104 Le taux de plus-value a augmenté mais le taux de profit baisse. Le taux d'accumulation s'accroît

105 Nous forçons le trait pour arriver plus vite au résultat de Grossmann

106 Le taux de plus-value continue de progresser tandis que le taux de profit continue de baisser. Le taux d'accumulation se rapproche de 100%. On

Dès lors que les besoins de l'accumulation, déterminés selon la logique de Grossmann, c'est-à-dire en mettant en relation la plus-value accumulée avec le montant du capital existant, supposent, par exemple, un capital constant additionnel de 150 c pour un capital variable de 40 v, la plus-value devient insuffisante.

En effet, une plus-value de 175 est disponible tandis que le besoin (imaginaire) pour financer l'accumulation est de 190 (150 + 40). C'est ici que, selon Grossmann, la crise commence.

En fait, il crée une disproportion imaginaire qui se traduit par des moyens de production inemployés, il accumule la totalité de c (150) tandis que la non accumulation de la totalité de v (40) laisse une force de travail sur le carreau (15 v soit 190 -175).

Le schéma de Grossmann n'est pas aussi grossier car la supercherie serait trop évidente. Grossmann a recours à de nombreux artifices pour masquer ses turpitudes[107] mais le fond de la théorie est là dans toute sa vulgarité.

Il s'agit donc d'une variante ricardienne de la baisse du taux de profit. A la hausse des salaires et de la rente qui réduisent le taux de profit comme une peau de chagrin, Grossmann/Mattick substituent la hausse autonome, déconnectée de la plus-value, de la composition organique et du taux d'accumulation. Le tout s'achève dans une disproportion (c'est-à-dire excédent de capital d'un côté et insuffisance de l'autre) ; qui plus est cette disproportion est une disproportion artificielle, imaginaire !

Grossmann fait bien la distinction entre la baisse tendancielle du taux de profit et la baisse du taux de profit qui caractérise la

---

comprend bien ici tout l'intérêt que trouve Grossmann à falsifier Marx en prétendant que la hausse du taux d'accumulation est un corollaire de la baisse du taux de profit.

107 Cf. une critique détaillée dans notre texte : « La théorie marxiste des crises. » (http://www.robin goodfellow.info).

suraccumulation[108], mais il est incapable de l'expliquer autrement que par une théorie ricardienne.

Paul Boccara et le PCF

Un nouvel aigle dans le ciel de la pensée

De même que Keynes se prenait, avec sa « théorie générale », pour le nouvel Einstein de l'économie politique, Paul Boccara se pense comme le Newton du marxisme classique. Dans un documentaire qui lui est consacré, Paul Boccara, un des principaux théoriciens, à son époque, du capitalisme monopoliste d'Etat et du Parti communiste français, lance en paraphrasant Newton, « Je suis monté sur les épaules du géant, [Marx on suppose, NDR] et j'ai vu plus loin que lui »[109]. On peut craindre cependant que, en manque d'équilibre sur lesdites épaules, il ait eu du mal à voir plus loin que les pieds, si ce n'est le cul, du géant en question.

On le retrouve en fait, en tant qu'inspirateur de l'ultra-gauche[110], avec son analyse de la révolution informationnelle[111], de la régulation[112], du

---

108 « Cette baisse du taux de profit dans la phase de suraccumulation diffère, cependant, de la baisse du taux de profit dans l'état initial de l'accumulation du capital. La baisse du *taux de profit* en elle-même constitue un phénomène qui accompagne constamment l'accumulation au cours de ses phases successives, y compris les premières phases de celle-ci, c'est-à-dire celles pendant lesquelles s'accumule une *masse croissante de profit* et dans celles où cela se produit en liaison avec la croissance de la partie k, destinée à la consommation de la classe capitaliste. (Nous laissons ici de côté les parts ac et av de la plus value destinées à l'accumulation) » (Grossmann - La loi de l'accumulation et de l'effondrement du système capitaliste. Ed. Siglo XXI, p..83)

109 Cité par Samuel Dixneuf (http://blogs.mediapart.fr/blog/samuel-dixneuf/160110/les-derniers-rayons-de-paul-boccara)

110 Cf. les textes sur l'analyse des révolutions industrielles sur notre site. http://www.Robin goodfellow.info.

111 « De l'analyse de Marx du remplacement des mains par les machines-outils et des tendances aux machines automatiques, avec l'utilisation de la science, on peut passer à l'analyse du remplacement de certaines fonctions du cerveau comme dans les ordinateurs. Et on aboutit à la prédominance

rôle des classes moyennes[113] ou de la crise. Que le stalinisme soit, à travers Grossmann ou Boccara, la source théorique où s'abreuve l'ultra-gauche reste préoccupant quant à sa capacité à n'être autre chose qu'un appendice de la social-démocratie.

La théorie du capitalisme monopoliste d'Etat (CME) dans son contexte.

Au sein du PCF, la théorie du CME se présente comme une tentative pour s'affranchir de la doxa stalinienne en abandonnant toute référence au léninisme (le centralisme démocratique, le parti d'avant-garde, la dictature du prolétariat) pour plus facilement rejoindre le giron social-démocrate dont, depuis très longtemps, plus rien de le distingue théoriquement. Le marxisme léninisme sera abandonné officiellement, en 1978, lors du XXIII° congrès du PCF. Cela ne va pas sans résistances et dans la mesure où Boccara cherche à « développer » la théorie de Marx, ses adversaires crient au

---

des informations, comme les recherches, avec leur partage possible mondialisé. Cela s'oppose aux caractères d'une machine qui ne se partage pas mais qui est ici ou là, base de la propriété privée capitaliste des moyens de production, propriété qui résiste avec la monopolisation des informations par le capital financier. » (Paul Boccara, Actualités et dépassements de Marx, http://www.gabrielperi.fr/Actualite-et-depassements-de-Marx.)

112 « Un capital selon Marx n'est pas une simple propriété privée des moyens de production, comme dans la société esclavagiste, mais une propriété prenant la forme d'argent rapportant de l'argent, pour une rentabilité, son taux de profit, en liaison avec le salariat et le crédit. Et Le Capital étudie essentiellement cette régulation, et non la propriété, comme le coeur du système. » (Paul Boccara, o.p.c)

113 « Les conceptions de Marx sur la généralisation du salariat et de l'exploitation du système capitaliste se vérifient avec la salarisation du monde entier, des femmes, de toutes les activités... » « Des analyses de la classe ouvrière et du prolétariat, mais aussi des ébauches sur les autres couches sociales, les dominations des femmes ou encore des peuples, on peut passer à l'analyse des convergences possibles actuelles, des luttes et aspirations de toutes les catégories de salariés, des femmes ou encore des jeunes et des personnes âgées, de tous les peuples et aussi des populations immigrées ou culturellement métissées. » (Paul Boccara, o.p.c).

révisionnisme (parmi ceux-ci on trouve notamment Henri Claude - 1909-1994 -, un des initiateurs de la revue Economie et Politique[114]). Boccara développe ses thèses dès le début des années 60[115] (il est né en 1932). Au sein du PCF, le débat se double d'un conflit entre les économistes et les autres intellectuels (philosophes dont Althusser[116], sociologues, ...) qui combattent la théorie du CME et notamment sa conception sous-jacente de l'Etat.
La théorie va cependant s'imposer, « réappropiée » par le PCF, car elle va servir de fondement théorique au programme commun de la gauche[117]. Elle est ainsi vulgarisée par la direction du parti et exerce

---

114 « Henri Claude et les débuts de la section économique » Claude Willard, Cahiers d'histoire N°62, http://constel07.u-bourgogne.fr:8080/sdx/sdx/apiurl/getatt?app=org.pleade.test&base=fa&id=FRMSH 021_0008_ de-1420-image-35218

115 « Le 15 novembre 1967, à la Mutualité, j'indique le début de la crise du capitalisme monopoliste d'État (CME). Cela vient après la Conférence internationale de Choisy-le-Roi de mai 1966 sur la théorie du CME, elle - même après le choc du XXè Congrès et du rapport dit secret de Khrouchtchev. D'où mon retour à Marx lui-même inachevé, à l'opposé du dogme marxiste-léniniste, dans mes articles de 1961 sur Le Capital. » (Paul Boccara, http://www.gauchemip.org/spip.php?article6540)

116 « (...) dans « Ce qui ne peut plus durer dans le parti communiste », où à propos de la « théorie marxiste » dans le PCF, il [Althusser] ne parle, que de « la théorie » dite du CME, version française (adornée de considérations boccariennes sur la suraccumulation - dévalorisation du capital) de la théorie soviétique... fabriquée sur l'ordre de notre direction » ! (Le Monde 27/04/78). Boccara, http://www. gauchemip.org/spip.php?article6540. Althusser fait allusion au fait que la notion de capitalisme monopoliste d'Etat est introduite, au sein du PCF, par la traduction d'études économiques parues en URSS.

117 «La théorie du CME est devenue la théorie officielle du PCF parce qu'elle a servi de soubassement théorique à la stratégie du programme commun », « La stratégie du programme commun semblait en phase avec les théorisations sur le CME. J'ai le souvenir des cours dans les écoles centrales du PCF où l'on mettait en évidence le rôle de l'Etat dans le mécanisme de « suraccumulation/dévalorisation » et celui du programme commun, rompant avec ce mécanisme par ses nationalisations et sa planification, permettant des avancées démocratiques, en «antichambre» du socialisme. La cohérence du projet, la dynamique de l'union amenait à la Section économique une multitude de collaborations nouvelles. L'étatisme

une influence notable non seulement sur le PCF mais également sur le PS[118]. Elle donnera lieu à des débats, comiques sur le plan théorique mais d'une grande importance pour la politique de nationalisation et les relations PC/PS, afin de déterminer à partir de quel seuil de nationalisation on pouvait envisager de quitter « l'antichambre du socialisme »[119] pour espérer gagner rapidement le salon d'apparat. Fixé à 25 groupes, le seuil des nationalisations sera ramené à 9 lors des discussions sur le programme commun. Puis, une fois celui-ci signé, l'étiage augmentera et après la rupture de l'union de la gauche (1977), cela servira de prétexte pour refuser l'accord électoral des législatives de 1978. En 1981, quand le PCF exerce le pouvoir avec les socialistes, la théorie est rangée dans les armoires du parti. Boccara se plaint aujourd'hui des déformations structuralistes de sa théorie. Nous allons cependant montrer, en allant à la source, que la théorie de la suraccumulation/dévalorisation présentée par Paul Boccara est une falsification éhontée de la théorie de Marx.

La suraccumulation sans peine

La représentation que met en avant le PCF à travers le Traité marxiste d'économie politique consacré au capitalisme monopoliste d'Etat (CME) comme celle du principal artisan de la théorie, Paul

---

de la démarche a certainement favorisé son instrumentalisation politique : on se souvient des péripéties du «chiffrage», de la comptabilisation du nombre précis de filiales à nationaliser pour franchir un «seuil» de changement… » Francette Lazard, ex membre du bureau politique, citée par Jean Lojkine, http://www.gabrielperi.fr/IMG/pdf/Jean_Lojkine_PC_CME_et_autogestion.pdf

118 Hugues Portelli, politologue commentateur de Gramsci, passé du Ceres au rocardisme avant de devenir sénateur UMP constate « la reprise de fait [par le PS] de la théorie du capitalisme monopoliste d'État, de la stratégie d'alliance anti-monopoliste. Cette référence se double, sur le plan culturel, d'une dépendance par rapport à la production « marxiste » du PCF ». « Le socialisme français tel qu'il est », 1980, p.153, cité par Boccara, http://www.gauchemip.org/spip.php?article6540

119 Formule reprise de Lénine qui lui-même la tenait de Hilferding. Mais Lénine savait que, pour passer dans le salon, le prolétariat devait enfoncer violemment la porte et exercer sur les entrées et sorties une dictature révolutionnaire.

Boccara, consiste tout d'abord en une falsification de la définition de la notion de suraccumulation à l'instar aussi bien de Michel Husson que de Marcel Roelandts[120]. Boccara est cependant plus subtil que ces derniers dans sa tentative de détournement.

---

120 Tom Thomas, épave maoïste à la dérive dans l'océan de la contre révolution, a lui aussi son interprétation de la suraccumulation.(http://www.demystification.fr/blog/la-suraccumulation-generalisee-%E2%80%A8du-capital/). Il ne définit pas la suraccumulation absolue par le fait que le taux de profit marginal soit nul voire négatif mais par le fait que la plus-value est accumulée uniquement sous la forme de capital constant, donc que la composition organique marginale du capital soit égale à l'infini (pas de capital variable additionnel). La masse de la plus-value produite diminue parce que le nombre de travailleurs productifs diminue. (ce qui implique que non seulement la plus-value accumulée soit composée uniquement de capital constant mais que la reproduction du capital existant soit également affectée - c'est toujours le cas, mais tant que la composition organique du capital est définie, on peut, en première analyse, faire comme s'il s'agissait d'une évolution de la composition organique marginale. Ces dimensions, bien qu'elles soient importantes, n'ont pratiquement jamais été étudiées par le mouvement communiste). Cette perspective suppose atteinte une des limites intrinsèques du capital, à savoir la diminution absolue de la classe productive.

« Le nombre des ouvriers employés par le capital, donc la masse absolue de travail qu'il met en œuvre, donc la masse absolue de surtravail qu'il absorbe, la quantité de plus-value qu'il crée, donc la quantité de profit qu'il produit, *peuvent*, par conséquent, s'accroître, et s'accroître progressivement, malgré la baisse progressive du taux de profit. Dans le système capitaliste, c'est là non seulement une *possibilité* ; c'est une *nécessité*, si nous négligeons des fluctuations temporaires. » (Marx, Capital, L.III, Pléiade, T.2, p.1006)

« D'ailleurs seul le mode de production capitalise exige que le nombre des salariés augmente absolument (…). Un développement des forces productives qui diminuerait le nombre absolu des ouvriers, donc qui permettrait à toute la nation d'accomplir sa production totale en un temps moindre, entraînerait une révolution, parce qu'il rendrait superflue la majeure partie de la population. Nous voilà une fois de plus devant la limite spécifique de la production capitaliste ; elle n'est à aucun titre une forme absolue du développement des forces productives ni de la création de la richesse ; bien au contraire, parvenue à un certain point, elle entre en conflit avec ce développement. » (Marx, Capital, L.III, Pléiade, T.2, p.1043-1044)

Paul Boccara écrit qu'il s'agit d'un « *excès d'accumulation de capital* (...) *par rapport aux limites de la somme totale de plus-value ou de profit* qu'il est possible d'obtenir pour valoriser le capital » (Paul Boccara, Etudes sur le capitalisme monopoliste d'Etat sa crise et son issue, Economie et politique, Editions sociales, p.42).

C'est effectivement une manière radicale de créer la suraccumulation ! Logiquement, Tom Thomas en déduit qu'elle est désormais chronique. D'une certaine manière, Tom Thomas rejoint le point de vue de Claude Bitot, adepte lui aussi d'une diminution de la classe productive compensée qui plus est par un accroissement des classes improductives, et dont la conception vulgaire de la valeur le conduisait à des contradictions théoriques insoutenables (http://membres.multimania.fr/resdisint/Arch_capit/ 010217 RGFcri.htm). Depuis Claude Bitot a abandonné le marxisme pour lui substituer une théorie néo-malthusienne inspirée par les arguments écologistes. Malthus qui s'était attiré la haine de la classe ouvrière anglaise en défendant les prébendes des classes réactionnaires et en vouant le prolétariat à la pauvreté, l'exploitation et le célibat, reste encore en dessous des néo malthusiens modernes qui, dans le programme classique de Malthus, substituent les classes moyennes modernes aux classes réactionnaires et y ajoutent le végétarisme et la marche à pied au rang des obligations du prolétariat.

Sans préjuger de sa théorie de la valeur, si le point de vue de Tom Thomas était exact, on devrait voir se gonfler la part du capital fixe dans le PIB. Or, le PIB a doublé depuis les années 75 (date retenue par les observateurs pour le début du déclin de la classe ouvrière en France par exemple) tandis que la population active augmentait fortement (il y a eu plus d'emplois crées dans les soi-disant trente piteuses que dans les soi-disant trente glorieuses mais les emplois additionnels ont le profil type suivant : ce sont tous des emplois à temps partiel, précaires - CDD, Intérim -, faiblement payés, aidés, occupés par des femmes ayant une qualification supérieure à la moyenne sociale). Compte tenu des prémisses du raisonnement de Tom Thomas, on doit en déduire que les emplois créés sont, comme pour Claude Bitot, des emplois improductifs. Une classe productive réduite a donc du être capable de produire, du moins apparemment, deux fois plus de valeur (la part du capital fixe est restée dans des proportions similaires) tout en entretenant une classe improductive croissante. On ne voit pas, dans ce cas, où serait la diminution de la plus-value et, du même coup, du taux de profit.

Dès lors que l'on assimile la suraccumulation à l'excès d'accumulation, on ne parle pas fondamentalement de surproduction de capital, d'une crise générale d'un rapport social, mais d'un excédent partiel de capitaux. D'autre part, on tend à donner à cet excédent un caractère permanent. De fait, pour Boccara, l'excédent, la pléthore de capital pour utiliser un terme repris par Marx, n'est pas le résultat d'une crise brutale, mais prend un caractère chronique. Ce caractère permanent conduit à minimiser la dimension cyclique et périodique des crises pour lui substituer une conception du cycle long, du cycle Kondratiev[121]. Du même coup, l'articulation (et les spécificités) entre la baisse brutale du taux de profit, la crise périodique de suraccumulation, de surproduction de capital, et la baisse tendancielle du taux de profit (inter cycles) est édulcorée. Sur la base d'une définition partielle et quantitative, une représentation moins heurtée du cours du mode de production capitaliste nous est présentée.

Toutefois, en rappelant que suraccumulation est bien synonyme de surproduction, Boccara reconnaît implicitement que sa définition reste insuffisante[122]. Mais, régulièrement, la question est éludée pour

---

121 « Dans ce chapitre, Marx applique sa théorie surtout au cas de la crise cyclique. Mais, il l'utilise aussi à propos de la perspective de l'économie capitaliste. » (Paul Boccara, Etudes sur le capitalisme monopoliste d'Etat sa crise et son issue, Economie et politique, Editions sociales, p.45).

Soit une nouvelle falsification de la théorie de Marx qui est obtenue en fondant dans un même ensemble flou la baisse tendancielle du taux de profit et la suraccumulation.

Quarante ans plus tard, notre homme n'a pas désarmé : « Au niveau économique, il n'y a pas seulement des crises périodiques au bout de sept à douze ans, il y a des crises plus durables, des crises du système capitaliste lui-même, car le type de technologie est devenu trop lourd, le type de rapports sociaux trop dur. Ce sont des crises de suraccumulation durable des capitaux, comme celle de l'entre-deux-guerres, ou de la crise actuelle. » Entretien dans l'Humanité du 4 Novembre 2010 http://www.humanite.fr/03_11_2010-paul-boccara-une-autre-civilisation-est-en-gestation-456987

122 « Dans le texte resté à l'état de brouillons du chapitre XV du livre III du *Capital*, Marx emploie l'expression de *suraccumulation* (bien qu'il utilise plus souvent celle de surproduction de capital) » (Paul Boccara, Etudes sur le

faire de la suraccumulation un synonyme d'excédent (partiel et tendanciellement permanent) de capital[123].

Excédent de capital et surproduction

Dans le passage consacré à la suraccumulation, Marx critique l'idée, fréquente chez les économistes, d'une « prétendue pléthore de

---

capitalisme monopoliste d'Etat sa crise et son issue, Economie et politique, Editions sociales, p.44).

123 « A ce point de rupture, trois solutions sont concevables qui aboutissent à la décharge de l'excédent » (Paul Boccara, Etudes sur le capitalisme monopoliste d'Etat sa crise et son issue, Economie et politique, Editions sociales, p.43).

« On commence à connaître assez largement, chez les marxistes, le principe de l'explication du capitalisme monopoliste d'Etat (et maintenant de sa crise) par ce que Marx appelle la « suraccumulation » du capital ou encore l'«excédent de capital ». » (Paul Boccara, Etudes sur le capitalisme monopoliste d'Etat sa crise et son issue, Economie et politique, Editions sociales, p.295).

Le traité marxiste d'économie politique rédigé par toute une pléiade d'intellectuels membres de la section économique du PCF, est plus direct « L'excédent permanent de capital ou suraccumulation du capital, provoque à la fois la tendance à la baisse du taux moyen du profit à l'échelle sociale et le rétrécissement du marché (de la demande solvable). » (Traité marxiste d'économie politique – Le capitalisme monopoliste d'Etat, T.1, p.155). On notera également au passage qu'ici ce n'est pas la baisse du taux de profit qui provoque la surproduction mais que c'est la surproduction, l'excédent de capital, qui provoque la baisse du taux de profit. Deux cents ans après, on retourne à la vision d'Adam Smith.

Le même traité déclare que « Expression de la tendance à la baisse du taux moyen de profit, la tendance à la suraccumulation n'est pas un phénomène nouveau. C'est une constante du mode de production capitaliste. Ce qui est nouveau par contre est caractéristique du capitalisme monopoliste d'Etat, c'est le caractère chronique et généralisé du phénomène de suraccumulation. A notre époque, dans tous les pays capitalistes économiquement développés, la société souffre de plus en plus d'un excédent de capital. » (Traité marxiste d'économie politique – Le capitalisme monopoliste d'Etat, Editions sociales, T.1, p.36-37) capital », d'un excédent de capital qui ne soit pas le produit temporaire de la surproduction[124].

Pour Marx, la surproduction de capital n'est pas un phénomène permanent[125]. Cette surproduction est à la fois une des manifestations de la crise et une manière de résoudre violemment les contradictions qui ont permis cette crise[126].

---

124 « La prétendue pléthore de capital, c'est toujours et surtout la pléthore du capital pour lequel la baisse du taux de profit n'est pas compensée par la masse du capital – et c'est toujours le cas pour les jeunes pousses des capitaux anciens – ou bien encore la pléthore que tels capitalistes, incapables d'agir pour leur propre compte, mettent sous forme de crédit, à la disposition des brasseurs de grosses affaires. Cette pléthore provient des mêmes circonstances qui provoquent une surpopulation relative et constitue ainsi un corollaire de celle-ci, bien qu'elles se trouvent toutes deux à des pôles opposés, capital inemployé d'une part et population ouvrière inemployée d'autre part. » (Marx, Capital L.III, Pléiade, T.2, p.1033)

125 « (…). Lorsque Smith explique la baisse du taux de profit par la superabundance of capital, accumulation of capital, il veut parler d'un effet *permanent*, ce qui est faux. Par contre, superabundance of capital transitoire, surproduction, crise, c'est quelque chose de tout à fait différent. Des crises permanentes ça n'existe pas." (Marx. Théories sur la plus-value. Editions sociales. T.2 p.592)
« (…), trop de moyens de travail et de subsistance sont produits périodiquement pour qu'on puisse les faire fonctionner comme moyens d'exploitation des ouvriers à un certain taux de profit. Il est produit trop de marchandises pour qu'on puisse réaliser et reconvertir en capital nouveau la valeur et la plus-value qui s'y trouvent contenues, c'est-à-dire exécuter, dans les conditions de répartition et de consommation de la production capitaliste, ce processus soumis à des explosions périodiques.
Il n'est pas produit trop de richesse. Mais périodiquement, il est produit trop de richesse dans les formes antagonistes du capital» (Marx. Capital, L.III, Pléiade, T.2 p.1040-1041)

126 « Périodiquement, le conflit des forces antagoniques éclate dans des crises. Les crises ne sont jamais que des solutions momentanées et violentes des contradictions existantes, des éruptions violentes qui rétablissent pour un moment l'équilibre troublé » (Marx. Capital, L.III, Pléiade, T.2 p.1031)

En d'autres termes, dès lors que le capital se fige, se fixe, s'immobilise, il devient oisif, il est mis en friche, il tombe en sommeil, il est mis en jachère. Le capital est excédentaire, le capital est suraccumulé ; il y a une surproduction de capital. Dans la mesure où il traduit la crise, il s'agit d'un phénomène soudain qui appelle le rétablissement des rapports d'exploitation qui prévalaient ; c'est ce qui le rend temporaire. Cela passe par l'absorption du choc. La mise en friche ou en jachère du capital et une dévalorisation brutale du capital (qui sont également des manifestations de la crise), des pertes occasionnées au capital, contribuent au rétablissement violent d'un équilibre compatible avec la sortie de crise. Au passage, la société a été dévastée, à l'instar d'une catastrophe naturelle. Mais ici ce sont uniquement des raisons sociales, du fait de l'existence de la production capitaliste, qui expliquent une telle catastrophe. C'est dans ce sens que, pour Marx, la crise est catastrophique et que donc toute crise générale de surproduction est catastrophique. Le marxisme n'est donc pas dans l'attente d'UNE crise catastrophique, réédition de l'apocalypse, ouvrant le chemin de la nouvelle Jérusalem au prolétariat rédempteur. En revanche, il prévoit que la répétition des crises et leur tendance à l'aggravation pousseront le prolétariat dans la lutte pour la conquête du pouvoir politique afin de renverser le règne du capital et son cours catastrophique.

Une parabole de l'excédent

Pour approfondir la différence de conception entre Marx et Boccara mais aussi nombre de représentations du même acabit, nous pouvons risquer une parabole.

Dans la représentation révisionniste il faut s'imaginer que le corps, le capital, produit de la graisse plus ou moins en permanence. Le capital devient obèse et peine, toujours plus à avancer, entravé par l'excédent de capital.

Dans la représentation du marxisme orthodoxe, le corps certes possède dans des proportions variables suivant la conjoncture toujours un peu de graisse. Celle-ci est nécessaire à son métabolisme. Le capital peut ainsi puiser dans ses réserves dès lors qu'il accélère et s'engage dans une course furieuse à l'accumulation et à la chasse à la plus-value. Mais il prend toujours soin de son corps et essaye d'optimiser cette présence de graisse. Une brusque arythmie cardiaque, un point de côté, à l'issue de sa course effrénée,

l'immobilise soudainement. Il est hors d'haleine, tout son métabolisme se transforme et son corps lui parait peser une tonne. Le corps doit faire une pause pour récupérer et pouvoir reprendre sa course. La crise se manifeste par une surproduction de capital et pour y remédier une destruction de capital qui prend diverses formes doit avoir lieu.
En parallèle, se développe un autre phénomène qui est également un produit organique de l'accumulation du capital. Avec le développement du crédit et du surcrédit (donc du capital fictif au sens III) qui lui est inhérent, nous avons à la fois une stimulation de l'accumulation du capital productif ou du capital qui recherche le profit et le développement de tendances parasitaires qui se traduisent par le gonflement du capital fictif au sens I (fictif au sens de imaginaire, illusoire, c'est-à-dire augmentation de la valeur de marché des titres) et au sens II (capital fictif au sens de frauduleux). C'est un peu comme si notre athlète et non notre obèse mettait sur ses épaules un sac à dos rempli d'éponges. Elles lui servent à se rafraîchir en épongeant la sueur et améliorent donc sa performance. Mais, en même temps, la sueur s'accumule gonfle les éponges et pèse sur ses épaules. Une fatigue supplémentaire est donc induite et une bulle se forme. Elles contribuent à l'arrêt brutal, à la mise hors course, de notre coureur. Notre exemple ne doit pas laisser croire que le sac à dos pourrait être retiré. Il s'agit d'une excroissance organique. La bulle peut exploser par elle-même et produire une crise qui reste limitée à cette sphère[127] mais quand le cœur s'emballe et entraîne un arrêt brutal de la course, la bulle se dégonfle par la même occasion et accentue la catastrophe sociale. C'est même dans cette sphère que la crise, sur le plan formel, commence.

En vieillissant notre athlète, affaibli par des crises tendanciellement toujours plus graves renonce à sa vocation, abandonne les

---

127 « Il faut distinguer la crise monétaire dont nous parlons ici, et qui est une phase de n'importe quelle crise, de cette espèce de crise particulière, à laquelle on donne le même nom, mais qui peut former néanmoins un phénomène indépendant, de telle sorte que son action n'influe que par contrecoup sur l'industrie et le commerce. Les crises de ce genre ont pour pivot le capital-argent et leur sphère immédiate est aussi celle de ce capital : la Banque, la Bourse et la Finance. » (Marx, Capital, L.I, Pléiade, T.1, p.681)

performances et les compétitions pour se satisfaire d'un entraînement plus ou moins conséquent. Jeune, il a porté plus loin que tous les autres le niveau de performance et les records, mis en place de nouvelles méthodes de préparation et d'entraînement qui laissent augurer de nouveaux records mais, en se survivant à lui-même, il admet qu'une nouvelle organisation pour aller plus avant est nécessaire. Un nouvel athlète qu'il a contribué à former et qui est chaussé de bottes de sept lieues arrive sur la scène pour le remplacer.

Ce dernier aspect de la prévision, la sénilité du capital, ne s'est pas réalisé dans la période envisagée par Marx et Engels. A la suite de deux guerres mondiales et d'une contre révolution sans précédent, le capital s'est rajeuni. En appliquant sa bouche putride sur le jeune prolétariat, il a gagné un nouveau souffle, un nouveau sang, une dynamique qui lui a fait porter le niveau des forces productives à un niveau, et à une vitesse, inégalés dans l'histoire[128]. C'est évidemment

---

128 « Dans la nuit éclairée par la lune, la cérémonie rassemble, peut-être par milliers, les moines vêtus de blanc, qui se déplacent lentement, raides et impassibles, pendant les chants funèbres, les pauses et les prières répétées. Lorsqu'ils forment un très large cercle, on aperçoit quelque chose au centre de l'esplanade : c'est le corps d'un des frères étendu sur le dos au sol. Il n'est ni ensorcelé ni évanoui, il est mort, non seulement du fait de son immobilité absolue que révèle la lumière de la lune, mais parce que la puanteur de la chair décomposée, lors d'un changement de la direction du vent, parvient aux narines de l'Européen abasourdi.

Après que l'on a longuement tourné et chanté et après d'autres prières incompréhensibles, un des prêtres quitte le cercle et s'approche du cadavre. Tandis que le chant continue sans interruption, il se penche sur le mort, s'étend sur lui en recouvrant complètement son corps, et il pose sa bouche vivante sur celle en décomposition.

La prière continue, intense et vibrante, et le prêtre soulève le cadavre par les aisselles, le redresse lentement et le tient devant lui en position verticale. La cérémonie et le chant funèbre ne s'interrompent pas : les deux corps entament un long tour, comme un pas de danse lent, et le vivant regarde le mort et le fait marcher en face de lui. Le spectateur étranger regarde les pupilles écarquillées : c'est la grande expérience de reviviscence de la doctrine asiatique occulte qui se réalise. Les deux marchent toujours dans le cercle des orants. A un moment donné, il n'y a plus aucun doute : dans l'une des courbes que le couple décrit, le rayon de la lune est passé entre les une question que doit affronter ce qui reste du parti communiste au sens historique du terme.

A - La productivité par tête multipliée par 13...

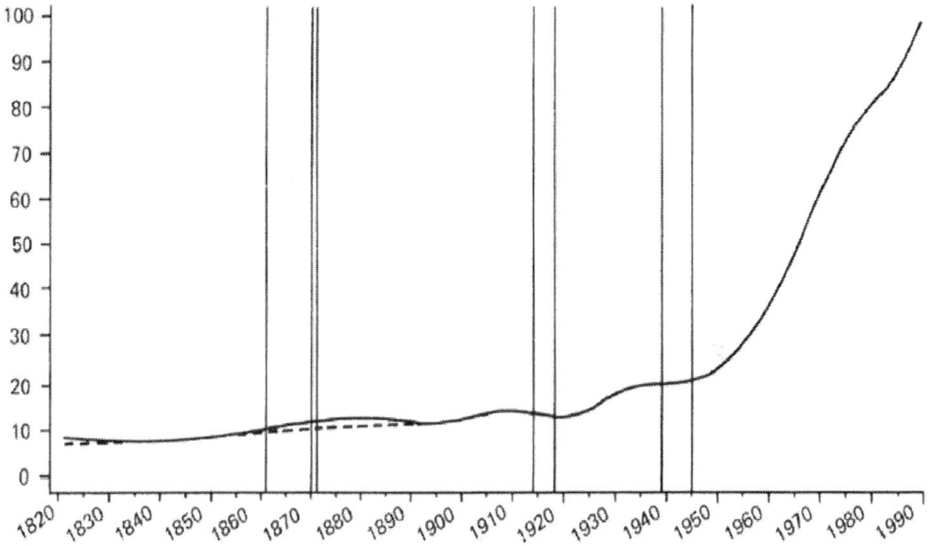

---

deux corps qui déambulent : celui du vivant a relâché les bras et l'autre se tient et se déplace tout seul. Grâce à l'énergie du magnétisme collectif, la force vitale de la bouche saine a pénétré dans le corps décomposé et la cérémonie atteint son point culminant : pour quelques instants ou pendant des heures, le cadavre, debout, marche de par sa propre force.

C'est ainsi que de façon sinistre, une fois encore, la jeune et généreuse bouche du prolétariat puissant et plein de vie a été appliquée contre la bouche putrescente et fétide du capitalisme, et qu'elle lui a redonné par cette étreinte inhumaine un nouveau laps de vie. » (Bordiga, Le cadavre marche encore, *Sul Filo del Tempo, no. l, mai 1953).*

B - ... et la productivité horaire par 25 depuis le décollage économique (1820)

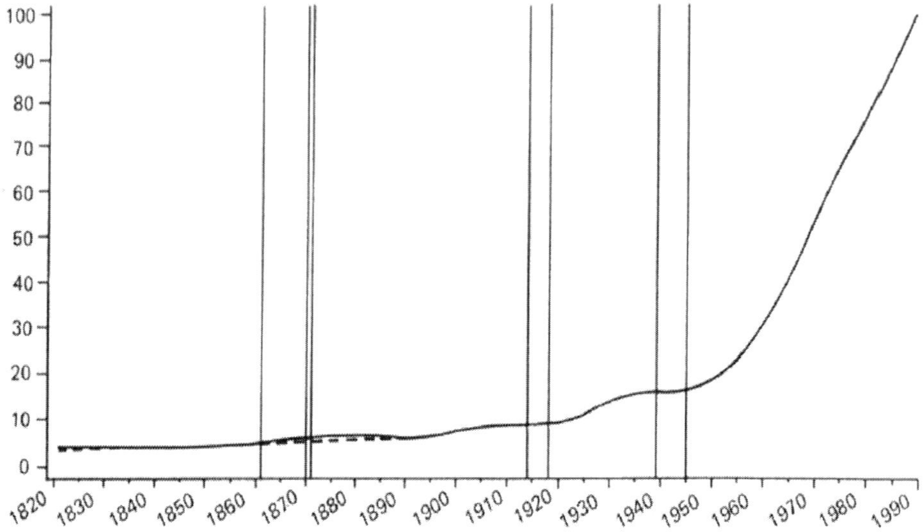

Les auteurs précisent que les traits verticaux correspondent aux changements de territoire et aux guerres et que la courbe de 1821 à 1896 correspond aux indices obtenus des travaux de J.C. Toutain et M. Lévy-Leboyer

Source : Olivier Marchand, Claude Thélot, Deux siècles de productivité en France. Economie et statistiques, n° 235-236, Nov-Déc 1990.

La suraccumulation dévalorisation

Selon Boccara, si Marx emploie le terme de « suraccumulation », il emploie peu celui de « dévalorisation ». Quand Boccara nous dit que « suraccumulation » est utilisée plus souvent que « dévalorisation », nous sommes dans une forme d'understatement (une forme d'euphémisme) comme disent nos amis britanniques. Si nos calculs sont exacts, dans les passages concernés, Marx utilise deux fois le terme « suraccumulation » - il préfère en général parler de surproduction - et une fois le terme « dévalorisation » ! Sauf erreur, de toute l'œuvre de Marx, c'est uniquement dans les brouillons du livre III du capital que l'on fait mention (deux fois nous l'avons vu) du concept de « suraccumulation ». Il équivaut, nous l'avons montré, à surproduction de capital. En revanche, nous l'avons également vu, le terme de dévalorisation était employé dans divers endroits avec des acceptions multiples. Ici, Boccara se présente plus comme un amuseur public que comme un commentateur sérieux de Marx.

Une bonne part des acceptions que nous avons passées en revue se retrouve dans les passages concernés par l'analyse de Boccara, avec un vocabulaire varié (dépréciation, destruction et aussi - une fois - dévalorisation dans le sens de dévalorisation/dépréciation dont nous avons parlé et non dans le sens de valorisation insuffisante comme l'insinue Boccara). Dans le contexte auquel Boccara fait référence, c'est-à-dire le chapitre consacré à la suraccumulation, certaines significations de « dévalorisation » sont, pour une part, regroupées sous le terme de destruction. Marx parle également de dépréciation qui est ici un des synonymes de dévalorisation.

Nous avons montré plus haut que ces divers termes étaient synonymes de dévalorisation dans des acceptions souvent différentes. Mais Boccara trouve le moyen de créer un concept de dévalorisation qui lui est propre. Après avoir falsifié le concept de « suraccumulation », il s'en prend ensuite à celui de « dévalorisation ». Le sens général global que Boccara donne à dévalorisation est celui de valorisation à un taux de profit inférieur à la moyenne, de moindre mise en valeur du capital. Mattick utilise également l'expression de « valorisation imparfaite » pour qualifier la conception de Grossmann. Les représentations de Boccara et de Grossmann sont toutefois fort éloignées. Leur seul point commun est qu'elles falsifient, chacune à leur manière, la théorie de Marx. La valorisation imparfaite de Grossmann provient de l'écart entre le besoin (imaginaire) de plus-value à accumuler et la plus-value disponible, tandis que pour Boccara, il s'agit de capitaux qui obtiennent un taux de profit inférieur au taux de profit moyen du fait de leur mise en sommeil. Mattick trace un trait d'égalité entre la valorisation imparfaite et la suraccumulation[129], tandis que Boccara l'identifie avec la dévalorisation.

---

[129] « c'est ainsi que Henryk Grossmann, qui ramène la suraccumulation à une valorisation imparfaite du capital, s'est vu reprocher par Martin Trottmann d'avoir assimilé deux tendances distinctes, totalement opposées, d'une seule et même accumulation capitaliste ».(Mattick, Crises et théories des crises, Editions Champ libre, p.87)

Marx n'a jamais employé le terme de dévalorisation dans le sens général que lui prête Boccara. Le sens qui se rapprocherait le plus d'un des trois cas réunis par Boccara sous le concept de dévalorisation est celui qui oppose la valorisation à l'absence de valorisation, la mise en valeur du capital à l'absence de mise en valeur (c'est-à-dire la dévalorisation au sens d'absence de valorisation du capital, dévalorisation au sens III, cf.2.7.3)[130]. Mais l'amalgame que fait Boccara entre divers aspects de la crise, et qu'il regroupe sous son concept de dévalorisation, fausse complètement le concept qui se trouve d'ailleurs associé mécaniquement à suraccumulation. Le nom donné par Boccara à sa conception théorique : la « suraccumulation dévalorisation » est révélateur du lien mécanique et non dialectique qu'il introduit dans les relations entre les deux concepts.

A l'excédent de capital répond la dévalorisation vue comme un capital valorisé à un taux de profit inférieur afin que l'autre faction du capital puisse maintenir son taux de profit.

Le développement des concepts est bien une des composantes de l'activité scientifique et, de ce point de vue, il appartient au mouvement communiste de développer ce que Marx a laissé en friche. Mais ici, l'exégèse, bien que Boccara se prenne pour le Newton du marxisme, ne conduit qu'à ramener Marx dans le giron de l'économie politique. En profitant de concepts encore en l'état fragmentaires, on s'efforce d'en altérer le sens et, par la même occasion, la portée révolutionnaire.

---

130 En fait, on pourrait admettre qu'il existe deux liens, très ténus, entre la théorie de Boccara et de Marx. D'une part, quand Marx traite de la dévalorisation au sens 3. Avec la crise, comme le capital cesse de se valoriser, et donc il se dévalorise (au sens 3). D'autre part, bien que cela soit dit de manière confuse on pourrait considérer que la dévalorisation de Boccara est bien identique, dans certains cas évoqués, à la dévalorisation/désaccumulation dont on éclipserait, dans les crises, le caractère soudain et brutal en relation avec la non réalisation du produit social. Mais, du même coup, on ignorerait également les autres dimensions de la dévalorisation : la dévalorisation destruction et la dévalorisation dépréciation.

La dévalorisation sans peine

En fait, nous savons que, quand on parle de suraccumulation, il s'agit d'une surproduction générale de capital qui se manifeste à l'occasion d'une insuffisance de plus-value en regard du capital avancé. Il s'agit donc d'une baisse soudaine du taux de profit qui correspond (sur le plan du capital global) à une baisse, un retournement brutal par rapport à la tendance générale, du degré d'exploitation de la force de travail[131].

La représentation de Boccara consiste à limiter la question uniquement à la partie accumulée de la plus-value et d'en faire un excédent de capital. Cet excédent n'est pas un excédent temporaire qui doit être résorbé par les diverses formes de destruction et de dévalorisation brutales du capital[132]. Ici, dans la conception de Boccara, l'excédent de capital prend un caractère permanent. Il est résorbé par une « dévalorisation », définie comme une moindre mise en valeur du capital, une mise en valeur avec un taux de profit inférieur à la moyenne (le taux de profit peut devenir négatif, via un déficit, une perte, dans les cas extrêmes).

Plus précisément, Boccara envisage trois solutions pour soulager le capital, décharger son excédent :
1° Une partie du capital, au moins égale à la valeur en excédent, ne se met pas en valeur. Elle ne fonctionne plus comme capital, « elle est en quelque sorte mise en sommeil ». Le profit est nul.
2° Une partie du capital, plus importante que l'autre pour qu'elle ait le même effet, se met en valeur à un taux de profit réduit, inférieur au taux de profit moyen.

---

131 Augmentation des salaires dans l'exemple de Marx qui ne tient pas compte du procès classique valorisation/dévalorisation ; baisse brutale de la productivité du travail, retournement par rapport à la tendance générale du mode de production capitaliste qui induit un développement de la productivité du travail, dès lors que nous réintroduisons ce procès.

132 Dévalorisation/désaccumulation, dévalorisation/destruction de valeurs d'usage, dévalorisation/ dépréciation. Cf. 2.7

3° Une partie du capital, éventuellement inférieure à la première, connaît des pertes. Pour Boccara, il s'agit d'une valorisation négative. Une partie de la valeur du capital accumulé est détruite.
« Ces trois solutions, valorisation nulle, réduite ou négative, correspondent à ce que nous appelons la *dévalorisation* d'une partie du capital total, permettant en principe la poursuite de la mise en valeur des autres capitaux et du capital global. » (Paul Boccara, Etudes sur le capitalisme monopoliste d'Etat sa crise et son issue, Economie et politique, Editions sociales, p.44).

Le même thème est repris dans le traité marxiste d'économie politique qui ne s'embarrasse pas des nuances et circonvolutions de Boccara[133]. Les ultimes réticences du chercheur devant le texte de Marx sont ici expédiées. Il y a de ce point de vue un certain contraste entre les travaux de Boccara dont les falsifications ne se départissent pas des habitudes, précautions et précisions du chercheur et l'exposé du traité marxiste d'économie politique. Dans ce dernier, l'aréopage des savants de la section économique se montre plutôt laxiste. Le cerveau collectif, contrairement à l'attente, simplifie la pensée et en fait ressortir d'autant plus l'absurdité[134].

---

133 Après avoir repris l'extrait de l'article de Boccara sur les trois solutions, le traité conclut. « Ces trois solutions – valorisation nulle, réduite ou négative – correspondent à ce que Marx appelle « mise en sommeil du capital » et que l'on peut nommer aussi dévalorisation du capital total » (Traité d'économie politique marxiste, Le capitalisme monopoliste d'Etat, Editions sociales, T.1, p.39). Boccara lui avait pris soin de préciser que « (…) ce soit le cas du profit nul qui fournisse l'expression que Marx emploie le plus souvent, mais non exclusivement, celle de mise en sommeil [nous avons vu que Rubel par exemple traduisait autrement] de capital » (Paul Boccara, Etudes sur le capitalisme monopoliste d'Etat sa crise et son issue, Economie et politique, Editions sociales, p.44). Le traité attribue donc à Marx des vues que Boccara avait nuancées et confirme également que le sens donné à dévalorisation est propre à Boccara et au PCF.

134 « Le conservatisme c'est complexe. D'un côté, cela plonge dans la société existante et dans tout le parti. D'un autre côté, ce sont des oppositions, des incompréhensions, des déformations. Ce n'est donc pas un simple frein. Il n'y avait pas qu'Henri Claude qui s'opposait à la suraccumulation du capital, mais jusqu'en 1971 au moment du Traité sur le Capitalisme monopoliste d'État, Philippe Herzog ou Jean-Pierre Delilez

Marx, nous l'avons vu, avait au moins sept acceptions pour le terme « dévalorisation », Boccara réussit à en ajouter une qui n'a rien à voir avec les sept précédentes. C'est, bien entendu, une manière de falsifier Marx[135].

Une fraction du capital est mise à l'écart. Ce phénomène n'est pas le corollaire de la crise de surproduction, il ne traduit pas une crise générale, un effondrement de la production capitaliste mais le développement de tendances (le développement du « capital public ») qui mettent à l'écart le capital « dévalorisé », c'est-à-dire un capital dont la mise en valeur est moindre. Ici, la baisse brusque du taux de profit n'induit pas une surproduction de capital qui exige la dévalorisation brutale du capital. On mesure l'intérêt que peuvent tirer nos faussaires du concept revisité de suraccumulation relative. En partant non plus de la suraccumulation absolue mais de la

---

aussi. On m'a demandé de modifier sur ce point leurs chapitres qui ne se référaient qu'à la baisse du taux de profit. Mais d'autre côté, *le Traité* a refusé mon analyse des cycles longs, minoré la crise du CME et le besoin d'une autre régulation. D'où la censure du chapitre premier que j'avais rédigé, sa réécriture et mon exclusion (passée inaperçue, mais explicite à la page 2) de l'équipe qui officiellement a rédigé la version finale, tandis que l'ouvrage me sera souvent attribué.
Cependant, si on pouvait déformer la théorie dans le parti, en même temps, le parti donnait un grand retentissement et une autorité considérable à cette théorie, en se référant à elle comme grande force sociale et politique. Cette référence était redoutable pour tous. » (Paul Boccara, Table ronde sur les 50 ans d'Economie et politique, http://www.pcf.fr/30518)

135 Le traité d'économie politique marxiste y ajoute des contresens par rapport à sa propre conception. « Pour cette fraction du capital social, il y aura insuffisance, et parfois absence d'assurance de rentabilité. C'est pourquoi on aboutit à ce qu'on appelle la « suraccumulation » de capital. Cette suraccumulation – dont nous précisons l'analyse ci-après – entraîne nécessairement la « dévalorisation » d'une partie du capital. » (Traité d'économie politique marxiste, Le capitalisme monopoliste d'Etat, Editions sociales, T.1, p.30-31) et de citer Marx (Capital, L.III, Editions sociales, T1, p.261) qui, dans ce passage, parle de dévalorisation dans le sens de baisse de la valeur du capital sous l'effet du développement de la force productive du travail soit la dévalorisation au sens II, cf.2.7.2)

suraccumulation relative, on admet que toute baisse du taux de profit induit un excédent de capital. D'une certaine manière on postule, sans le dire, un « taux de profit d'or ». C'est-à-dire qu'on admet implicitement l'existence d'un apogée de la production capitaliste, un âge d'or, une époque où le taux de profit était optimum. Ce « taux de profit d'or » n'engendrait aucun excédent. La baisse du taux de profit induit un écart croissant vis-à-vis de ce taux de profit d'or et se traduit par une suraccumulation relative, chronique. Cet excédent permanent et croissant de capital est « dévalorisé », c'est-à-dire valorisé à un taux de profit inférieur au taux de profit moyen actuel, pour maintenir l'autre partie au taux de profit d'or. A chaque baisse du taux de profit le phénomène doit se produire[136] ; il peut être différé par l'inflation[137].

Le capital excédentaire, dévalorisé à la mode Boccara, est pris en pension au sein de l'Etat ou des entreprises publiques. Les moindres résultats, le faible taux de profit voire les pertes de ces entreprises ne s'expliquent pas notamment par leur gestion bureaucratique, leur situation de monopole favorisant la dissipation de la productivité, mais exclusivement par le pillage des grands monopoles et la suraccumulation, c'est-à-dire ici un excédent de capital, excédent qui prend un caractère permanent et suppose le gonflement du capital public en même temps que sa faible rentabilité.

---

136 « Dans les deux cas, [suraccumulation absolue ou relative NDR], la recherche, pour un capital additionnel, d'un taux de profit au moins égal au taux moyen, nécessite qu'une partie du capital social total ne se mette plus en valeur, soit pour ainsi dire dévalorisée» (Traité d'économie politique marxiste, Le capitalisme monopoliste d'Etat, Editions sociales, T.1, p.38)

137 « Cet excédent se rapporte aux limites du profit qu'il est possible de produire et de réaliser, en raison de l'élévation de la composition organique du capital, pour rémunérer le capital accumulé. Dans la réalité concrète, la baisse du taux de profit ne se manifeste pas immédiatement dès qu'elle est nécessaire d'après les rapports de valeur. Bien au contraire, l'accumulation et la mise en valeur du capital continuent à se faire, sur la base d'un taux de profit de plus en plus *gonflé* en termes de *prix*, avec un prélèvement inflationniste du profit au-delà de la plus-value produite. » (Paul Boccara, Etudes sur le capitalisme monopoliste d'Etat sa crise et son issue, Economie et politique, Editions sociales, p.295)

Une double falsification

Le capital est donc mis, dans ce nouveau sens, en sommeil. Bien loin de faire un lien entre capital fixé, immobilisé, paralysé temporairement, mis en friche, Boccara trace un trait entre cette oisiveté, cette mise en sommeil, cette mise en jachère et la tendance du capital, tendance qui prend le pas et saisit le capital quand il renonce à sa mission, quand il devient sénile, c'est-à-dire quand la baisse du taux de profit devient évidente, s'impose et que le capital se survit. A ce propos Marx nous dit :

« Le taux de profit, c'est-à-dire l'accroissement proportionnel du capital, est important surtout pour tous les rejetons de capitaux qui cherchent à se grouper de façon indépendante. Et, dès que la formation de capital aurait incombé à un petit nombre de gros capitaux bien établis pour qui la masse du profit compenserait le taux, on verrait s'éteindre le feu vivifiant de la production, laquelle tomberait en sommeil. Le taux de profit est la force motrice de la production capitaliste ; seul est produit ce qui rapporte du profit. » (Marx, Capital, L.III, Pléiade, T.2, p.1041-1042).

Marx vise ici la fin d'un cycle historique qui suppose que les forces centrifuges des jeunes capitaux ne puissent plus régénérer suffisamment le capital[138], que les crises de surproduction l'aient affaibli au point de renoncer à sa mission tandis que la baisse du taux de profit se fait pressante. Ce n'est qu'à travers le rapprochement du terme « sommeil » que Boccara peut faire ce lien. Mais d'une part nous avons vu que les traductions étaient différentes ce qui rend plus difficile le rapprochement sans en tordre le sens et surtout que nous ne sommes pas dans le même contexte.

Avec les crises de surproduction, le capital se fixe, s'immobilise et entre en sommeil et cette mise en sommeil constitue dialectiquement

---

138 « Ce processus [concentration et centralisation du capital NDR] ne tarderait pas à entraîner l'effondrement de la production capitaliste si des tendances contraires n'agissaient pas continuellement pour produire un effet décentralisateur parallèlement à la force centripète » (Marx, Capital, L.III, Pléiade, T.2, p1028)

une réponse à la crise de suraccumulation. Ici, la mise en sommeil (la mise en friche) est à la fois la manifestation de la crise et une manière brutale pour la dépasser.

A la relation dialectique fait place une relation mécanique. Chez Boccara, nous n'avons pas affaire à une crise de surproduction se traduisant par une destruction de capital, une dévalorisation/dépréciation brutale mais à l'assoupissement progressif de la production capitaliste qui engendre des capitaux excédentaire que l'Etat prend en pension pour les valoriser à un taux inférieur au profit moyen, rehaussant par la même occasion le profit des monopoles[139].

On confond ici, en en altérant profondément le sens, les manifestations ultimes de la baisse tendancielle du taux de profit et la baisse brutale du taux de profit au moment des crises.

Boccara falsifie donc à la fois le concept de suraccumulation et celui de dévalorisation. Du même coup, il a tendance à minimiser l'importance des crises de surproduction qui se présentent périodiquement au profit d'une conception du cycle long[140] tout en

---

139 Ce schéma conceptuel sert à Louis Fontvieille, lui aussi au CNRS, directeur de l'édition des travaux de Kondratiev en français, de soubassement à son analyse de la croissance du rôle de l'Etat « En prenant pour hypothèse la loi de la baisse tendancielle du taux de profit, nous avons démontré dans notre étude «Évolution et croissance; de l'État français, 1815-1969 » qu'il n'était possible de maintenir le taux de profit qu'à la condition que, dans le capital total nécessaire à la production capitaliste, le capital dévalorisé se développe plus rapidement que le capital mis en valeur. La croissance de l'État, plus rapide que celle de l'économie dans son ensemble, résulterait alors de son intervention croissante dans le processus de dévalorisation. » (Louis Fontvieille, Dépenses publiques et problématique de la dévalorisation du capital, *Annales E.S.C.*, 1978, mars-avril, n° 2, p. 245)

140 On notera au passage le flirt entretenu par Mandel avec les conceptions de Boccara.

prétendant apporter une théorie unificatrice[141]. Boccara réhabilite donc le cycle Kondratiev[142]. Il n'est pas dans notre propos de critiquer ici les théories et analyses de Kondratiev et autres théoriciens du cycle et ondes longs[143]. Ces conceptions sont aux

---

141 « C'est à travers la dévalorisation de capital que toutes les transformations concernant le taux de profit et la reprise de l'accumulation s'effectuent, qu'il s'agisse des crises cycliques de surproduction de type décennal, ou qu'il s'agisse des longues phases récurrentes de tendance aux crises plus faciles et aux dépressions consécutives plus longues. Ces longues phases poussent, à travers les luttes de classe exacerbées, à la dévalorisation structurelle du capital et aux transformations structurelles du capitalisme jusqu'à la mise en cause de son existence même » (Paul Boccara, Etudes sur le capitalisme monopoliste d'Etat sa crise et son issue, Economie et politique, Editions sociales, p.295-296)

142 « Ces difficultés changent le climat de la croissance capitaliste, semble t-il, en ce moment. Elles se rattachent sans doute à la théorie de la suraccumulation longue du capital et des longues vagues du type Kondratieff » (Paul Boccara, Etudes sur le capitalisme monopoliste d'Etat sa crise et son issue, Economie et politique, Editions sociales, p.139)

« On peut me répondre en rappelant les critiques qui ont été jadis faites à Kondratieff, dont d'ailleurs, l'analyse causale propre me paraît unilatérale, de type surconsommationniste. Mais la plupart des critiques de Kondratieff n'ont pas contesté, et pour cause, la validité des séries de prix, des fluctuations longues de prix. » (Paul Boccara, Etudes sur le capitalisme monopoliste d'Etat sa crise et son issue, Economie et politique, Editions sociales, p.140)

143 Boccara est un des pionniers de l'après deuxième guerre mondiale de ce type d'analyse. Les cycles Kondratiev, selon leurs défenseurs, ont généralement une durée de 50-60 ans, découpée en deux phases ascendantes et descendantes sensiblement égales. Boccara prétend repérer le début de la phase dépressive, en occident, à partir de 1967. Cela nous donne donc une phase descendente, qui semble loin de prendre fin, de déjà 46 ans, ce qui constitue déjà un nouveau record pour le Guinness Book. Dans ce processus, en bon stalinien, il considérait que les faux socialismes (mais vrais capitalismes, comme ils ont fini par le reconnaître) de l'Europe de l'Est du fait de leurs prouesses et concurrence technologiques jouaient un rôle.

antipodes de celles de Marx ; nous nous contenterons ici de la critique de Trotski à laquelle nous renvoyons le lecteur[144].

Marcel Roelandts

Le projet de Marcel Roelandts

Marcel Roelandts se présente comme un enseignant et chercheur à l'université et dans plusieurs hautes écoles. On est donc en droit, a priori, de considérer sa production intellectuelle comme une énième variété du marxisme de la chaire. Cette circonspection dans le jugement est d'autant plus permise que Marcel Roelandts s'annonce accompagné[145].
Outre ces autorités du marxisme de la chaire auxquelles il donne force crédit, Marcel Roelands ne manque pas une occasion d'envoyer des baisers Lamourette à d'autres « économistes marxistes »[146], cet

---

144 Pour un tour d'horizon sur le cycle Kondratiev, voir : Eric Bosserelle, Le cycle Kondratieff, Théories et controverses, Masson.

145 « Nous conseillons cependant vivement de lire les trois ouvrages suivants pour une maîtrise rigoureuse des concepts marxistes en économie politique » suit une liste d'ouvrages dont les auteurs sont Jacques Gouverneur, Michel Husson et le duo Gérard Duménil et Dominique Lévy. (Marcel Roelandts, Dynamiques, contradictions et crises du capitalisme, Editions Contradictions, p.8).

« (…) Jacques Gouverneur m'a fourni de nombreuses clés pour approfondir *Le Capital*, Michel Husson m'a beaucoup appris par la rigueur et l'énorme richesse de ses analyses (…)» (Marcel Roelandts, o.p.c., p.8). Voir aussi la note 9 de ce texte où il célèbre Alain Bihr.

146 « (…) Nous conseillons la lecture très stimulante de l'ouvrage de Isaac Johsua ... » (Marcel Roelandts, Dynamiques, contradictions et crises du capitalisme, Editions Contradictions, p.69)
« (…) il existe trop peu de considérations sur l'évolution du taux de plus-value, les problèmes de répartition, l'état de la lutte de classe et l'évolution de la part salariale. Ce n'est qu'avec les travaux de certains économistes marxistes (Jacques Gouverneur, Michel Husson, Alain Bihr, etc.) que ces préoccupations reviennent quelque peu sur le devant de la scène. Nous les partageons et espérons qu'elles seront suivies par d'autres. » (Marcel Roelandts, Dynamiques, contradictions et crises du capitalisme, Editions Contradictions, p.86-87)

oxymore avec lequel ils se nomment sans vergogne. Manifestement, Marcel Roelandts semble avoir privilégié l'aile sous-consommationniste du mouvement (ce n'est pas le cas d'Isaac Johsua qui appartient plutôt à la tendance opposée mais c'est sur un sujet particulier – la domination du salariat - qu'il reçoit l'adoubement de Marcel Roelandts. D'autre part, nous avons vu que Johsua attribuait à Marx, une théorie sous-consommationniste). Les opposants ne sont pas nommés mais néanmoins tancés[147].

Le projet de Marcel Roelandts n'est pas de proposer une nouvelle interprétation des crises du mode de production capitaliste. Il cherche tout d'abord à se rattacher à un marxisme pour lequel la crise remet en cause les fondements du capitalisme et, par conséquent, vise à dépasser révolutionnairement ce mode de production. Ensuite, il s'efforce de dégager, au sein des grandes controverses qui ont traversé le marxisme, les tendances les plus claires tout en les actualisant et les approfondissant. Notamment, Marcel Roelandts cherche à dépasser l'opposition entre les tenants de l'explication des crises par la suraccumulation, la baisse du taux de profit et ceux pour qui elle résulte d'une insuffisance de la demande solvable.

D'une certaine manière il pense trouver ce dépassement dans la mise en évidence de l'unité de la théorie de Marx dans laquelle il dégage deux axes majeurs ; « d'une part, les contradictions liées à l'extraction de la plus-value qui se traduisent par le mécanisme de la baisse tendancielle du taux de profit ; d'autre part, la tendance immanente du système à comprimer ses propres débouchés suite aux glissements

---

147 « En réponse, les premiers brandissent « l'orthodoxie » de la loi de la *baisse tendancielle du taux de profit* et relèguent les arguments des seconds au rayon de l'école de la régulation et des théories de la sous-consommation, certains parmi eux allant jusqu'à proposer d'autres méthodes de calcul afin de « gommer » la hausse du taux de profit et faire correspondre la réalité à leur « orthodoxie » » (Marcel Roelandts, o.p.c., p.3-4). Ce passage est également l'occasion d'un nouveau coup de chapeau à Michel Husson : « Sur cette question, le lecteur pourra lire la remarquable mise au point faite par Michel Husson : la hausse tendancielle du taux de profit (..) » (Marcel Roelandts, Dynamiques, contradictions et crises du capitalisme, Editions Contradictions, p.4)

de répartition entre les salaires et les profits découlant des « conditions de répartition antagoniques » du produit total entre le travail et capital (et entre les secteurs de celui-ci). Par leurs logiques internes, ces deux axes débouchent sur des crises récurrentes de surproduction ». (Marcel Roelandts, Dynamiques, contradictions et crises du capitalisme, p.5).

Un projet qui cherche à défendre le marxisme orthodoxe serait digne d'éloges et trouverait en nous le plus vif soutien. Las, comme nous allons le voir, la réalisation est bien loin de la promesse. Nous montrerons que le projet théorique de Marcel Roelandts, loin de renouer avec Marx dans une critique révolutionnaire de l'économie politique, reprend dans une horrible synthèse ce qu'il y a de *plus mauvais* dans chacune de ces tendances pour, finalement, revenir à une variante sous-consommationiste de la crise. Compte tenu du caractère synthétique de son analyse nous en ferons donc un porte-drapeau du marxisme de la chaire.

Le temps, le temps, le temps et rien d'autre

Marcel Roelandts rappelle fort justement que pour Marx, la baisse tendancielle du taux de profit ne se manifeste nettement que, nous l'avons vu, dans certaines circonstances et sur une longue période[148]

---

148 *« Ainsi la loi* [de la baisse tendancielle du taux de profit] *n'agit qu'en tant que tendance dont l'action ne se manifeste nettement que dans certaines circonstances et au cours de longues périodes »* Capital, Livre III, La Pléiade II : 1023. Marx définit donc deux cas où *'l'action de la loi se manifeste nettement'* : (1) *« dans certaines circonstances »* et (2) *« au cours de longues périodes »*. Mais qu'entend-il par *« longues périodes »* ? La réponse est clairement donnée au début de ce même chapitre sur les *influences contraires : « Si l'on considère le développement énorme des forces productives du travail social, ne fût-ce que dans les trente dernières années, et si nous comparons cette période à toutes les périodes antérieures ; si l'on considère plus particulièrement la masse énorme de capital fixe qui, outre les machines proprement dites, entre dans le processus social de production, pris comme un tout, alors la difficulté que les économistes ont rencontrée jusqu'ici n'est pas d'expliquer la baisse du taux de profit comme telle, mais plutôt les raisons pour lesquelles cette baisse n'a pas été plus importante ni plus rapide »* (idem : 1014). Ainsi, lorsque Marx évoque *« de longues périodes »* au cours desquelles s'exerce la loi de la baisse tendancielle du taux de profit, il parle d'une *'trentaine d'années'*. Dès lors, nous ne sommes, ni dans la temporalité des cycles décennaux, ni dans une

Dans l'ouvrage que nous analysons, la présentation de Marcel Roelandts a des accents d'orthodoxie. En fait, il n'en est rien.
Dans un article[149] plein de déférence pour Alain Bihr[150] qui exposerait « clairement une dimension importante de l'analyse des crises chez Marx », Marcel Roelandts revient sur la question de la longue période. Il s'y présente alors comme un défenseur d'une « tendance (nous supposons qu'il vise la tendance à la baisse du taux de profit NDR) [qui] n'agit qu'à très long terme comme aboutissement de tout l'arc du développement capitaliste. » (Marcel Roelandts, article, p.4).
Plus loin, il précise dans quelle temporalité, il faut envisager la baisse tendancielle du taux de profit. « OUI à court (cycle décennaux) et moyen terme (+/- 30 ans), NON à long terme (tendance séculaire) ... et sans doute OUI à très long terme (pluriséculaire) ... mais cette tendance de très long terme ne se constate pas encore empiriquement (...) » (Marcel Roelandts, extraits article, p.5). Après avoir semble-t-il, dans le livre, écarté les cycles « décennaux »[151] dits de court terme, dans cet article, postérieur à son livre, ils sont réintroduits avec, en complément aux cycles de moyen terme sur lesquels reposaient la baisse du taux de profit, les cycles séculaires (eux-mêmes rejetés) et pluri séculaires (dont le statut est hésitant).

---

temporalité *séculaire* avancée par certains auteurs, temporalité absente de l'œuvre de Marx puisqu'il date le début de l'époque moderne du capitalisme de 1825 et qu'il écrit *Le Capital* dans la seconde moitié du XIXème siècle. » (Marcel Roelandts, Dynamiques, contradictions et crises du capitalisme, Editions Contradictions, p.16-17)

149 « Discussion de l'article d'Alain Bihr : D'une crise de valorisation à une crise de réalisation », Marcel Roelandts, 11 mars 2011

150 Donne-moi la rhubarbe, je te passerai le séné. Quatre mois plus tard, Alain Bihr qui a pris en compte quelques remarques de Marcel Roelandts quant au rôle de Socialisme ou Barbarie comme pionnier sinon inspirateur des thèses régulationnistes, fait une présentation plutôt élogieuse des positions de Marcel Roelandts, et donc de fait des siennes – on n'est jamais mieux servi que par soi-même -, dans le Monde diplomatique de juillet 2011.

151 Nous verrons que sur ce point également il y a bien des approximations révisionnistes.

Dans le livre que nous avons cité, il paraît clair que Marcel Roelandts considère que pour Marx, la baisse tendancielle du taux de profit a pour temporalité plusieurs cycles. Par contre, dans cet article, il réunit dans un même mouvement, le cycle dit de court terme (« cycle décennal ») et un cycle de moyen terme estimé à plus ou moins trente ans.

Nous avons donc ici, un ensemble d'assertions purement révisionniste.

D'une part, on introduit l'idée d'une baisse tendancielle du taux de profit intracycle alors que Marx écrit en toutes lettres qu'elle est intercycles. Cette approximation vise à justifier, comme nous le verrons, l'identification de la baisse brutale du taux de profit qui intervient avec les crises et de la baisse tendancielle du taux de profit qui parcourt plusieurs cycles. Marcel Roelandts n'échappe pas, comme bon nombre d'exégèses, à l'erreur, que nous avons déjà relevée, qui consiste à assimiler, sans autre forme de procès, la baisse tendancielle du taux de profit et la baisse brutale du taux de profit caractéristique de la suraccumulation du capital[152].

D'autre part, on canonise, un cycle de moyen terme de plus ou moins trente ans qui ne correspond qu'à une expression pour une part conjoncturelle de Marx. A l'époque où il l'écrit, cela correspond au recul qu'il a sur le cours de la production capitaliste la plus développée. Ce qui est important dans l'analyse ce ne sont pas les trente ans, mais le fait que la baisse tendancielle du taux de profit soit intercycles. Sa temporalité est la longue période (plusieurs cycles) qui elle-même s'inscrit dans une configuration du marché mondial (cf. plus bas, les appréciations d'Engels), une configuration géo historique donnée. Elle ne saurait donc être assimilée à un phénomène transcendant toute l'histoire du mode de production capitaliste le plus développé.

---

[152] En note de bas de page, Marcel Roelandts explique que ce qu'il expose sous le terme de loi de la baisse tendancielle du taux de profit se retrouve dans la littérature sur les théories des crises sous les appellations de « crise de suraccumulation », « pénurie de profit » (profit squeeze), « problème de valorisation du capital », « insuffisant degré d'exploitation de la classe ouvrière », etc. (Marcel Roelandts, Dynamiques, contradictions et crises du capitalisme, Editions Contradictions, p.13)

Ce texte complémentaire nous permet également de mieux comprendre que Marcel Roelandts ne rejette pas en soi l'idée d'une baisse séculaire du taux de profit. Il ne la constate pas dans les statistiques[153] et donc il l'écarte, mais ce n'est pas pour des raisons théoriques. Bien au contraire ; la dernière phrase de son ouvrage que nous citons en note n'écarte donc pas cette possibilité. Elle ne fait que constater que Marx et Engels n'ont pu avoir ce recul puisqu'ils datent de 1825, la première crise moderne de surproduction et qu'ils sont morts respectivement en 1883 et en 1895. En prenant en compte les compléments d'analyse fournis par l'article sur Alain Bihr, nous pouvons constater que cela laisse donc ouverte la perspective d'une baisse qui aille au delà de ces trente ans pour embrasser le siècle voire plusieurs siècles. Dans ce cas, pourquoi introduire, en figeant Marx, une période de plus ou moins trente ans ? D'autre part, ce serait oublier que dans l'esprit de Marx, le mode de production capitaliste entrait dans une phase de vieillissement, sa période sénile[154], et que les limites qu'il oppose au progrès de la force productive du travail étaient autant de manifestations de ce vieillissement. Engels pensait que la victoire du socialisme était proche et que s'il ne parvenait pas à empêcher la guerre mondiale qui menaçait toujours plus il sortirait malgré tout vainqueur de celle-ci. Par conséquent, Marx et Engels n'en étaient pas à imaginer la baisse du taux de profit sur des siècles et des siècles[155]. Bien plus, Engels revenant sur le fait que les cycles ne se manifestaient plus aussi nettement dans le dernier quart du XIXè siècle attribuait le phénomène aux nouvelles configurations du marché mondial, ce qui signifie que la baisse du taux de profit doit être analysée sur plusieurs cycles au sein d'une configuration géo historique donnée délimitant une certaine organisation du marché mondial.

---

153 « (…) je n'ai encore jamais vu de graphique montrant un déclin séculaire ou pluri-séculaire du taux de profit (…) » (Marcel Roelandts, Discussion de l'article d'Alain Bihr, D'une crise de valorisation à une crise de réalisation, p.5)

154 Cf. Marx, Capital, LIII, Editions sociales, T.6, p.274.

155 « le système capitaliste a dépassé son apogée à l'Ouest, approchant du moment où il ne sera plus qu'un système social régressif. » (Marx, Deuxième brouillon de la lettre à Véra Zassoulitch , 1881)

Pour la période actuelle, une nouvelle page dans l'histoire du mode de production capitaliste s'est ouverte après la deuxième guerre mondiale. Il est fort probable que la configuration qui régnait jusqu'à la fin des années 1980 ait été modifiée avec la chute/métamorphose, le changement de « modèle », du capitalisme tel qu'il s'était développé en URSS et les pays qu'elle tenait sous sa coupe, avec l'élargissement et l'unification du marché mondial, ce nouvel épisode si mal nommé : la « mondialisation ». De ce fait, la baisse du taux de profit ne peut pas se comprendre sans prendre en compte l'espace géo historique dans lequel elle s'inscrit et ce qui apparaît comme une évolution/métamorphose sous l'effet des modifications intervenues dans le marché mondial. Cette loi n'est pas une loi abstraite, désincarnée, a historique, une loi transcendante[156] mais un phénomène matériel qui ne peut pas être totalement détaché de l'histoire réelle.

Une conception ricardienne extravagante

Dans sa représentation de la baisse du taux de profit, Marcel Roelandts opte pour la plus mauvaise. Il se place dans la logique ricardienne (les « rendements décroissants ») de la baisse du taux de profit, mais prétend ouvrir, à travers elle, une perspective à la crise[157]. Marcel Roelandts ne tient pas compte de la spécificité de cette baisse brutale du taux de profit qui caractérise la suraccumulation du capital. Il est conduit pour justifier son point de vue à une représentation extravagante de l'accumulation capitaliste en passant du plan du capital total au plan du capital individuel, en faisant jouer à la concurrence un rôle contradictoire, pour justifier l'injustifiable.

---

156 « Gloire au Père, et au Fils, et au Saint-Esprit, Pour les siècles des siècles » (Magnificat : Luc 1, 46-55)

157 Marcel Roelandts est très bien conscient du fait qu'il n'existe pas de point absolu à partir duquel, la crise serait inévitable. Il l'exprime ainsi « (...°) il n'existe pas de limites quantitatives prédéfinies au sein de ses forces productives (que ce soit un pourcentage de taux de profit, une quantité de marchés solvables ou extra-capitalistes, etc.) qui détermineraient un point alpha précipitant ce mode de production capitaliste dans la mort » (Marcel Roelandts, Dynamiques, contradictions et crises du capitalisme, Editions Contradictions, p.53)

La séquence est la suivante :

- Première époque : le taux de profit baisse suite à une accumulation qui se révèle peu profitable. Nous sommes sur le plan du capital total
- Deuxième époque : les capitalistes individuels se voient contraints d'accélérer l'accumulation du fait de la baisse du taux de profit. Nous sommes passés au plan du capitaliste individuel. Il permet de justifier un comportement dont la probabilité serait beaucoup plus faible sur le plan du capital total.

Le rôle contradictoire de la concurrence

Cette transition entre les deux époques est facilitée par une incompréhension du rôle de la concurrence et des manipulations de citations de Marx.

Il est certain que pour Marx, la concurrence n'était pas ce *deus ex machina* qui intervient si souvent dans l'économie vulgaire pour faire office d'explication.

Marcel Roelandts ne l'ignore pas et dans cette perspective, il cite Marx : « C'est la baisse du taux de profit qui suscite la concurrence et non l'inverse ». Cette première citation lui permet de justifier la transition entre les deux époques.

Selon Marcel Roelandts, l'accumulation du capital, à un moment donné, se traduit par une baisse de la rentabilité. Celle-ci, loin de décourager les capitalistes, les pousse au contraire, sous l'effet de la concurrence, à accroître leur effort d'accumulation. Ce dernier aboutit à une profitabilité encore plus dégradée qui conduit, on ne sait pourquoi, à « (…) une crise et un ralentissement de l'activité économique qui restreint la demande finale : baisse des investissements en capital fixe et donc de l'accumulation, faillite des entreprises qui sont trop en-deçà du taux de profit moyen, (…) » (Marcel Roelandts, Dynamiques, contradictions et crises du capitalisme, Editions Contradictions, p.23)

Dans l'interprétation de Marcel Roelandts on a donc, dans un premier temps, la baisse du taux de profit qui suscite la concurrence puis, dans un second temps, la concurrence qui suscite la baisse du taux de profit. Des esprits généreux, mais néanmoins naïfs, y verraient de la dialectique ; pour notre part, nous assimilerons plutôt ce genre de raisonnement à la pratique du bonneteau. En deux temps, Marcel Roelandts fait une proposition puis la proposition inverse[158]. La première est conforme à l'esprit de Marx, la seconde lui tourne le dos.

Les variations du taux d'accumulation de la plus-value

Le tour de passe-passe de Marcel Roelandts induit des considérations sur le taux d'accumulation qui sont également autant de contradictions. Après avoir dénaturé le sens de suraccumulation[159], ce qui facilite d'autant plus sa propension à en évacuer les spécificités, Marcel Roelandts établit de fait le schéma intellectuel suivant :

- Première époque : l'accumulation de la plus-value se révèle peu profitable.
- Deuxième époque : la concurrence provoque, en dépit de la baisse du taux de profit, une accélération de l'accumulation et donc, dans ce cadre théorique, une élévation du taux d'accumulation de la plus-value.
- Troisième époque : ralentissement de l'activité économique (associé à la « crise ») qui cette fois induit une baisse du taux d'accumulation et donc une baisse de la demande finale.

---

158 Il est vrai que « L'économiste vulgaire ne fait, en réalité, que traduire en termes apparemment plus théoriques et plus généraux les idées étranges du capitaliste trompé par la concurrence, et il s'évertue à démontrer la justesse de ces idées » (Marx, Capital, L.III, Pléiade, T.2, p.1014)

159 « (…) chaque capitaliste est contraint par les impératifs de la reproduction élargie à investir de plus en plus sous peine de disparaître : c'est la suraccumulation ou *« accumulation accélérée »* comme l'appelle Marx. » (Marcel Roelandts, Dynamiques, contradictions et crises du capitalisme, Editions Contradictions, p.23). Ici, Marcel Roelandts introduit une nouvelle confusion en assimilant suraccumulation et accumulation accélérée alors qu'il s'agit de surproduction. Cf. chapitre 3.3.7

Entre la deuxième et la troisième époque, les mêmes causes produisent des effets différents. Ici aussi, on pourrait en appeler à la dialectique mais ce n'est pas la réalité qui est contradictoire, c 'est la représentation inconsistante de Marcel Roelandts. Lors de la deuxième époque, la baisse du taux de profit entraîne (avec l'argument fallacieux de la concurrence) une élévation du taux d'accumulation. Pourquoi ce phénomène s'inverserait-il lors de la troisième époque, celle de la pseudo-crise ? En effet, pourquoi seule la baisse du taux de profit de la troisième époque serait-elle synonyme de crise ? Seule la variation du taux d'accumulation est le vecteur de la crise. La baisse du taux de profit, interprétée à la mode ricardienne, est un pur enjolivement externe, une décoration « orthodoxe » pour agrémenter le décor « marxiste » de la crise, mais, au fond, elle est inutile pour son propos. La meilleure preuve est que son maître à penser, Michel Husson, clame[160] que le taux de profit ne baisse pas et pourtant développe le même schéma intellectuel

De l'art de fausser les citations

Pour tenter d'apporter du crédit à son interprétation d'un accroissement du taux d'accumulation avec un taux de profit en baisse (deuxième époque), Marcel Roelandts se livre à une manipulation d'une citation de Marx.

La citation est la suivante : « la baisse du taux de profit et l'accumulation accélérée ne sont que des expressions différentes du même processus (...)»

Nous avons déjà eu à commenter cette citation qui, décidément, est un bon point d'appui pour les faussaires, à propos de la théorie de Grossmann. Nous avons montré comment ce dernier la truquait de manière éhontée. Grossmann a trouvé en Marcel Roelandts un bon élève.

Relisons donc la citation dans son entier :

---

160 Avec, nous l'avons vu, l'assentiment de Marcel Roelandts, qui n'en est pas à une contradiction près.

« La baisse du taux de profit et l'accumulation accélérée ne sont que des expressions différentes du même processus : elles expriment toutes deux le développement de la productivité du travail. De son côté, l'accumulation accélère la baisse du taux de profit, dans la mesure où elle implique la concentration du travail sur une grande échelle et, par suite, une composition supérieure du capital. D'autre part, la baisse du taux de profit accélère également la concentration du capital et sa centralisation par l'expropriation des petits capitalistes, du dernier des producteurs directs chez qui il y a encore quelque chose à exproprier. **Ainsi, l'accumulation se trouve accélérée, quant à la masse[161], bien que le taux d'accumulation baisse avec le taux de profit**. » (Marx, Capital, L.III, La Pléiade, T.2, p. 1024 – souligné par nous)

Marx énonce donc l'inverse de ce qu'on veut lui faire dire. Le taux d'accumulation baisse avec le taux de profit. Comme nous l'avons déjà fait remarquer la tendance du taux d'accumulation est plutôt en phase avec celle du taux de profit. Les théories de Grossmann comme l'interprétation de Marcel Roelandts supposent une élévation du taux d'accumulation avec la baisse du taux de profit, ce qui est un cas de figure qui, sans être impossible, est moins probable que l'inverse. Qui plus est, il ne s'agit pas ici de conjoncture, de cas particuliers ou de tendances passagères, mais de comportements systématiques et systématisés.

---

161 Notre ami le mathématicien, dira que si l'accumulation est accélérée quant à la masse, il est contradictoire d'affirmer que le taux d'accumulation de celle-ci baisse. Ce serait oublier que Marx ne vise pas ici (ce qui est relativement rare), un mode de production capitaliste « pur » mais qu'il prend en compte les autres formes de production (« producteurs directs »). Sinon la bonne formule serait que la masse de la plus-value accumulée augmente tandis que le taux d'accumulation baisse. D'autre part, Marx vise ici également les effets du développement de la productivité du travail (donc les effets du procès valorisation/dévalorisation que par ailleurs il écarte). Par rapport à la période précédente, pour une même masse de plus-value accumulée, la quantité de machines, de matières premières, de force de travail, etc. augmente et, de ce point de vue, accélère l'accumulation.

On aboutit donc à une conclusion, sur la base de pratiques de faussaires, qui est aux antipodes de la théorie de Marx. Pour Marx, la tendance de l'accumulation capitaliste est d'accroître la masse de plus-value accumulée tandis que le taux d'accumulation a tendance à baisser avec la baisse du taux de profit. En d'autres termes, le taux d'accumulation a tendance à épouser le comportement du taux de profit (élévation du taux quand le taux de profit s'élève et baisse du taux d'accumulation quand le taux de profit baisse).

La suraccumulation accélérée

Revenons un peu plus en détail sur l'opération de dénaturation du concept de suraccumulation que nous avons évoquée en note dans le chapitre 3.3.5.

Dans un premier temps, Marcel Roelandts fait l'amalgame entre baisse tendancielle du taux de profit et suraccumulation. « La suraccumulation, la baisse tendancielle du taux de profit et la pénurie de plus-value ne sont que différentes manifestations d'une même réalité (…) » (Marcel Roelandts, Dynamiques, contradictions et crises du capitalisme, Editions Contradictions, p.23).

Puis il trace un lien, qui est effectivement chez Marx mais dont nous avons vu que Marcel Roelandts en manipulait, en falsifiait, le sens effectif, entre baisse du taux de profit et accélération de l'accumulation

Il ne reste plus qu'à confondre suraccumulation (c'est à dire surproduction de capital) et accumulation accélérée du capital. « En effet, chaque capitaliste est contraint par les impératifs de la reproduction élargie à investir de plus en plus sous peine de disparaître : c'est la suraccumulation ou *« accumulation accélérée »* comme l'appelle Marx. » (Marcel Roelandts, Dynamiques, contradictions et crises du capitalisme, Editions Contradictions, p.23).

En trois mouvements, Marcel Roelandts a ramené Marx dans le giron du marxisme de la chaire.

Tout l'échafaudage vulgaire de Marcel Roelandts a un inspirateur : Michel Husson. Evidemment, les disciples de Mandel ne jurent que par la concurrence[162] mais celle-ci ne peut en rien expliquer la baisse du taux de profit. C'est une vision qui remonte à Adam Smith[163].

Michel Husson commence par distinguer la suraccumulation et la surproduction.

« On peut repérer deux contradictions absolument centrales qui combinent une tendance à la suraccumulation, d'une part, à la surproduction d'autre part. » Michel Husson, Accumulation et crise, 2004.

Par suraccumulation, on comprend que sous l'effet de la concurrence, les capitalistes sont poussés à surinvestir et du même coup à établir les bases d'une surproduction qu'une sous-

---

162 Nous avons déjà eu l'occasion de faire une critique des conceptions de Mandel et de la concurrence dans notre défense de Rosa Luxemburg contre les vulgaires.

163 « A. Smith a expliqué la baisse du taux de profit qui va de pair avec l'accroissement du capital par la concurrence des capitaux entre eux. Sur quoi Ricardo lui a rétorqué que la concurrence pouvait certes ramener les profits dans les différentes branches d'activité à un niveau moyen, qu'elle peut égaliser le taux, mais ne saurait abaisser ce taux moyen lui-même. La proposition de A. Smith est exacte dans la mesure où c'est seulement dans la concurrence – dans l'action du capital sur le capital – que les lois immanentes au capital, ses *tendances*, sont réalisées. Mais elle est fausse au sens où il l'entend, c'est-à-dire au sens où la concurrence imposerait au capital des lois externes, introduites de l'extérieur, qui ne seraient pas ses lois propres. La concurrence ne peut faire baisser de façon durable le taux de profit dans toutes les branches d'industrie, c'est-à-dire qu'elle ne peut abaisser en permanence le taux moyen de profit, que si une baisse générale est concevable, et seulement dans la mesure où l'est une baisse générale et permanente du taux de profit, agissant comme loi aussi *avant* la concurrence et sans tenir compte de la concurrence. La concurrence rend manifeste les lois internes du capital ; elle en fait des lois obligatoires pour le capital pris individuellement, mais elle ne les invente pas. Elle les réalise. Donc, vouloir expliquer ces lois simplement à partir de la concurrence, c'est avouer qu'on ne les comprend pas » (Marx, Manuscrits de 1857-1858, Grundrisse, Editions sociales, T.2, p.239-240)

consommation relative, due à la limitation du pouvoir d'achat, va précipiter.

Marx ne dit rien de tel puisqu'il assimile suraccumulation et surproduction de capital. Les deux termes sont synonymes. En employant le terme de suraccumulation en équivalence à la surproduction de capital, Marx veut montrer que nous avons à faire à une forme spécifique de la crise de surproduction. Ici, celle-ci n'est pas seulement une surproduction de marchandises, c'est-à-dire une crise de surproduction résultant d'un excédent de la plus-value en tant que surproduit. Ici, la crise provient d'une production insuffisante de plus-value en tant que survaleur. Il veut donc montrer que cette surproduction trouve son origine dans la sphère de la production capitaliste, qu'elle résulte d'une production insuffisante de plus-value. Il s'agit donc dans ce cas non plus seulement d'une surproduction de marchandises mais d'une surproduction de capital. Son ressort n'est pas la concurrence qui pousserait à augmenter le taux d'accumulation en créant des capacités de production excédentaires mais une baisse brutale du taux de profit, due à une production insuffisante de plus-value, qui va rendre excédentaire les capacités de production (le capital productif), le capital argent, les marchandises (capital marchandise) et la force de travail.
C'est donc falsifier le sens de suraccumulation que de le séparer de celui de surproduction.

Le marxisme de la chaire et l'entreprise

Un grand avantage, mais aussi inconvénient, qu'a le marxisme de la chaire sur le prolétariat c'est qu'il n'a jamais mis les pieds dans une entreprise. Marx non plus, direz-vous, mais il était renseigné par l'entrepreneur capitaliste Engels. Ici, nous avons affaire à des penseurs de l'université, un ensemble de professeurs docteurs, habitués et habilités à raisonner abstraitement sur de grandes catégories intellectuelles, bref de vrais rois du concept.

Le capital, le taux de profit sont la pâture intellectuelle dont se délecte le marxisme de la chaire sans même soupçonner que ces concepts de déploient dans la réalité des entreprises, ces cellules élémentaires de la production capitaliste. Les petites entreprises (les bêtes noires du socialisme) y pullulent[164]. Nous pouvons illustrer rapidement la situation actuelle en France, par exemple.

L'Insee, qui utilise de nouvelles catégories (que nous ne commenterons pas ici) depuis 2008, classe les entreprises (hors agriculture[165]) de la façon suivante (données 2007) :

	Micro entreprises	PME non micro	ETI (taille intermédiaire)	Grandes entreprises
Nombre	2 660 000	162 400	4 510	219
% des entreprises	94%	5%	<1%o	<1%oo
% de l'emploi salarié	21%	29%	20%	30%

Evidemment, ce n'est pas au niveau de l'entreprise qu'il faut parler de taux de profit moyen. Celui-ci y est plutôt l'exception que la règle. Le taux de profit moyen non seulement se situe au niveau des branches d'industrie mais également au niveau de capitaux rassemblés au sein de groupes capitalistes qui investissent, achètent et vendent des entreprises voire des pans entiers de secteurs de l'économie (Marx fait égaliser des masses égales de capitaux), autant de facteurs (sans même parler des questions liées à la rente, aux impôts, à l'incidence des capitaux employant du travail non producteur de plus-value, aux relations entre le capital fictif et le capital réel, aux mouvements de contraction et d'expansion du capital, …) qui rendent absurdes les critiques relatives aux soi-disant erreurs de Marx au sujet de la transformation de la valeur en prix de production (un des grands sujets de débat au sein du marxisme de chaire).

La disparition des entreprises[166] implique qu'elles perdent de l'argent, que structurellement leur activité soit déficitaire. Une perte, par

---

164 Cf. notre texte : crise du capital, crise de l'entreprise.

165 Il n'y a pas non plus les associations, lesquelles jouent parfois un rôle économique notable

ailleurs, n'engendre pas nécessairement la fin d'une entreprise, mais suppose si elle n'est pas purement conjoncturelle, la recherche d'une nouvelle organisation, de nouveaux marchés, etc. Plus les capitaux propres, pour parler comme les comptables, sont importants et plus elle pourra faire face. Plus le crédit est facile à obtenir plus les à-coups éventuels pourront être lissés. En même temps, ces facteurs préparent la crise de surproduction à une échelle plus grande

Par conséquent, c'est une vue de l'esprit, comme sait en produire le marxisme de la chaire, que d'annoncer, comme corollaire de la crise, la «faillite des entreprises qui sont trop en deçà du taux moyen de profit » (Marcel Roelandts, Dynamiques, contradictions et crises du capitalisme, Editions Contradictions, p.23). Ce n'est pas qu'une entreprise qui ne fasse pas assez de profit ne puisse pas être revendue, ni que sa direction ne cherche pas à améliorer sa rentabilité, ni que des profits insuffisants ne puissent pas être un obstacle pour son développement dès lors que des investissements conséquents seraient nécessaires pour rester sur le marché, mais écrire que les entreprises faiblement profitables font faillite est une pure représentation intellectuelle qui est à la fois fausse théoriquement (l'égalisation des taux de profit ne se situe pas à ce niveau) et pratiquement (a-t-on vu des entreprises même faiblement rentables faire faillite ?)[167]

La question est évidemment bien différente quand l'entreprise est confrontée au défaut de paiement d'un client qui dépose son bilan ou fait faillite. Elle découvre brutalement que son actif est fait pour une grande part de capital fictif (elle n'a à travers ses factures en cours et les contrats signés que des reconnaissances de dettes en échange d'un crédit client ; quant à son compte en banque, il est à la merci d'une

---

166 Nous faisons abstraction des processus de fusion acquisition et de la cessation d'activité qui épouse notamment le départ en retraite des dirigeants, la fin d'entreprises de fait fictives - sans être nécessairement toutes délictueuses -.

167 Nous excluons ici le cas d'une crise de trésorerie qui viendrait altérer le fonctionnement « normal » d'une entreprise et qui ne pourrait trouver ni actionnaire, ni banquier – ou, dans certains cas, l'obliger (loi Dailly, par exemple) – pour l'aider à faire face aux « échéances ».

faillite bancaire) et peut alors être entraînée vers le fond, tandis que ses résultats virent au rouge. Donc, nous ne sommes plus, dans ce cas, dans la faible profitabilité ou la profitabilité amoindrie du fait d'un choc externe (nonobstant le fait que toutes les entreprises font ici ou là de mauvaises affaires) mais dans le monde de la perte.

En fait, à travers cet argument qui n'en est pas un, Marcel Roelandts essaye d'introduire, en contrebande, une crise résultant de la baisse du taux de profit alors qu'il n'a fourni aucune justification quant à ses modalités. Nous avons vu qu'il y a une bonne raison à cela : son ignorance de l'articulation entre baisse tendancielle du taux de profit et suraccumulation de capital.

Le marxisme de la chaire et la statistique

Si le marxisme de la chaire ignore volontiers l'entreprise, il a une prédilection pour les statistiques macro-économiques et tout particulièrement pour l'économétrie[168], cette pratique à base de grandes équations derrière lesquelles s'agitent de petits hommes animés par des théories pitoyables.

Les déviations théoriques comme celles que nous mettrons en évidence à propos du capital fixe, les débats oiseux sur le taux de plus-value, la composition organique et le taux de profit, sont à mettre en résonance avec ce besoin de traitement statistique.

Il n'est pas dans notre intention de contester l'usage en soi de ces statistiques bien qu'elles soient traitées selon des processus techniques toujours délicats et sur la base de théories opposées aux nôtres. Il est de ce fait très difficile de les mettre en adéquation avec la théorie révolutionnaire afin d'en tirer des conclusions relativement pertinentes. Il est possible cependant que des analyses habiles puissent à partir des statistiques disponibles faire émerger des résultats intéressants. Au préalable, la clarté théorique est indispensable et nous en sommes loin.

---

168 Le terme « déconométrie » serait généralement plus approprié.

Le capital fixe et le cycle

Capital fixe et capital constant

Marcel Roelandts a une prédilection pour le capital fixe. Cette passion est si forte qu'il en dénature le processus de l'accumulation. Par exemple, il écrit cette phrase, plutôt sibylline en première approche, et que nous allons essayer de comprendre.

« Après un certain temps, l'augmentation du capital consécutif aux investissements ne produit plus les mêmes gains de productivité, ces derniers ne parviennent plus à compenser les dépenses consenties en nouvelles machines pour les obtenir. L'accumulation subit alors des rendements décroissants : (…) » (Marcel Roelandts, Dynamiques, contradictions et crises du capitalisme, Editions Contradictions, p.13)

Marcel Roelandts parle ici d' « investissements », apparemment assimilés uniquement au capital fixe alors que l'accumulation suppose l'accumulation de capital constant - dont le capital fixe n'est qu'une partie – et de capital variable, pour nous en tenir au capital productif. D'autre part, l'idée que les gains de productivité ne parviennent plus à compenser les dépenses consenties en nouvelles machines vient corroborer l'impression que Marcel Roelandts ne se préoccupe que de la partie fixe du capital constant.

Mêlant allègrement les concepts de l'économie politique bourgeoise, les concepts de Marx et les interprétations de l'économie politique marxiste vulgaire, Marcel Roelandts aboutit à un salmigondis conceptuel où la théorie de Marx est totalement diluée. En combinant une alouette de Marx, une mule d'économie politique marxiste vulgaire et un âne d'économie politique bourgeoise vulgaire, Marcel Roelandts prétend produire un pâté d'alouette labellisé marxiste orthodoxe bio ! Et l'on voudrait que l'on ne crie pas au scandale !

Capital fixe et composition organique du capital

On pourrait penser qu'il ne s'agit que d'une imprécision ponctuelle du langage, mais en fait cette confusion est systématique. Revenant sur les contre tendances à la baisse du taux de profit, Marcel Roelandts écrit :

« En fait, tout dépend de l'intensité des gains de productivité : ceux-ci diminuent le prix des machines, ce qui tend à compenser leur acquisition en nombre croissant. » (Marcel Roelandts, Dynamiques, contradictions et crises du capitalisme, Editions Contradictions, p.33) puis plus loin « Il en va de même de la composition organique du capital. Contrairement à ce qui est souvent affirmé, celle-ci n'augmente pas inéluctablement : tout dépend des gains de productivité qui viennent compenser l'utilisation croissante de machines en diminuant le prix de celles-ci. C'est la raison pour laquelle la composition organique du capital ne fait que fluctuer : à la hausse quand l'accroissement du nombre de machines par travailleur (la composition technique du capital) est supérieur aux gains de productivité (faisant diminuer leur prix) et à la baisse dans la configuration inverse. » (Marcel Roelandts, Dynamiques, contradictions et crises du capitalisme, Editions Contradictions, p.34).

Marcel Roelandts identifie donc le numérateur de la composition organique du capital au seul capital fixe. Dans le livre I, comme dans le livre III, Marx expose ce qu'il entend par composition organique du capital. Il distingue la composition valeur (le rapport entre la valeur du capital constant et la valeur de la force de travail, la masse des salaires) et la composition technique (le rapport entre la masse des moyens de production et la quantité de travail nécessaire pour les faire fonctionner). La composition organique du capital est la composition valeur pour autant qu'elle reflète la composition technique. Il est donc navrant d'avoir à rappeler que la composition organique (qui unifie la composition technique et la composition valeur ou plus exactement qui est la composition valeur dans la mesure où elle reflète la composition technique[169]) rapporte le capital

[169] « Ce rapport [une quantité déterminée de force de travail représentée par un nombre déterminé d'ouvriers est nécessaire pour créer, dans une journée par exemple, une certaine quantité de produits, donc pour mettre en œuvre, ou consommer productivement, une certaine quantité de moyens de production, de machines, de matières premières, etc.] constitue la *composition technique* du capital et le vrai fondement de sa composition organique. » (Marx, Capital, L.III, Pléiade, T.2, p.[937] 938)

constant (c'est-à-dire le capital qui au sein du procès de production ne fait que transmettre sa valeur au capital marchandise issu de ce procès de production. Il comprend donc notamment, outre le capital fixe, les matières premières, combustibles et autres sources d'énergie, etc., bref tout le capital constant circulant) au capital variable.

Toutes choses égales par ailleurs, le développement de la productivité du travail accroît la masse des matières premières utilisées dans le procès de production et par conséquent la composition organique du capital. Par exemple, si à partir d'une nouvelle organisation du travail et l'introduction de machines favorisant le développement de la productivité du travail, on produit deux fois plus de chaussures par personne, il faudra utiliser deux fois plus de cuir, deux fois plus de clous ou de colle, de fil, de lacets, etc. Autant de facteurs qui, outre le capital fixe, accroissent la composition organique du capital. Le développement de la productivité dans les sphères amont de la filière comme le cuir par exemple, auront également un effet contrecarrant voire annihilant la hausse de la composition valeur. Il en ira de même de la hausse de la productivité dans les entreprises qui produisent les machines et autres composantes du capital fixe ; celui-ci étant par ailleurs plus particulièrement soumis au processus d'obsolescence qui contribue à sa dévalorisation. Ces facteurs montrent que le changement dans la composition valeur « n'indique que de loin le changement dans la composition technique »[170]. D'un autre côté, au dénominateur de la composition organique nous avons le capital variable dont les évolutions ont également une influence sur la composition valeur.

La hausse de la composition organique du capital, d'une part, ne doit pas être assimilée au rapport entre le capital fixe et le capital variable et, d'autre part, ne doit pas être comprise dans une logique continuiste ou tendances et contre-tendances s'opposent en permanence pour aller dans une direction que l'on a tôt fait de qualifier d'indéfinie. La hausse de la composition organique doit traduire, refléter, l'augmentation de la composition technique (évidente dès lors qu'il y a augmentation de la productivité). Des

---

170 Marx, Capital, L.I, Pléiade, T.1, p.1135

sauts dans la composition technique, des discontinuités dans le processus de production ou de nouvelles techniques et organisation du travail induisent un bond dans la productivité du travail. La composition valeur est alors le reflet du changement intervenu dans la composition technique. Il ne s'agit donc pas de suivre les fluctuations de la valeur et des prix pour une composition technique donnée. Empêtrés dans des conceptions absurdes, nos économistes[171]

---

[171] Pour contrer le point de vue (quand, par hasard, ils ne rencontrent pas pour, de concert, dévoyer la théorie révolutionnaire) qui ratiocine à l'infini sur les variations continues de la composition organique, l'autre tendance y répond en escomptant ajouter une plus grande stabilité à la composition organique. Pour ce faire on n'hésite pas à falsifier le concept de composition organique. Par exemple, Louis Gill, après avoir cité Marx, quant à la définition de la composition organique, déclare que « la composition technique est le rapport entre le travail mort et la masse totale du travail vivant, c'est-à-dire sa partie payée à même le capital variable, v, et sa partie non payée, source de plus-value, pl. Traduit en valeur, ce rapport technique « travail mort/travail vivant » est représenté par c/(v + pl) » (Louis Gill, Carré rouge, N°43, p.63). Il est vrai que Gill pourrait s'appuyer sur un passage de Marx pour légitimer son interprétation ambiguë. Marx dit : « Un nombre déterminé de travailleurs correspond à une quantité déterminée de moyens de production et, par conséquent, une quantité de travail vivant correspond à une quantité donnée de travail matérialisé dans les moyens de production. » (Capital, L.III, Pléiade, T.2, p.937-938). Mais dans ce passage comme dans les autres, le rapport travail mort sur travail vivant est toujours un rapport de valeur, le rapport technique en revanche oppose la masse des moyens de production à la quantité de travail pour les mettre en œuvre. Modifier le concept de composition organique (qui plus est en le faisant passer pour celui de Marx, donc ici en le falsifiant) ne peut qu'ajouter de la confusion. La plus-value est dans son essence destinée à l'accumulation, la partie accumulée se divisera elle-même entre capital constant et capital variable ; on n'oubliera pas non plus que les modifications de la composition organique ne sont pas uniquement le résultat de l'accumulation de la plus-value. La valeur du capital fixe transmise au produit est susceptible d'être réemployée et cette nouvelle accumulation tiendra compte de l'état actuel de la composition organique. Par conséquent, l'évolution de la composition organique marginale ne dépend pas que de la seule plus-value. Dans les entreprises cela se traduit notamment par la notion de « cash flow », notion plus ou moins bien traduite par « marge brute d'autofinancement ». Par ailleurs, dès lors que l'accumulation du capital est croissante, la valeur du capital fixe transférée

sont souvent prompts, pour stabiliser une partie des mouvements de la composition organique, a en changer le statut en rapportant le capital contant à l'ensemble du travail vivant c/v+pl.

Nous laisserons ici ce sujet qui d'ailleurs est encore plus complexe que ce qui ressort des la présentation lénifiante qu'en fait Marcel Roelandts. Notamment, les mouvements de la composition organique ne sont pas liés uniquement à l'accumulation de la plus-value mais à la reproduction du capital dans son ensemble (y compris l'arrivée de nouveaux entrants plus facilement porteurs d'innovations)

Capital fixe et révisionnisme statistique

Toutes ces approximations ont pour but, d'une part, de ramener la théorie dans le cadre des catégories statistiques utilisées et réalisées par la bourgeoisie. La théorie est de ce fait dénaturée sous prétexte de rendre compte de faits à partir des outils statistiques existants. D'autre part, elle articule baisse du taux de profit et capital fixe de manière inadéquate. On ajoute ainsi encore plus de confusion tant à la théorie de la baisse du taux de profit qu'aux considérations propres au capital fixe (notamment pour ce qui relève de la détermination du cycle).

La rotation du capital fixe et le cycle

Reprenant la question de la temporalité du premier axe explicatif des crises qu'il a mis en évidence (la difficulté d'extraire suffisamment de

---

au produit est supérieure au besoin dicté par son renouvellement (à moins que l'évolution de la productivité du travail et l'obsolescence ne viennent contrarier ce phénomène) ce qui permet, dans ce cas, une accélération de l'accumulation. Quant à la seule mesure que d'ailleurs maîtrise à peu près le capitaliste ce sont les coûts de production et c'est sur eux qu'il se base pour évaluer l'intérêt d'une nouvelle technologie, l'achat de nouvelles machines, une nouvelle organisation du travail, bref une évolution de la composition technique du capital. En conséquence, c'est bien le concept de Marx (c/v) qui est le plus pertinent pour notamment évaluer la masse du travail vivant qui sera employée pour mettre en oeuvre les moyens de production. La critique de Louis Gill est dirigée contre Michel Husson qui, par ailleurs, est parfaitement d'accord avec la révision opérée par Louis Gill.

plus-value), Marcel Roelandts nous dit que cette difficulté « plonge ses racines dans la nécessité d'accroître le capital constant au détriment du capital variable ; son rythme est donc essentiellement lié, d'une part, aux cycles plus ou moins décennaux de rotation du capital fixe et, d'autre part, aux rendements décroissants des gains de productivité sur le moyen terme (+/- 25 à 30 ans) » (Marcel Roelandts, Dynamiques, contradictions et crises du capitalisme, Editions Contradictions, p.16).

Dans la note attachée à ce passage, Marcel Roelandts précise :

« Déjà dans *Le Capital*, mais encore plus dans sa correspondance avec Engels, Marx est sans ambiguïté sur le fait qu'il rattache les cycles décennaux d'accumulation et de croissance principalement à l'alourdissement du capital fixe, ce qui induit un retournement du taux de profit. Précisons encore que Marx fait de la période décennale une moyenne et non un absolu. »

L'exposé de Marcel Roelandts est particulièrement négligent.

Marx, il est vrai, a cherché toute sa vie à mettre en évidence une relation entre la périodicité du cycle et la durée de la rotation du capital fixe. Il serait également juste d'affirmer que l'alourdissement du capital fixe, son importance relative croissante dans le capital avancé est un facteur qui accroît l'incidence du capital fixe dans la détermination du cycle. Mais, il est inexact de dire que :

1° les cycles sont rattachés ***principalement*** à cette augmentation du capital fixe.
Marx (Marcel Roelandts le cite) nous dit qu'il s'agit d'***une*** des bases matérielles du cycle et non de la base matérielle principale. Outre la problématique propre à la rotation du capital fixe, il y a au moins à prendre en compte le cycle de l'accumulation lui-même (en intégrant le mouvement valorisation dévalorisation du capital, l'évolution du taux de profit au sein du cycle) qui parcourt différentes phases caractéristiques de la conjoncture du cycle[172], le cycle financier avec le

---

172 « Quand on considère les mouvements cycliques de l'industrie moderne : marché calme, animation croissante, prospérité, surproduction,

développement du crédit et l'incidence du capital fictif, les réactions liées à l'intervention de l'Etat notamment en matière de politique monétaire, économique, fiscale, … et last but not least le niveau de la lutte des classes. Il y a donc une grande conjonction de facteurs[173] au sein desquels la rotation du capital fixe est une composante.

2° le taux de profit et le capital fixe sont ici à mettre en relation (Marcel Roelandts parle d' « alourdissement » et de « retournement »).

Dans ces dernières appréciations sur la relation entre le capital fixe et le cycle, Marx insiste sur la différence entre la valeur du capital fixe qui est libérée par fractions, en fonction de son usure et son existence en tant que valeur d'usage où il accomplit complètement son rôle tant qu'il est en état de fonctionner. En étudiant, la reproduction du capital dans les schémas éponymes, Marx constate que la reproduction du capital fixe peut théoriquement s'accomplir sans heurts, aussi insiste-t-il sur les variations dans l'accumulation de ce capital pour étayer la perspective d'un cycle correspondant à la rotation du capital fixe. Si l'inachèvement des travaux de Marx sur ce sujet ont pu ouvrir une perspective révisionniste dont Mattick est un bon représentant[174], l'erreur symétrique serait d'en faire une composante mécanique et principale du cycle.

---

krach, stagnation ; marché calme, etc., cycles dont l'analyse dépasse le cadre de notre étude) on s'aperçoit qu'un faible taux d'intérêt correspond le plus souvent aux périodes de prospérité ou de surprofits, qu'une hausse de l'intérêt s'inscrit à la fin de la prospérité et que l'intérêt maximum, allant jusqu'à l'usure, est le pendant de la crise » (Marx, Capital, L.III, Pléiade, T.2, p.1123)

173 Le mouvement communiste dispose désormais d'au moins quatre fois plus de faits concernant l'histoire des crises modernes (plus d'une vingtaine de crises de surproduction depuis 1825) que n'en avaient Marx et Engels. En dépit de cela l'analyse du cycle et du taux de profit ont été laissées en jachère.

174 « Le cycle *déterminé* de crises, que le siècle dernier a traversé, constitue cependant un donné empirique dont la théorie marxienne n'a pas traité directement. Certes, Marx devait s'efforcer de rattacher cette périodicité fixe à la rotation du capital. Mais il n'insista guère cependant sur la validité de cette interprétation, et, de toute façon, sa théorie ne prend pas pour base

La dimension cyclique induite par la reproduction du capital fixe ne vient pas de son « alourdissement » progressif au cours du cycle pour précipiter le « retournement » du taux de profit à la fin de celui-ci, ce qui serait une conception mécanique de la plus belle eau. Après avoir écarté la baisse tendancielle du taux de profit au sein du cycle, on réintroduirait une baisse mécanique de celui-ci.
Ce qui est en jeu pour Marx est de montrer que la reproduction du capital fixe contient un élément cyclique. Il n'y est jamais complètement parvenu. Il appartient donc au mouvement communiste de démontrer et notamment de démontrer *mathématiquement* que les variations de l'accumulation du capital fixe contiennent une dimension cyclique et que la longueur de ce cycle est égale à la période de rotation du capital fixe.

3° le cycle envisagé par Marx est décennal sans dire que dans son esprit, la durée de ce cycle irait en se raccourcissant.

Cette perspective n'est pas indiquée dans des brouillons ou parmi des travaux de recherche préparatoires mais dans le livre I du capital publié de son vivant[175]. Bien entendu, c'est ensuite aux faits de

---

une périodicité particulière des crises. Elle se borne à dire en effet que des crises éclatent forcément, sous forme de surproduction de capital et comme instruments pour assurer la reprise de l'accumulation » (Paul Mattick, Marx et Keynes, Gallimard, p.93)

175 « Mais c'est seulement de l'époque où l'industrie mécanique, ayant jeté des racines assez profondes, exerça une influence prépondérante sur toute la production nationale; où, grâce à elle, le commerce étranger commença à primer le commerce intérieur; où le marché universel s'annexa successivement de vastes terrains au Nouveau Monde, en Asie et en Australie; où enfin les nations industrielles entrant en lice furent devenues assez nombreuses, c'est de cette époque seulement que datent les cycles renaissants dont les phases successives embrassent des années et qui aboutissent toujours à une crise générale, fin d'un cycle et point de départ d'un autre. Jusqu'ici la durée périodique de ces cycles est de dix ou onze ans, mais il n'y a aucune raison pour considérer ce chiffre comme constant. Au contraire, on doit inférer des lois de la production capitaliste, telles que nous venons de les développer, qu'il est variable et que la période des cycles se raccourcira graduellement. » (Marx, Capital, L.I, Pléiade, T.1, p.1150)

trancher et à l'analyse de mettre en évidence dans les statistiques disponibles la périodicité des crises. Depuis plus de 35 ans, nous avons mis en évidence, que conformément à la prévision de Marx, le cycle s'était raccourci et qu'il était aujourd'hui (depuis 1945 et y compris dans les soi-disant trente glorieuses) d'environ 6 ans. Ajoutons encore que Marx envisageait l'existence de crises intermédiaires (susceptibles d'atténuer la crise générale), à l'instar de ce qui s'était passé avant 1848 où le cycle, si l'on tenait compte de ces crises intermédiaires, paraissait être de cinq ans environ[176]

---

176 C'est ce qui avait conduit Marx et Engels, après l'échec des révolutions de 1848, à envisager une nouvelle crise vers 1853, crise qui n'advint pas.

La sous-consommation et les crises

L'unité de la théorie de Marx

Une unité malmenée

Une pratique habituelle des adversaires de Marx est d'essayer d'opposer Marx à lui-même. On retrouve cette démarche pour ce qui concerne les théories explicatives des fondements des crises. Opposer un Marx partisan de la baisse du taux de profit, de la suraccumulation, de la surproduction à un Marx sous-consommationniste est une attitude fréquente[177]. N'est-ce pas d'ailleurs là dessus, chacune s'appuyant sur un chapelet de citations, que se séparent les deux tendances du marxisme de la chaire que nous avons passées en revue ?

Il y a pourtant une profonde unité dans la théorie des crises de Marx. C'est d'ailleurs, nous l'avons vu, une des promesses du projet de Marcel Roelandts que de nous faire sentir cette unité, de dépasser les apparentes contradictions et les écoles concurrentes pour nous livrer une synthèse unitaire de la théorie de Marx. A la différence d'un Mattick pour qui la séparation en deux tendances reposait sur l'ambiguïté des formulations marxiennes[178], Marcel Roelandts s'efforce de dépasser cette fausse opposition et de présenter une théorie globale ; ceci constitue la dimension orthodoxe de son projet.

---

177 La citation de Johsua en 1.2 en est un exemple.

178 Pour Mattick, ces ambiguïtés masquent les incertitudes d'un Marx, adepte de deux théories opposées avant de pencher définitivement pour une théorie de la baisse du taux de profit, indépendamment de tous les phénomènes liés à la consommation ouvrière. Comme nous l'avons vu, Mattick se rallie à la théorie ultra vulgaire de Grossmann, minimise la suraccumulation, la rotation du capital fixe, nie toute difficulté dans la réalisation de la valeur et de la plus-value, bref ramène Marx dans le cadre de l'économie marxiste vulgaire de type ricardien.

Nous avons dit que nous montrerions que, malheureusement, ce projet ne se traduit pas par un dépassement critique mais reprend le plus mauvais de chaque tendance pour aboutir à une synthèse[179] catastrophique pour la théorie révolutionnaire. Dans les chapitres précédents, nous avons mis en évidence que Marcel Roelandts avait repris bon nombre des points les plus sombres des théories de la suraccumulation. Nous avons montré qu'il ne développait qu'une vision rabougrie et intrinsèquement erronée de la perspective marxienne pour se rallier aux interprétations les plus sommaires de l'économie politique marxiste vulgaire, interprétations qui aboutissent à éterniser l'existence du mode de production capitaliste et à justifier la pratique et la politique de la social-démocratie. Nous allons voir qu'il en est de même pour ce qui relève de ce qu'on range traditionnellement sous l'étiquette « sous-consommationniste »

Nous avons également rappelé que le cycle de l'accumulation via la recherche du maximum de plus-value et le procès valorisation/dévalorisation conduisait à la nécessité des crises. Périodiquement, ces crises prennent la forme soit d'une surproduction de capital (suraccumulation) soit d'une surproduction de marchandises. Ces sont les deux écueils entre lesquels navigue l'accumulation du capital. Ils ont, quant au fond, la même origine, ils sont des expressions différentes de la même limite en liaison avec le procès valorisation/dévalorisation du capital. Ce cycle est au fondement de la production capitaliste et s'articule avec le cycle financier[180] et le cycle du capital fixe qui est lui-même un facteur de crise et un élément susceptible d'affermir la régularité du cycle. L'ensemble de ces éléments s'insère sur une période qui s'étend sur plusieurs cycles et dans un cadre géo-historique donné ; le mouvement du capital s'y exprime dans la loi de la baisse tendancielle du taux de profit.

---

179 Pseudo synthèse d'ailleurs, car Marcel Roelandts finit en fait dans le sous consommationnisme, branche dans laquelle nous l'avons classé.

180 Crédit, capital fictif – la sphère financière peut également connaître des crises spécifiques tout en favorisant et aggravant les crises générales de surproduction.

Une unité éclatante

Comme nous l'avons dit, il y a une profonde unité dans la théorie de Marx. Un passage des manuscrits de 1857-1858 (Grundrisse), que nous citons intégralement du fait de son importance, nous le montre explicitement :

« Le concept simple de capital doit contenir en soi ses tendances civilisatrices, etc., et non les faire apparaître, comme l'ont fait les théoriciens de l'économie jusqu'à présent, comme de simples conséquences extérieures. De même, il faut montrer que les contradictions qui surgiront plus tard s'y trouvent de façon latente.
Jusqu'ici, nous avons seulement mis en évidence l'indifférence réciproque des moments singuliers du procès de valorisation [Marx a montré que les disproportions étaient une nécessité permanente NDR] ; qu'intérieurement ils se conditionnent et qu'extérieurement ils se cherchent ; mais qu'ils peuvent se trouver ou ne pas se trouver, se recouper ou non, correspondre ou non les uns aux autres. La nécessité interne de ce qui forme un tout ; en même temps que son existence autonome et indifférente qui constitue déjà la base de contradictions.
Mais nous sommes loin d'en avoir terminé. La contradiction entre la production et la valorisation – dont le capital, selon son concept, constitue l'unité – doit être appréhendée de façon encore plus immanente, comme manifestation indifférente et apparemment indépendante des différents moments singuliers du procès, ou, plus exactement, de la totalité de plusieurs procès qui s'opposent.
Essayons de préciser la chose : **D'abord il existe une limite inhérente, non à la production en général, mais à la production fondée sur le capital.** [souligné par Marx NDR] **Cette limite est double, ou, plutôt, il s'agit d'une seule et même limite, envisagée dans deux directions.** [Souligné par nous, NDR]. Il suffit de montrer ici que le capital contient une limitation *particulière* de la production – contredisant sa tendance générale à dépasser tous les obstacles qui entravent cette production -, pour découvrir du coup la cause de la surproduction, la contradiction fondamentale du capital développé ; pour découvrir tout simplement que le capital n'est pas, comme le pensent les économistes, la forme *absolue* de développement des forces productives – ni une forme de la richesse qui coïnciderait absolument avec le développement des forces

productives. Les stades de la production antérieurs du capital apparaissent, si on les envisage du point de vue du capital, comme autant d'entraves aux forces productives. Mais le capital lui-même, si on le comprend bien, apparaît comme une condition du développement des forces productives, aussi longtemps qu'elles ont besoin d'un stimulant extérieur, lequel apparaît en même temps comme une bride qui les freine. Une discipline qui leur est imposée, et qui devient superflue et gênante lorsqu'elles ont atteint un certain niveau de développement ; de même les corporations, etc. Ces limites immanentes doivent coïncider avec la nature du capital, avec ses déterminations essentielles et fondamentales. Ces *limites* nécessaires sont :

1) le *travail nécessaire* comme limite de la valeur d'échange de la puissance de travail vivante ou du salaire de la population industrielle ;
2) la *survaleur* comme limite du surtemps de travail et, par rapport au surtemps de travail relatif, comme obstacle au développement des forces productives ;
3) ce qui est la même chose, la *transformation en argent*, la valeur d'usage tout simplement comme limite de la production ; ou encore l'échange fondé sur la valeur ou la valeur fondée sur l'échange comme limite de la production. C'est :
4) la même chose encore, en tant que *limitation de la production de valeurs d'usage* par la valeur d'échange ; ou encore que la richesse réelle doit, pour devenir un objet de la production, prendre une forme *déterminée*, différente de la valeur d'échange elle-même et donc pas absolument identique à elle.

D'autre part, il résulte de la *tendance générale du capital* (le même phénomène se manifestait dans la circulation simple lorsque l'argent n'apparaissait que comme un moyen de circulation évanescent, sans nécessité autonome et donc n'apparaissait pas comme limite et obstacle) qu'il ne tient pas compte et fait abstraction :
1) du travail nécessaire en tant que limite de la valeur d'échange de la puissance de travail vivant ; 2) de la survaleur en tant que limite du surtravail et du développement des forces productives ; 3) de l'argent en tant que limite de la production ; 4) de la limitation par la valeur d'échange de la production de valeur d'usage.
Hinc (d'où), la surproduction : c'est-à-dire le souvenir soudain de tous ces moments nécessaires de la production fondée sur le capital ;

d'où la dévalorisation générale suite au fait qu'on les avait oubliés. Et, en même temps, l'obligation dans laquelle se trouve le capital de reprendre sa tentative à partir d'un niveau de développement des forces productives plus élevé et, ce, en étant toujours plus affaibli en tant que capital. De ceci, il ressort clairement que, plus le capital est développé, plus il apparaît comme un obstacle à la production – et donc aussi à la consommation -, sans parler des autres contradictions qui le font apparaître comme un obstacle gênant pour la production et les échanges » (Marx, Manuscrits de 1857-1858, Grundrisse, Editions sociales, .T.1, p.354-356)

Dans notre compréhension de ce passage que relevons-nous ? Quand Marx parle de deux directions, il vise la sphère de la production et la sphère de la circulation, de la reproduction ou encore la production vue sous l'angle des limites posées par la valeur d'échange et la production sous l'angle des limites posées la valeur d'usage. Quant à la limite unique, que Marx a ensuite décomposée sous quatre aspects, quatre sous-limites, c'est le capital lui-même. Le capital est la valeur en procès, valeur à la recherche d'un maximum de plus-value. Dans ce procès, la contradiction valorisation/dévalorisation se traduit par des limites dans l'extraction de la plus-value. Ces limites relèvent de la sphère de la production, de la production de valeur d'échange, de la production de plus-value en tant que survaleur. Mais, il existe aussi des limites liées à la valeur d'usage. C'est le cas avec le passage d'une forme de la valeur à une autre, lors de la réalisation du produit social, du fait de la forme valeur elle-même, du fait que la valeur s'exprime en argent et que donc l'ensemble du produit social a un caractère mercantile. C'est également le cas quand on considère la *forme matérielle* du produit social. Sous ce terme on regroupe deux choses qu'il faut distinguer. D'une part, la *composition matérielle* du produit social : sous ce terme on vise la distinction entre moyens de production et moyens de consommation, entre marchandises destinées à la consommation productive – matières premières, machines, … - et marchandises destinées à une consommation non productive (consommation individuelle – moyens de consommation nécessaires, moyens de consommation de luxe – ou consommation collective) ; d'autre part, la masse, le volume des valeurs d'usages produites. On touche ici aux limites de la production de plus-value en tant que surproduit.

Les limites inhérentes à la sphère de la production se réfèrent aux contradictions qui surgissent sur la base du mouvement de la valeur, des rapports de valeur, de la production du maximum de plus-value. Elles relèvent donc de la première direction évoquée par Marx. Elles se traduisent, dans le cadre du procès valorisation/dévalorisation, par le fait que, sous l'influence du développement de la productivité du travail, la survaleur s'accroît tandis que le temps de travail nécessaire diminue la valeur de la force de travail comme celle des autres marchandises. En se valorisant, le capital se dévalorise, et la valeur en procès, c'est-à-dire le capital, vient à être niée dans ce mouvement. Tandis que d'un autre coté pour accroître le surtravail, il faut un développement toujours plus conséquent de la productivité du travail. L'extraction d'une unité de plus-value supplémentaire demandant un accroissement plus que proportionnel de la productivité. Ces limites (sous-limites) sont inhérentes à la sphère de la production et relèvent de la première direction de la limite inhérente au capital évoquée par Marx.

Une autre limite (sous-limite) tient à la réalisation de la valeur-capital en argent, dont nous avons vu qu'elle n'avait rien d'automatique et qu'elle contenait la possibilité des crises. Elle ouvre la deuxième direction de la limite inhérente au capital dont parle Marx. Les limites propres à la sphère de la circulation mais qui sont la continuation des contradictions de la production fondée sur le capital. C'est pour cela que Marx nous dit qu'en fait il s'agit d'une limite unique dans deux directions. Ici, ce sont les contradictions entre la valeur d'échange et la valeur d'usage, entre la production et la réalisation, entre la marchandise et l'argent qui sont mises en relief.

Une dernière limite (sous-limite) reliée par Marx aux précédentes appartient également à cette deuxième orientation qui vise la sphère de la circulation. Il ne lui est prêté, généralement, qu'une attention insuffisante. Il s'agit de la forme que revêt le produit social, c'est-à-dire d'une part, les valeurs d'usage qui le constituent, la composition matérielle du produit social, sa destination (moyens de production, moyens de consommation) et d'autre part son volume, la masse des marchandises produites. Ces dimensions induisent, dans le cadre de la production capitaliste, une contradiction, une limite particulière que nous expliciterons.

Ces deux dernières limites, composantes de la deuxième direction, sont justement caractéristiques des contradictions mises en évidence par les théoriciens de la sous-consommation.

Pour autant si ces orientations, ces contradictions, ces limites ont une origine commune dans le mode de production capitaliste, elles peuvent se manifester de manière autonome[181]. La première orientation conduit à une crise de suraccumulation. Une surproduction de capital et par voie de conséquence de marchandises, en relation avec une insuffisance de plus-value et une baisse soudaine du taux de profit du fait d'une expansion insuffisante de la production et de la baisse du degré de développement de la force productive du travail qui y correspond. Notons que cette suraccumulation fonde aussi la nécessité des crises tandis que leur possibilité est donnée par la contradiction entre la marchandise et l'argent, du fait que la réalisation ne va pas de soi et qu'elle dépend du niveau du taux de profit. Dans le cas de la surproduction de capital, toutes les contradictions, toutes les limites s'unissent pour culminer dans la crise générale de surproduction[182]. La seconde orientation, qui possède donc son autonomie, sa spécificité, conduit à une surproduction de marchandises du fait de la trop rapide expansion de

---

181 « Les conditions de l'exploitation directe et celles de sa réalisation ne sont pas les mêmes ; elles diffèrent non seulement de temps et de lieu, mais même de nature. » (Marx, Capital, L.III, Pléiade, T.2, p.1026)

« En effet, le marché et la production étant des facteurs indépendants, l'extension de l'un ne correspond pas forcément à l'extension de l'autre. » (Marx, Matériaux pour « l'Economie », Pléiade, T.2, p.489)

182 « Les crises du marché mondial doivent être vues comme la synthèse réelle et l'aplanissement violent de toutes les contradictions de cette économie, dont chaque sphère manifeste les divers aspects réunis dans ces crises. Plus nous en poussons l'analyse, plus nous devons, d'une part, développer les nouvelles modalités de cet antagonisme et, d'autre part, démontrer le retour et la persistance de formes plus abstraites dans les formes plus concrètes » (Marx, Matériaux pour « l'Economie », Pléiade, T.2, p.476)

la force productive du travail et de l'incapacité de la société à l'absorber du fait des rapports entre les classes et de la forme du produit social (composition matérielle et volume). Elle se traduit de la même manière par une crise générale de surproduction qui induit une dévalorisation du capital qui elle aussi a pour fonction de reconstituer le rapport d'exploitation approprié. Il est en partie vain de s'interroger sur le fait de savoir à quelle forme de surproduction nous avons à faire dans les crises. L'accumulation du capital navigue entre les deux écueils et vient heurter régulièrement l'un ou l'autre, insuffisance de plus-value, de survaleur, du point de vue de la valeur d'échange, excédent de plus-value, de surproduit, du point de vue de la valeur d'usage, ce qui engendre les mêmes effets[183]. Si les deux

---

183 Pour Tom Thomas dont nous avons déjà vu les limites, la suraccumulation est définie comme un excès sous toutes ses formes de capital (argent, moyens de production, marchandises). Si l'on veut dire par là surproduction de capital c'est tout à fait exact. Mais la même chose vaudrait pour la surproduction de marchandises qui se traduit également par le fait que toutes les formes du capital se figent et deviennent temporairement excédentaires. Cette approximation prépare en fait des déviations. Tom Thomas entend par « excès » l'impossibilité de réaliser une plus-value suffisante par la vente. Nous avons, quant à nous, distingué, d'une part, la suraccumulation (surproduction de capital) qui suppose une production insuffisance de plus-value (en tant que survaleur) au sein même de sphère productive et qui induit une crise générale et, d'autre part, la surproduction de marchandises qui entraîne également une crise générale du fait de la réalisation d'une quantité insuffisante de plus-value (du fait d'un excédent de plus-value en tant que surproduit) voire d'une plus grande partie du produit social.

Pour Tom Thomas, suraccumulation et sous-consommation sont deux manières différentes de dire la même chose. Nous montrons que l'antithèse (il s'agit d'étiquettes commodes pour qualifier deux phénomènes distincts, car la surproduction de capital ne va pas sans surproduction de marchandises et la surproduction de marchandises est une surproduction de capital-marchandise et induit toutes les caractéristiques de la surproduction générale : le capital argent, comme le capital productif se figent, le taux de profit baisse, ...) est surproduction de capital et surproduction de marchandises, ce qui est une manière d'indiquer que ce sont deux expressions de la même contradiction, deux écueils entre lesquels l'accumulation du capital se débat et qui ont une origine commune : la aspects peuvent et doivent être distingués (insuffisance de plus-value, de survaleur – en valeur – et excédent de plus-value, de surproduit – en valeur d'usage), les deux dimensions ne sont pas nécessairement antagoniques. Si la suraccumulation a pour fondement une insuffisance de plus-value, elle induit cependant un accroissement de la masse des valeurs d'usage, pour ne rien dire de sa composition matérielle et des rapports entre les classes. Par conséquent, on ne peut exclure des cas où l'insuffisance de plus-value se combine avec l'excédent de surproduit pour converger dans la crise générale de surproduction. A un autre extrême, une croissance phénoménale de la productivité pourrait combiner un surproduit considérable et tellement dévalorisé que la survaleur additionnelle apparente serait nulle. Tous ces aspects relèvent d'une analyse du procès valorisation dévalorisation que Marx n'a fait qu'esquisser.

Les théories de la sous-consommation

Fondements généraux

Marx envisageait une critique complète de Sismondi, la figure de proue, plagiée par Malthus, de la tendance sous-consommationniste, dans le livre consacré à la concurrence et au crédit[184]. Elle n'a donc

---

recherche du maximum de plus-value et dont une des conséquences sera la baisse tendancielle du taux de profit.

On ne peut donc opposer suraccumulation et sous-consommation mais on peut distinguer la surproduction de capital de la surproduction de marchandises. Elles expriment chacune l'une des composantes de la contradiction entre la valeur d'échange et la valeur d'usage entre les buts limités du capital : la production du maximum de plus-value et le développement de la force productive du travail qui l'accompagne. La suraccumulation, la surproduction de capital, repose sur la valeur d'échange, sur la production insuffisante de plus-value en tant que survaleur, la surproduction de marchandises repose sur la valeur d'usage, la production excédentaire de plus-value en tant que surproduit, la forme matérielle du produit social et les rapports entre les classes.

184 « Ici, j'exclus Sismondi de mon aperçu historique, la critique de ses conceptions ayant sa place dans une section que je ne pourrai traiter qu'après cet ouvrage : le mouvement réel du capital (concurrence et crédit). » (Marx, Théories sur la plus-value, Editions sociales, T.III, p.55

pas été menée à bien, puisque ce livre n'a jamais vu le jour. Dans le texte cité en note, on trouve cependant le passage suivant :

« Sismondi a le sentiment profond que la production capitaliste se contredit ; que ses formes – ses rapports de production – incitent d'une part à un développement *effréné* de la force productive et de la richesse ; que, d'autre part, ces rapports sont conditionnés, que leurs contradictions : valeur d'usage, valeur d'échange, marchandise et argent, achat et vente, production et consommation, capital et travail salarié, etc., prennent des dimensions d'autant plus grandes que se développe davantage la force productive. Il ressent notamment la contradiction fondamentale : d'une part développement sans entraves des forces productives et accroissement de la richesse, qui en même temps se compose de marchandises, doit être nécessairement transformé en argent ; d'autre part, comme base, limitation de la masse des producteurs aux moyens de consommation nécessaires. C'est pourquoi les crises ne sont pas chez lui fortuites, comme chez Ricardo, mais sont, à grande échelle et à des périodes déterminées, des explosions essentielles des contradictions immanentes. » (Marx, Théories sur la plus-value, Editions sociales, T.III, p.58-59)

Nous retrouvons donc les deux limites de la deuxième orientation définie dans le chapitre précédent. D'une part, la question de la réalisation du produit social qui du fait de la contradiction entre la marchandise et l'argent ouvre la possibilité d'une crise générale. D'autre part, la question de la forme du produit social (composition matérielle de celui-ci et masse des valeurs d'usage dans lequel il s'exprime) dans le cadre d'un rapport social entre les classes. Dans la citation ci dessus, l'exposé relatif à la forme du produit social, aux valeurs d'usage qui le composent, insiste ici, comme le font les théoriciens sous-consommationnistes, sur les moyens de consommation nécessaires consommés, consommation par essence limitée, par la classe productive, par le prolétariat.

En mettant en relief ces contradictions, les théoriciens sous consommationnistes admettent l'existence de crises générales, c'est-à-dire de crises affectant l'ensemble des branches de production alors que dans la conception ricardienne la surproduction dans une branche est le corollaire d'une sous production dans une autre. Sous l'angle de l'étendue de la crise, les théoriciens sous-consommationnistes conçoivent bien l'existence d'une crise générale, d'une crise qui touche tous les secteurs à la fois. En revanche, sous l'angle de la profondeur, sous l'angle de la relation avec le produit social, la crise n'en affecte qu'une partie. Il s'agit de la plus-value et généralement, au sein de celle-ci, de la fraction destinée à l'accumulation.

Ils ne comprennent pas que les limites qui se manifestent dans la sphère de la circulation et de la distribution des revenus sont à mettre en relation avec les rapports de production aussi cherchent-ils des solutions qui préconisent soit le retour à des formes de production surannées soit une nouvelle forme de distribution des revenus sans remettre en cause la production capitaliste, le salariat et l'existence de l'Etat. Dans cette représentation, les politiques salariales et fiscales, dans la mesure où elles soutiennent la demande, sont favorables à la stabilité de la production capitaliste menacée par une accumulation qui conduit à la surproduction quand elle n'est pas détournée vers des sphères spéculatives qui menacent encore plus rapidement la cohésion de l'édifice. Pour les opposants à cette analyse, en abaissant le taux de profit, en laissant l'Etat accaparer les ressources pour mieux les dilapider, ces politiques nuisent à l'accumulation et favorisent stagnation et crises.

Pour les sous-consommationnistes comme Sismondi la tendance à la crise est permanente car il existe un déséquilibre permanent, intrinsèque, structurel, entre la production et le pouvoir de consommation de la société. Pour Sismondi, les fondements des crises résultent d'un déséquilibre permanent. Dans la mesure où il considère que c'est avec le revenu de la période précédente qu'on achète le nouveau produit annuel, la crise est potentiellement permanente.

Pour Rosa Luxemburg, la plus-value à capitaliser ne peut être réalisée au sein d'un mode de production capitaliste « pur ».

Pour la vulgate keynésienne, un « équilibre » dit de « sous-emploi », c'est à dire un niveau de production en baisse, vecteur de « chômage involontaire », du fait d'une « demande effective » amoindrie est possible. La théorie keynésienne cherche cependant à traiter théoriquement aussi bien les situations de « sous-emploi » que celles de « plein-emploi » qui deviennent non plus la norme mais un cas particulier, non automatique, au sein de la théorie générale (Keynes se prenant pour le Einstein de la science économique).

A cette vision mécaniste, Marx oppose une vision dialectique. Régulièrement, périodiquement, ce qui est rendu possible du fait d'une séparation entre la vente et l'achat, de la contradiction entre la marchandise et l'argent, la réalisation de la valeur de la marchandise en argent ne s'effectue pas. Il y a une scission entre la vente et l'achat. La crise qui éclate dans la sphère de la circulation a une origine dans la sphère de la production capitaliste, en relation soit avec la baisse brutale du taux de profit du fait d'une insuffisance de la production de plus-value (surproduction de capital) soit du fait d'une expansion considérable de la production qui ne pourrait trouver le marché qui lui correspond (surproduction de marchandises). L'école sous-consommationniste a mis le doigt sur certaines contradictions de la production capitaliste, et ce mieux que l'école rivale, mais elle les pose dans le même cadre (celui de la valeur d'échange), celui du pouvoir de consommation (en valeur). Pour faire naître le crise, il lui faut donc mettre en évidence un déséquilibre permanent entre la valeur de la production et le pouvoir de consommation.

Une parabole thermique

Pour illustrer les différences entre les conceptions nous pouvons risquer une parabole « thermique ».

Pour les théoriciens sous-consommationnistes, il y a une fuite permanente dans la chaudière (une insuffisance structurelle de la demande solvable) et donc son rendement ne peut-être optimal. Il s'ensuit des ratés permanents qui pourraient être pour une part corrigés par un apport extérieur (soutien de la demande) quand ce n'est pas par un retour à un modèle ancien et dépassé de chaudière.

Pour les théoriciens de la disproportion, les ratés observés dans la chaudière ne peuvent être que des phénomènes ponctuels, qui se traduisent par un nouveau réglage de la chaudière sachant que la marche interne de la chaudière dispose de mécanismes d'auto-régulation qui doivent permettre, si personne ne s'en mêle en procédant à des actions intempestives, de rétablir le niveau de pression approprié au bon fonctionnement de la chaudière.

Vu sous l'angle de la baisse du taux de profit, la vision ricardienne aboutit à considérer que la pression tend à diminuer dans la chaudière pour finir par ne plus être à même de produire suffisamment d'énergie additionnelle. Pour la variante ricardienne de type Grossmann / Mattick qui cherche un point absolu à partir duquel la baisse du taux de profit signifierait une crise, il suffit de substituer la masse de la vapeur à la pression de celle-ci pour obtenir le bon indicateur. Dès que cette masse est réputée insuffisante pour un usage donné, un point bien défini, la chaudière s'éteint, la crise peut se manifester.

Pour les théoriciens staliniens, nous avons de fait une baisse de pression permanente. Chaque baisse du taux profit équivaut à une diminution de la pression. Pour faire face à cette situation on transvase dans une chaudière annexe aux dimensions croissantes une partie de la vapeur à très basse pression, ainsi la pression et le rendement de la chaudière restante, dont la taille relative diminue, sont maintenus

Pour le marxisme une pression croissante à tendance à régner dans la chaudière et des mécanismes correcteurs, des soupapes, évacuent pour une part cette surpression (recherche du maximum de plus-value, valorisation/dévalorisation du capital). Quand succède à la forte expansion, un recul brutal de la pression, les mécanismes internes sont fortement déstabilisés, une contradiction violente intervient dans la chaudière et menace de la faire exploser (suraccumulation, surproduction de capital). Sinon, une forte expansion de la pression est également susceptible de mettre à mal la chaudière car les mécanismes d'évacuation ne sont pas bien adaptés à cette surpression et l'explosion menace (surproduction de marchandises). Dans un cas comme dans l'autre, les mécanismes régulateurs ne fonctionnent plus correctement, il faut ouvrir la chaudière qui répand sa chaleur et brûle tout sur son passage (dévalorisation brutale, crise catastrophique). Quand la chaleur a été suffisamment évacuée, la chaudière peut repartir pour un nouveau cycle. Pour tenter de limiter ces crises, on cherche à faire en sorte que la pression dans la chaudière ne monte pas trop vite. On limite l'apport en énergie et son rendement (limitation du taux d'accumulation, baisse tendancielle du taux de profit) et on cherche des soupapes complémentaires (consommation improductive, exportation, développement de grands ouvrages fixant le capital sans retombées productives immédiates).

Le grain de vérité des théories sous-consommationnistes

Contrairement à ce qui est souvent soutenu par maints représentants du marxisme de la chaire, la théorie des crises de Marx ne relève pas de la sous-consommation. Nous allons voir en quoi, il n'est pas possible de la ranger dans cette catégorie. Mais, sous la fausse théorie sous-consommationniste se cache un grain de vérité. Ce grain de vérité est inextricablement emmêlé dans un écheveau théorique hautement critiquable. Mais on peut le faire ressortir :
1° La réalisation du produit social ne va pas de soi. Des crises générales sont possibles.
2° Les facteurs relevant de la composition matérielle comme du volume du surproduit et du produit social ne sont pas sans importance pour comprendre les crises de surproduction.

La réalisation du produit social

L'absence de réalisation de la valeur et de la plus-value (la transformation en argent du produit social) n'est pas un processus mécanique du à un déficit chronique de la demande sociale, intrinsèque au fonctionnement de la société. Il ne s'agit pas d'une limite permanente dans le pouvoir de consommation absolu de la société. Les crises sont périodiques, et leur possibilité réside dans la possibilité d'une scission entre la vente et l'achat, dont l'origine est à rechercher dans la nature de l'argent. Cette critique de la marchandise et de l'argent conduit d'ores et déjà à un dépassement de l'économie mercantile, à mettre fin à une production où le produit social s'exprime en argent. Ce dernier n'est pas un simple médiateur des échanges mais une forme d'existence de la marchandise, une forme d'existence nécessaire car celle-ci doit se représenter nécessairement sous la forme d'une valeur d'échange, être exprimée en argent. Ces facteurs sont une première condition de la production capitaliste, une production dans laquelle le produit doit nécessairement être une marchandise et s'exprimer en argent. La critique de l'absence de réalisation est donc bien plus vaste que celle accomplie par les théoriciens sous-consommationnistes car elle touche à l'existence même de la production capitaliste. La critique devient alors une critique révolutionnaire.[185]

La scission potentielle entre la marchandise et l'argent, entre la vente et l'achat, rend les crises possibles. Pour que le capital poursuive son procès, le capital marchandise issu du procès de production doit se transformer en argent, la valeur doit se réaliser, s'autonomiser dans la forme argent pour pouvoir ensuite reprendre la course à la valorisation, à la recherche du maximum de plus-value. Contrairement aux idées ricardiennes cette réalisation n'a rien d'automatique. La réalisation suppose la vente de la marchandise ; elle ne va pas de soi. Mais cette absence de réalisation n'est pas due à une insuffisance de demande intrinsèque, structurelle au mode de production capitaliste. La plupart du temps, cette réalisation s'effectue. On ne doit pas pour autant en tirer la conclusion que parce que la crise n'a pas lieu systématiquement, elle ne se produira pas. En fait, la crise est périodique.

Par ailleurs, faire de ce potentiel, la cause des crises revient à expliquer la crise par la crise.[186] Par conséquent, il est important de

---

185 En critiquant Ricardo et Say, pour qui la réalisation des marchandises ne pose pas de difficulté particulière, Marx conclut « Du moment qu'on biffe l'essence de la valeur d'échange en transformant la marchandise en simple valeur d'usage (produit), on peut tout aussi aisément nier l'*argent* en tant que forme essentielle *autonome* dans le procès de la métamorphose, face à la forme originelle de la marchandise, ou mieux, il faut qu'on la nie » (Marx, Théories sur la plus-value, Editions sociales, T.II, p.598)

186 « Du reste, les autres économistes (Stuart Mill par exemple) ne font pas mieux en cherchant à expliquer les crises par les simples *possibilités* de crises contenues dans la métamorphose des marchandises, mettons dans la séparation de l'achat et de la vente. Ces déterminations expliquent bien la possibilité de la crise, mais nullement leur réalité, le *pourquoi* du conflit entre les phases du processus, conflit dont la nature est telle que seule une crise – un mouvement violent – puisse révéler leur unité interne. Cette *séparation* est visible dans la crise ; elle en est la forme élémentaire. Expliquer la crise par sa forme élémentaire revient à expliquer la crise, l'existence de la crise en l'énonçant sous sa forme la plus abstraite, autrement dit à expliquer la crise par la crise. » (Marx, Matériaux pour « l'Economie », Pléiade, T.2, p.468-469, Théories sur la plus-value, Editions sociales, T.II, p.599)

comprendre et d'expliquer les crises sur la base d'une conception unitaire. C'est notamment l'intérêt de la théorie de la suraccumulation. En montrant que la surproduction de marchandises, qui peut exister de manière autonome, est aussi le résultat de la surproduction de capital, de la suraccumulation, dont les racines se trouvent dans la production capitaliste, du fait de l'insuffisance de plus-value, Marx explique, unifie, la possibilité et la nécessité des crises. De son côté, la surproduction de marchandises du fait de l'insuffisance (ponctuelle, périodique) de la capacité de consommation, provient également de ce que le but de la production capitaliste est la recherche du maximum de plus-value. Pour y parvenir la capital développe la force productive qu travail comme si elle n'avait pas de limite, ensuite le marché se révèle incapable de suivre la progression de la production et le développement de la productivité qui l'accompagne.

Mais pour le marxisme, à la différence des sous-consommationnistes, pour être périodiques et non permanentes, ces crises sont cependant potentiellement plus importantes. Contrairement au point de vue sous-consommationniste, c'est l'ensemble du produit social qui est concerné par la crise de surproduction et non seulement la plus-value ou une partie de celle-ci. Les sous-consommationnistes ont mieux perçu la possibilité de la crise, les limites du capital, que l'école de Ricardo, mais ils n'en ont pas donné les fondements. Aussi cherchent-ils des solutions utopiques et réactionnaires au lieu d'envisager un saut révolutionnaire, non mercantile, pour le futur de l'humanité.

La forme matérielle du produit social

La composition matérielle du produit social comme sa masse ou son volume sont des facteurs de crises. Si, d'un point de vue abstrait, il importe peu de produire telle ou telle valeur d'usage, du moment qu'elle peut être vendue avec profit, la question de pose différemment au niveau social.

Qu'advient-il dès lors que se met en place le mode de production capitaliste le plus développé ? Le capital recherche le maximum de plus-value. Pour une durée, une intensité, une qualité et une complexité données du travail, le capital obtient plus de surtravail, de plus-value, en développant la productivité du travail. Nous constatons ainsi que le processus valorisation dévalorisation se traduit par une croissance de la masse des marchandises en relation avec le développement de la productivité du travail. Toutes choses égales par ailleurs, il faut une productivité toujours plus grande pour obtenir une masse supplémentaire égale de plus-value.

Supposons que la valeur équivalente au travail vivant qui se décompose en capital variable et plus-value soit de 100 et que la masse des marchandises (nous supposons ici une marchandise unique) correspondante soit de 100 unités.
Nous avons donc la situation initiale suivante :

w = v + pl = 100 pour une masse de 100 unités (100 u) soit une valeur unitaire de 1.

Pour reproduire leur force de travail, les salariés consomment 50 unités. Nous supposons le salaire réel constant.

De combien doit s'accroître la productivité du travail vivant (nous ignorons ici les incidences du capital constant et de l'accumulation) pour obtenir une plus-value additionnelle de 10 ?

Pour parvenir à ce résultat, la valeur de la force de travail doit être réduite de 50 à 40, tandis que la plus-value augmente de 50 à 60. Les 50 unités qui permettent la reproduction de la force de travail doivent désormais valoir 40, soit une valeur unitaire de 0,8 contre 1 dans la situation initiale. La masse totale des marchandises produites s'élève alors à 125. La masse des marchandises s'est donc accrue de 25%. La plus-value a augmenté de 10 soit une augmentation de 20% (10/50) mais la masse des marchandises qui la compose a augmenté de 50% (25/50). La plus-value sous forme de valeur d'échange, la survaleur, a augmenté de 20% mais la plus-value sous forme de valeurs d'usage, le surproduit, a augmenté de 50% soit 2,5 fois plus.

Le consommateur n'achète pas une marchandise pour sa valeur d'échange (hormis les effets du snobisme) mais pour sa valeur d'usage. L'accroissement considérable des valeurs d'usage, ne leur donne pas ipso facto de débouché. Ce n'est pas parce que l'équivalent valeur (le pouvoir absolu de consommation) est potentiellement présent que sa manifestation sera effective, car les besoins à satisfaire sont en relation avec la valeur d'usage et la masse de celles-ci.

La consommation du prolétariat est limitée car son développement entre en contradiction avec le but de la production capitaliste : le maximum de plus-value.

La consommation des capitalistes ne va pas nécessairement s'étendre dans des proportions aussi grandes que ce qui est permis par le développement de la productivité. Cet accroissement de la consommation par les capitalistes est d'autant plus limité que la fonction du capitaliste n'est pas la consommation – même s'il s'y laisse aller toujours plus avec le développement de la production capitaliste – mais l'accumulation.

Le surproduit est passé de 50 à 75 unités. Si la classe capitaliste en consommait 25 unités, elle devrait augmenter sa consommation de 50% pour que le rapport entre la plus-value consommée et la plus-value accumulée soit maintenu. Si la part consommée de la plus-value restait identique, la classe capitaliste consommerait 37,5 unités contre 25 auparavant. Le surproduit disponible pour l'accumulation serait alors également de 37,5 unités soit également 50% de plus. Pour maintenir l'accumulation au niveau antérieur soit 25 unités, il faudrait que la classe capitaliste double sa consommation en la faisant passer de 25 à 50 unités. Avec l'augmentation de la productivité, la valeur unitaire des marchandises a baissé de 20% (0,8 au lieu de 1). Pour uniquement maintenir le rapport de valeur entre plus-value accumulée et plus-value consommée, c'est-à-dire que la valeur de la plus-value accumulée soit égale à la valeur de la plus-value consommée (soit en valeur la moitié de 60 pour chaque fraction et la moitié de 75 unités pour chaque fraction sous l'angle de la valeur d'usage), la masse des marchandises consommées par la classe capitaliste devrait s'accroître de 50% et elle devrait doubler, augmenter de 100%, pour éviter l'emballement de l'accumulation du capital. A supposer qu'un tel accroissement soit possible, il n'en demeurerait pas moins que faire de la consommation des capitalistes le but de ce mode de production serait commettre une grande erreur, car cela revient à nier le capital[187].

Faisons maintenant l'hypothèse, plutôt restrictive compte tenu de la vocation du capital qui est de produire le maximum de plus-value, d'un maintien de l'accumulation au même niveau en valeur (soit une valeur de 25). Cette perspective suppose l'accumulation non plus de 25 unités mais de 31,25 unités (avec une valeur de 25 on obtient désormais 31,25 unités contre 25 auparavant du fait de la diminution de la valeur unitaire des marchandises). D'une part, de la même manière que pour la consommation individuelle, il faut élargir les débouchés, vendre plus de machines, de matières premières, etc. et parallèlement accroître considérablement la consommation improductive des capitalistes. Toute élévation de l'accumulation de la masse de la plus-value pose la question des débouchés de ceux-ci sur une base élargie. Ce serait une autre manière d'interpréter la fameuse citation sur l'accélération de l'accumulation (si on entend masse par la masse des valeurs d'usage et non masse en valeur). Mais toute accélération de l'accumulation dont l'objectif est le maximum de plus-value et dont il faut attendre un développement de la productivité poserait sur une échelle accrue la question qui vient juste d'être résolue et avec elle la perspective d'une autre solution à cette contradiction : la surproduction de marchandises. Qui plus est, plus le taux de profit est élevé, plus le taux d'accumulation est grand, plus le niveau de la productivité élevé et plus la surproduction de marchandises menace[188].

---

187 « Précédemment, c'était l'argent qu'on niait pour présenter la séparation [comme n'existant pas] entre achat et vente. Maintenant c'est le capital qu'on nie pour transformer les capitalistes en des gens qui accomplissent la simple opération M-A-M [marchandise – argent – marchandise] et produisent pour la consommation individuelle et non en tant que capitalistes produisant aux fins d'enrichissement, avec pour but de reconvertir en partie la plus-value en capital. » (Marx, Théories sur la plus-value, Editions sociales, T.2, p.636)

188 « La *surproduction* a spécialement pour condition la loi générale de production du capital : produire à la mesure des forces productives (c'est-à-dire selon la possibilité qu'on a d'exploiter la plus grande masse possible de travail avec une masse donnée de capital) sans tenir compte des limites

Il n'a y qu'un Tougan-Baranowsky, héritier de Ricardo, pour s'imaginer que la production capitaliste puisse fonctionner avec un seul ouvrier faisant fonctionner l'ensemble de la machinerie capitaliste, l'ensemble de la production et de la réalisation du produit social s'effectuant sans heurts sous prétexte que les schémas de reproduction ne laissaient pas apparaître de contradictions dans les rapports de valeur (de valeur d'échange). Ces schémas étant conçus pour expliquer à partir des concepts fondamentaux du marxisme, et ce pour la première fois dans l'histoire de la science économique, le processus de reproduction du capital, c'était bien le moins qu'on pouvait leur demander[189]. Mais tout cela laisse intact la question de la masse et de la forme des marchandises suivant qu'elles sont destinées à la consommation productive ou la consommation non-productive (qu'elle soit individuelle ou collective), question toujours plus lancinante dès lors que le processus valorisation dévalorisation s'avance[190].

---

existantes du marché ou des besoins solvables, et en y procédant par un élargissement constant de la reproduction et de l'accumulation donc par une reconversion constante de revenu en capital, tandis que d'autre part la masse des producteurs demeure et doit nécessairement demeurer à un niveau moyen de besoins de par la nature de la production capitaliste » (Marx, Théories sur la plus-value, Editions sociales, T.2, p.637)

189 Encore à l'état de brouillons, ils conservent néanmoins quelques défauts. La solution d'une partie de ceux-ci est présente dans « La théorie marxiste des crises » (accessible sur www.robingoodfellow.info)

190 Par exemple, un accroissement supplémentaire de 10 de plus-value, soit une augmentation de 10/60 ou encore de 16%, serait obtenue pour une valeur de la force de travail qui tomberait à 30 soit une valeur unitaire de 0,6 et donc une masse de marchandises de 166 soit une augmentation de la masse de marchandises de 166/125 de 33%. Un accroissement plus faible de la plus-value (16% contre 20%) n'est obtenu que par une accélération de l'augmentation de la productivité (33% au lieu de 25%). Le prolétariat consomme toujours 50 unités mais désormais il faut trouver des acheteurs pour 116 unités soit un débouché plus important que l'ensemble de la production initiale (100) dont la moitié était destinée à salarier le prolétariat.

« Il en va de même pour la *force productive*. D'une part, le capital a nécessairement tendance à l'augmenter au maximum pour augmenter le surtemps relatif. D'autre part, il diminue simultanément le temps de travail nécessaire, c'est-à-dire la capacité d'échange des travailleurs. En outre, comme nous l'avons vu, la survaleur [plus-value] relative croît dans une proportion bien moindre que la force productive, et cette proportion diminue d'autant plus que la force productive a déjà augmenté. *Mais la masse des produits croît dans une proportion semblable* – sinon un nouveau capital ainsi qu'un nouveau travail seraient libérés, qui n'entreraient pas dans la circulation. Mais, en même temps que la masse des produits, augmente aussi la difficulté de valoriser le temps de travail contenu en eux – parce que les exigences de la consommation augmentent. » (Marx, Manuscrits de 1857-1858, Grundrisse, Editions sociales, T.1, p.362).

Les sous-consommationnistes confondent cette difficulté en l'assimilant à une absence théorique, une insuffisance structurelle, de demande au sens où le pouvoir de consommation de la société serait différent, *en valeur*, de la valeur de la production. Marx, par exemple, s'en prend à Proudhon[191] : « Proudhon qui entend bien les ânes braire, mais ne sait jamais dans quelle étable, fait découler la surproduction du fait que « le travailleur ne peut racheter le produit qu'il a fabriqué ». Il entend par là que l'intérêt ou le profit constituent une charge qui s'ajoute au prix du produit ; ou que celui-ci est surchargé par rapport à sa valeur réelle. Cela prouve d'abord qu'il ne comprend rien à la détermination de la valeur qui, pour parler de manière générale, ne peut rien inclure en guise de surcharge. (…) ». Proudhon confond la valeur et les prix et donc imagine que l'intérêt et le profit viennent s'ajouter au prix du produit, surchargeant ainsi la valeur réelle. Proudhon en conclut « que l'ouvrier ne peut pas racheter son produit, c'est-à-dire la partie aliquote du produit global objectivant son travail nécessaire. ». Il en tire alors la conclusion que « le capital ne peut échanger de manière adéquate et qu'il y a donc surproduction ». Or, au-delà de la compréhension erronée de Proudhon sur le rapport entre valeur et prix de production, en tout état de cause sa compréhension des racines de la surproduction est

191 Citations extraites de Marx, Manuscrits de 1857-1858, Grundrisse, Editions sociales, T.1, p.363 à 373.

également fausse.[192]. La surproduction ne vient donc pas d'une inadéquation structurelle entre la valeur de la production et la capacité de consommation. La contradiction n'est pas mécanique mais dialectique. La contradiction ne se résout pas en surproduction de manière permanente mais périodiquement.

Ce type de surproduction, la surproduction de marchandises, c'est-à-dire de capital-marchandise, résulte du développement d'une productivité du travail poursuivant des buts limités : la valorisation maximum du capital, la production d'un maximum de plus-value, sans égard à la capacité de consommation de la société, capacité à absorber le volume comme le type de marchandises produites. Quand elle éclate, dans la sphère de la circulation, lors de la réalisation du produit social, la crise de surproduction de marchandise induit une baisse du taux de profit. Alors que la suraccumulation, la surproduction de capital résulte d'une insuffisance de plus-value, d'une baisse brutale du taux de profit, ici, c'est la surproduction de marchandises qui provoque cette baisse.

Pour rétablir une situation propice à la reprise de l'accumulation du capital, une dévalorisation, dans un cas comme dans l'autre, est nécessaire. La société bourgeoise navigue donc entre deux écueils, une accumulation rapide liée à une hausse de la productivité, comme éventuellement du taux de profit (nous sommes dans des phases ascendantes du cycle périodique), conduit le capital sur le chemin de la surproduction de marchandises et plonge la société dans le marasme. D'un autre côté, une baisse soudaine de cette productivité détériore le rapport d'exploitation, engendre une baisse brusque du taux de profit qui conduit à une paralysie de la reproduction sociale, à une crise de surproduction du type suraccumulation.

Dans la perspective de la surproduction de marchandises, il y a chez Marx, l'idée que dans son mouvement organique, le capital déstabilise le rapport entre moyens de production et moyens de consommation et fragilise la société dans la mesure où la consommation finale

---

192 « (…) la conclusion qu'il en tire, à savoir que c'est de là, que viendrait la surproduction est fausse dans son abstraction » (Marx, Manuscrits de 1857-1858, Grundrisse, Editions sociales, T.1, p.373)

(assimilée ici à la consommation non productive), la consommation de moyens de consommation est limitée[193]. Il ne s'agit pas d'une disproportion classique ou trop de moyens de production seraient produits contre pas assez de moyens de consommation, mais d'une contradiction nécessaire de la société bourgeoise dès lors qu'elle suit ses propres tendances[194]. Quand éclate la crise, les deux types de marchandises sont en surproduction. Mais c'est la tendance à accumuler pour valoriser le capital[195], à rechercher un maximum de

---

[193] « Il en va tout à fait de même pour que la demande créée par la production elle-même en ce qui concerne la matière première, les produits semi-finis, les machines, les moyens de communication, ainsi que les matières auxiliaires utilisées et consommées dans la production, tels les colorants, le charbon, le savon, le talc, etc. Cette demande, qui paie et pose les valeurs d'échange, est adéquate et suffisante aussi longtemps que les producteurs se livrent à des échanges entre eux. Son inadéquation apparaît dès que le produit final trouve une limite dans la consommation immédiate et finale. Cette *apparence* qui pousse la production à dépasser les justes proportions découle également de l'essence du capital qui est cette répulsion de soi qu'il faudra développer plus en détail, comme dans la concurrence, qui est une pluralité de capitaux entièrement indifférents les uns aux autres. Dans la mesure où un capitaliste achète à un autre capitaliste lui vend ou lui achète de la marchandise, leur rapport est un rapport d'échange simple, non de capitalistes. La proportion *juste* (imaginaire) dans laquelle ils doivent échanger pour pouvoir se valoriser en tant que capital se situe *hors* de la relation qu'ils entretiennent. » (Marx, Manuscrits de 1857-1858, Grundrisse, Editions sociales, T.1, p.360). On notera encore que, ici aussi, Marx repousse à un autre endroit les analyses détaillées de cet aspect des crises.

[194] « la mesure de cette surproduction c'est le capital lui-même, l'échelle existante des conditions de production et l'appétit effréné d'enrichissement et de capitalisation des capitalistes, mais ce n'est nullement la consommation, qui est entravée d'entrée de jeu, étant donné que la plus grande partie de la population, la population ouvrière ne peut élargir sa consommation que dans des limites très étroites et que d'autre part, la demande de travail diminue relativement dans la mesure même où le capitalisme se développe, bien qu'elle augmente absolument. » (Marx, Théories sur la plus-value, Editions sociales, T.2, p.587)

[195] « (…) il est donc clair qu'il y aurait surproduction générale, non pas parce qu'on aurait produit de manière insuffisante des marchandises destinées aux ouvriers ou des marchandises destinées à la consommation

plus-value, que ce soit par l'élargissement de la production[196] ou le développement de la productivité, qui tend à détériorer le rapport entre les deux types de marchandises et précipiter la crise de surproduction[197].

Ces phénomènes ont une grande importance pour le développement de tendances inhérentes au capital. Outre le fait que la production du maximum de plus-value puisse se traduire par la création de plus de valeur et de plus-value dans le même temps (développement de l'intensité[198], de la complexité[199], de la qualité[200] et d'optimisation de

---

des capitalistes, mais parce qu'on aurait produit trop de marchandises des deux sortes ; trop non pas pour la consommation, mais pour maintenir le juste rapport entre consommation et valorisation ; trop pour la valorisation. » (Marx, Manuscrits de 1857-1858, Grundrisse, Editions sociales, T.1, p.382).

196 Qui plus est, l'accumulation du capital qui se traduit par une élévation de la composition organique du capital réduit d'autant plus la part de la consommation ouvrière dans le produit social.

197 « Dès lors que signifie *surproduction de capital* ? [Marx critique ici les économistes qui admettent une surproduction de capital pour mieux nier la surproduction de marchandises. Nous sommes donc ici dans le cadre de la critique d'un concept qui n'est pas le même que celui qui est employé à propos de la suraccumulation. NDR] Surproduction des masses de valeurs qui sont destinées à engendrer de la plus-value (ou, à considérer le contenu matériel, surproduction de marchandises destinées à la reproduction) – donc *reproduction à une trop grande échelle*, ce qui est la même chose que surproduction tout court.

A la déterminer de plus près, cette formule ne signifie rien d'autre sinon qu'on produit trop aux fins d'*enrichissement* ou encore qu'une trop grande partie du produit est destinée non à être consommée comme revenu, mais à *faire plus d'argent* (à être accumulée), non à satisfaire les besoins de son possesseur, mais à lui procurer la richesse générale abstraite, de l'argent, et plus de pouvoir sur le travail d'autrui – ou encore à accroître ce pouvoir (…) Mais dire qu'il y a *trop de capital* ne signifie rien d'autre que : on en [du produit social - ndr] consomme et on peut en consommer trop peu en tant que *revenu* dans les conditions données. » (Marx, Théories sur la plus-value, Editions sociales, T.2, p. 635-636)

198 Le développement de l'intensité du travail induit la production de plus de valeur dans plus de marchandises.

sa place en tant que capital national dans la division internationale du travail[201]), pour différer cette contradiction, pour en contrecarrer les effets, le capital met en œuvre un ensemble de réponses de nature différente. Nous pouvons les classer en fonction du type de réponse qu'elles apportent :

1° Pour faciliter la vente, la réalisation du produit social, développement du crédit
2° Recherche de débouchés et de nouveaux champs d'accumulation externes, exportation, lutte pour la conquête de nouveaux marchés.
3° Développement de la publicité et de la mercatique (marketing) pour attiser le besoin et en susciter de nouveaux, conférer de nouveaux attraits à la marchandise.
4° Diversification, création de nouveaux besoins, création de nouvelles valeurs d'usage. Développement de moyens de consommation de luxe dont un des intérêts est que généralement elles permettent du fait de l'emploi relativement plus élevé de travail vivant, la production d'une masse plus grande de plus-value et comme ces branches ont une composition organique moins élevée que la moyenne, elles favorisent aussi la hausse du taux de profit.
5° Evolution historique des valeurs d'usage et des besoins conduisant à freiner la baisse de la valeur unitaire des marchandises. « Revalorisation » des valeurs d'usage[202], évolution des besoins : le luxe d'hier devient le nécessaire d'aujourd'hui.

---

199 Une force de travail de même qualification et donc ayant la même valeur produit plus ou moins de valeur suivant qu'elle est affectée à des travaux simples ou complexes.

200 Une force de travail plus qualifiée à plus de valeur et produit plus de valeur dans le même temps.

201 Nous faisons allusion ici à la loi de la valeur dans son application internationale, sujet généralement escamoté aussi bien par le marxisme officiel que son adversaire hétérodoxe. Des éléments d'analyses sont disponibles dans « La théorie marxiste des crises. ». Nous reviendrons sur ce sujet au cours d'un prochain texte.

202 Par exemple, l'automobile qui rend toujours la même fonction n'a cessé d'évoluer en matière d'équipements et d'options. Son prix relatif a donc moins baissé, quand il ne s'est pas maintenu, en dépit des progrès de la

6° Programmation de l'obsolescence des marchandises. Organisation du gaspillage des ressources.
7° Fixation du capital. Accumulation de capitaux fixes qui ne sont pas immédiatement productifs (grands ouvrages d'art, grands travaux, canaux, par exemple) et donc absorbent de la plus-value sans produire un effet immédiat sur la productivité du travail.
8°Développement d'une classe de consommateurs qui consomme sans produire, d'une classe improductive. Une classe de consommateurs est nécessaire. Cela aussi, les théoriciens sous consommationnistes, notamment Malthus, l'ont pressenti. Ce ne peut pas être le prolétariat dont la consommation est limitée et d'autant plus limitée que le salaire relatif baisse avec le progrès de la production capitaliste. Une hausse du salaire réel peut certes intervenir, mais nécessairement dans des limites étroites. Cette classe improductive moderne, c'est la classe moyenne. Avec son développement, on limite ainsi le taux d'accumulation et la demande de moyens de consommation s'accroît et avec elle la consommation de produits plus raffinés et de produits de luxe.
9° Baisse du taux de profit et du taux d'accumulation. L'accumulation ralentit, la croissance ralentit, le capital diffère ces contradictions en renonçant à sa mission.

C'est bien cette voie, prévue par Marx, qu'emprunte, le mode de production capitaliste. Le développement des forces productives induit une limitation et une destruction de celles-ci.

Nous nous contenterons d'évoquer dans ce travail[203] la question de la classe moyenne, question d'autant plus ignorée par le marxisme de la

---

productivité et des substitutions de matériaux (phénomène qui joue dans les deux sens).

203 Une analyse détaillée sera l'objet d'un autre ouvrage. Nous produisons cependant en annexe, afin de démontrer sans plus attendre que cette analyse est totalement présente chez Marx, un chapitre que nous reprendrons par la suite. Marx ne traite que de façon disparate la question de la classe moyenne, car il comptait la développer dans une autre partie de son œuvre – « Le Capital » avec tous ces livres, ne représente que le 1/6 de son projet –

chaire qu'il en est un des porte-parole, et nous laisserons celle du capital fixe, du commerce extérieur, du crédit, des divers aspects relatifs à la valeur et à la valeur d'usage, etc. à un autre article.

Surproduction versus sous consommation.

Marx et Engels, ce dernier notamment dans un ouvrage relu et pour une part écrit par Marx, se sont exprimés sans ambiguïté contre une interprétation sous-consommationniste de leur conception des crises. Ceux qui, ensuite, prétendent le contraire font donc preuve de mauvaise foi ou d'une grande incompréhension de leur théorie.

La critique d'Engels

Commençons par Engels dont l'interprétation des propos ne souffre aucune discussion. Il réfute explicitement toute tentation d'assimiler la théorie marxiste des crises à la sous-consommation.

« Il est évident d'après cela que chez M. Dühring, les crises industrielles périodiques n'ont nullement la signification historique que nous avons dû leur attribuer. Les crises ne sont chez lui que des déviations occasionnelles de la « normale » et elles donnent tout au plus sujet de «déployer un ordre plus réglé». La «façon habituelle» d'expliquer les crises par la surproduction ne suffit nullement à sa «conception plus exacte». Certes, cette façon serait «sans doute admissible pour des crises spéciales dans des domaines particuliers». Ainsi, par exemple, «un encombrement du marché de la librairie par des éditions d'œuvres qui tombent brusquement dans le domaine public et se prêtent à un débit massif». M. Dühring peut à coup sûr se

---

« Il ne s'agit pas encore ici, bien sûr, d'analyser pour autant les déterminations de la surproduction, mais seulement d'en montrer la possibilité, telle qu'elle est posée primitivement dans le rapport du capital lui-même. Par suite, il nous faut laisser de côté pour l'instant les autres classes possédantes et consommatrices, etc. qui ne produisent pas et qui, vivant de leur revenu, échangent donc avec le capital ; constituent pour lui des centres d'échange. Nous ne pouvons ici les prendre partiellement en considération (nous le ferons de manière plus approfondie dans l'*accumulation*) que dans la mesure où elles ont une *grande importance* pour la constitution historique du capital. » (Marx, Manuscrits de 857-1858, Grundrisse, Editions sociales, T1 p.358). Voir aussi p.340

mettre au lit avec la bienfaisante conscience que ses œuvres immortelles ne provoqueront jamais semblable catastrophe mondiale. Mais pour les grandes crises, ce ne serait pas la surproduction, mais plutôt

«le retard de la consommation nationale... la sous-consommation artificiellement engendrée... l'inhibition du besoin national (!) dans sa croissance naturelle qui élargissent, de façon si critique en fin de compte, la faille entre les stocks et le débit.»

Et pour cette théorie des crises qui lui est bien personnelle, il a tout de même eu la chance de trouver un disciple.

Par malheur, la sous-consommation des masses, la réduction de la consommation de masse au minimum nécessaire à l'entretien et à la procréation n'est pas du tout un phénomène nouveau. Elle a existé depuis qu'il y a eu des classes exploiteuses et des classes exploitées. Même dans les périodes de l'histoire où la situation des masses était particulièrement favorable, par exemple en Angleterre au XVe siècle, elles étaient sous-consommatrices. Elles étaient bien loin de pouvoir disposer de la totalité de leur produit annuel propre pour le consommer. Si donc la sous-consommation est un phénomène historique permanent depuis des millénaires, alors que la stagnation générale du marché qui éclate dans les crises par suite de l'excédent de la production n'est devenue sensible que depuis cinquante ans, il faut toute la platitude de l'économie vulgaire de M. Dühring pour expliquer la collision nouvelle non pas par le phénomène nouveau de surproduction, mais par celui de sous-consommation qui est vieux de milliers d'années. C'est comme si, en mathématiques, on voulait expliquer la variation du rapport de deux grandeurs, une constante et une variable, non pas par le fait que la variable varie, mais par le fait que la constante reste la même. La sous-consommation des masses est une condition nécessaire de toutes les formes de société reposant sur l'exploitation, donc aussi de la société capitaliste; mais seule la forme capitaliste de la production aboutit à des crises. La sous-consommation est donc aussi une condition préalable des crises et elle y joue un rôle reconnu depuis longtemps; mais elle ne nous explique pas plus les causes de l'existence actuelle des crises que celles de leur absence dans le passé[204].

M. Dühring a d'ailleurs des idées curieuses sur le marché mondial. Nous avons vu comment, en véritable érudit allemand, il cherche à s'expliquer des crises spéciales réelles de l'industrie à l'aide de crises imaginaires sur le marché du livre de Leipzig, la tempête en mer par la tempête dans un verre d'eau. Il se figure, en outre, que l'actuelle production patronale doit « tourner surtout avec son débouché dans le cercle des classes possédantes elles-mêmes », ce qui ne l'empêche pas, seize pages plus loin seulement, de présenter, à la façon courante, comme industries modernes décisives, l'industrie du fer et celle du coton, c'est-à-dire précisément les deux branches de la production dont les produits ne sont consommés que pour une part infiniment petite dans le cercle des classes possédantes, et sont faits plus que tous autres pour la consommation de masse. De quelque côté que nous nous tournions, nous ne trouvons que bavardage à tort et à travers, vide et contradictoire. Mais prenons un exemple dans l'industrie cotonnière. Si, à elle seule, la ville relativement petite d'Oldham, - l'une des quelque douze villes de 50 à 100 000 habitants autour de Manchester qui pratiquent l'industrie du coton, - si, à elle seule, cette ville a vu le nombre des broches qui filent uniquement le numéro 32 s'élever de 1872 à 1875, en quatre ans, de 2 millions 1/2 à 5 millions, de sorte qu'une seule ville moyenne d'Angleterre possède autant de broches filant un seul numéro qu'en possède, somme totale, l'industrie cotonnière de l'Allemagne entière, y compris l'Alsace; et si dans toutes les autres branches et localités de l'industrie anglaise et écossaise du coton l'extension s'est produite dans des

---

204 On peut rapprocher ce passage d'Engels à ce que dit Marx à propos de la conception de Proudhon sur la surproduction. (cf. ci-dessus, le chapitre sur la forme du produit social). « Dans le régime esclavagiste, les maîtres ne ressentent aucune gêne à ce que les ouvriers ne les concurrencent pas comme consommateurs. (La production de luxe telle qu'on la trouve dans l'antiquité, est cependant le résultat nécessaire du régime esclavagiste : il n'y a pas surproduction, mais hyperconsommation et une consommation démente qui, sous ses formes monstrueuses et extravagantes, marque le déclin de l'ancien système étatique. » (Marx, Manuscrits de 1857-1858, Grundrisse, Editions sociales, T.1, p.373).

proportions sensiblement égales, il faut une forte dose d'aplomb radical pour expliquer la totale stagnation actuelle du marché des filés et des tissus de coton par la sous-consommation des masses anglaises et non par la surproduction des fabricants anglais de coton. » (Engels, Anti-Dühring, Editions sociales, p. 323-324)

Une note accompagne cette partie du texte : « L'explication des crises par la sous-consommation vient de Sismondi et chez lui elle a encore un certain sens. C'est à lui que Rodbertus l'a empruntée et c'est dans Rodbertus que M. Dühring à son tour l'a copiée avec son habituelle manière de tout affadir. » (Engels, Anti-Dühring, Editions sociales, p. 325)

Dans cet extrait, Engels oppose donc la conception qui veut que les crises modernes (quand il écrit, elles ont « cinquante ans » d'existence, ce qui nous ramène bien à 1825 pour la première de ce genre) soient non pas des crises liées à la sous-consommation des masses mais des crises de surproduction. Il ne s'agit même pas ici d'opposer la suraccumulation à la sous-consommation car c'est dans ce livre (l'Anti-Dühring) que nous trouvons les citations sur la surproduction de marchandises que nous avons évoquée dans le chapitre 2.4. Ce qui signifie que la contradiction qui est mise en avant relève de la forme du produit social, les rapports de valeur (valeur d'échange) étant en arrière-plan. Par ailleurs, la sous-consommation n'est pas spécifique du mode de production capitaliste mais de toutes les sociétés de classes. Du même coup, la sous-consommation est au fondement des crises en ce sens qu'elle en est une « condition préalable » mais ne peut expliquer leur cause. Cela signifie que la crise moderne est bien permise par l'existence d'une société divisée en classe, mais que cette caractéristique ne suffit pas. Il faut pour qu'elles se manifestent sous forme de crises de surproduction, que non seulement existe le mode de production capitaliste et sa soif de plus-value mais aussi le mode de production capitaliste le plus développé. Dans ce dernier, le capital se subordonne réellement le travail, car il existe désormais une technologie spécifique au mode de production capitaliste : le machinisme. La démultiplication de la productivité, le développement de la plus-value relative, l'accumulation du capital, et l'accroissement de la masse des marchandises qui les accompagnent, ne rencontrent plus que les limites inhérentes à la production capitaliste.

On pourrait encore avoir un doute sur ce qu'Engels appelle la sous-consommation. Tout le monde parle-t-il de la même chose ?.
La note d'Engels est également sans appel. Pour lui comme pour Marx, la référence est Sismondi. La cible est donc identique. La science économique de la bourgeoisie atteint son apogée avec Ricardo et Sismondi. Ce dernier, de plus, émet des doutes quant à la pérennité du mode de production capitaliste. Avec Sismondi, nous avons donc atteint le point le plus élevé[205] propre à cette conception qui ensuite se poursuit sous des formes vulgaires et ce jusque dans les rangs du marxisme. La critique de type sous-consommationniste est aujourd'hui le vade mecum de la pensée social-démocrate[206] (de la gauche aux gauchistes en passant par les altermondialistes) qu'elle puise son inspiration dans Keynes et Malthus ou dans un Marx revu, corrigé, tronqué, falsifié et aseptisé. Comment ne pas reconnaître la pensée du Dühring dans maintes déclarations et analyses du réformisme moderne ?

Engels fait également référence à une période comme le XVème siècle en Angleterre, où les salaires ont augmenté. C'est en pensant à

---

[205] Engels, comme Marx, n'y va pas par quatre chemins (c'est d'autant plus vrai que le chapitre cité a été écrit par Marx !). « M. Dühring fait beaucoup de cas de sa trouvaille que la doctrine économique est un " phénomène énormément moderne ".

En fait, il est dit dans Le Capital de Marx : " L'économie politique... ne date comme science spéciale que de l'époque des manufactures " et dans la Contribution à la critique de l'économie politique, on lit que " l'économie politique classique... commence en Angleterre avec Petty, en France avec Boisguillebert et se termine en Angleterre avec Ricardo, en France avec Sismondi ".

M. Dühring suit cette voie qu'on lui a prescrite, à ceci près que, pour lui, l'économie supérieure commence seulement avec les lamentables avortons que la science bourgeoise a mis au jour après expiration de sa période classique » Engels, Anti-Dühring, Editions sociales, p.257)

[206] L'apparition sur la scène du barbarisme « socialisme de l'offre » marque en France, une évolution notable, au moins en paroles, puisque si nous étions depuis longtemps hors de Marx, nous voilà désormais hors de Keynes et sur les pas de Say, Bastiat et autres vulgaires.

une telle période que Marx traite de l'accumulation du capital et sa propension à favoriser l'augmentation des salaires dès lors que la composition organique du capital demeure identique. C'est un tel cadre, nous l'avons montré, qu'il utilise pour simplifier sa présentation de la suraccumulation absolue

Par conséquent, que le salaire soit plus au moins élevé ne change en rien le fait que la sous-consommation de la classe exploitée soit une condition de base de l'existence des sociétés de classe. Par conséquent, la question n'est pas tant celle d'un déficit de demande (au sens de la valeur d'échange) que celle de la composition matérielle et de la masse du produit social, les valeurs d'usage et leur volume et les rapports entre les classes qui les conditionnent.. La surproduction est l'aboutissement de la contradiction entre la valeur d'échange et la valeur d'usage, la contradiction entre la poursuite de la valeur d'échange (sous la forme spécifique de la recherche du maximum de plus-value) et de la masse des marchandises produites qui en est le corollaire et le renouvellement de cette contradiction dans la sphère de la circulation lors de la réalisation de la plus-value et du produit social[207]. Ces facteurs conduisent avec la production capitaliste la plus

---

207 « D'autres économistes, tel Malthus, tout en admettant la distinction entre travailleurs productifs et improductifs, prouvent au capitaliste industriel que ces derniers lui sont tout aussi nécessaires, même pour la production de richesse matérielle, que les premiers.

Il ne sert à rien dans ce cas, de dire que production et consommation sont identiques ou que la consommation est la finalité de toute production, ou encore que la production est la condition préalable de toute consommation. Ce qui est au fond de toute cette discussion – sa tendance mise à part - est au contraire ceci :

La consommation des ouvriers est en moyenne égale aux seuls frais de production de celui-ci et non pas à sa production elle-même. Il produit donc tout le surplus pour autrui, par conséquent toute cette partie de sa production est production pour autrui. En outre, le capitaliste qui pousse l'ouvrier à cette production de surplus (c'est-à-dire production au-delà des besoins vitaux) et qui met tous les moyens en œuvre pour l'accroître autant que possible, pour augmenter cette surproduction relative par rapport à la production nécessaire, s'approprie immédiatement le surproduit. Mais en tant que capital personnifié il produit, lui, pour produire, veut l'enrichissement pour l'enrichissement. Dans la mesure où il n'est qu'un développée (à partir de 1825) à des crises de surproduction de marchandises.

La critique de Marx

Passons à Marx.

« Affirmer que les crises proviennent de l'absence de consommation ou de consommateurs solvables est pure tautologie. Le système capitaliste ne connaît que les modes de consommation payants, exception faite de la consommation sub forma pauperis (celle du pauvre) et celle du « filou ». Dire que les marchandises sont invendables signifie simplement qu'elles n'ont pas trouvé d'acquéreurs capables de payer, donc de consommateurs solvables (que les marchandises soient achetées en vue de la consommation productive ou individuelle). Pour donner une apparence de justification plus profonde à cette tautologie, on prétend que la classe ouvrière reçoit une part trop faible de son propre produit et que l'on pourrait remédier à ce mal en lui accordant une plus grande part de ce produit, donc des salaires plus élevés. Mais il suffit de rappeler que les crises sont chaque fois préparées précisément par une période de hausse générale des salaires, où la classe ouvrière obtient effectivement une plus grande part de la fraction du produit annuel qui est destinée à la consommation. Du point de vue de ces chevaliers du « simple » bon sens, cette période devrait au contraire éloigner la crise. Il semble donc que la production capitaliste implique des conditions qui ne dépendent point de la bonne ou de la mauvaise volonté, conditions qui ne permettent cette prospérité relative de la classe ouvrière que temporairement, et cela uniquement comme messagère d'une crise. » (Marx, Capital, L.II, Pléiade, T.2, p.781)

---

fonctionnaire du capital, l'important pour lui est la valeur d'échange et son accroissement et non pas la valeur d'usage et son accroissement. Ce qui lui importe c'est l'augmentation de la richesse abstraite, l'appropriation croissante du travail d'autrui. » (Marx, Théories sur la plus-value, Editions sociales, T.1, p.321). On constatera qu'ici Marx parle de surplus et de surproduit. Il fait donc allusion à la forme matérielle, aux valeurs d'usage, de la plus-value et de manière générale à la forme matérielle du produit social.

Les chevaliers du simple bon sens, les théoriciens sous-consommationnistes, ne voient la crise que sous l'angle des rapports de valeur et considèrent qu'il existe un déséquilibre (permanent) entre la valeur de la production et la capacité de consommation. Pour le marxisme, ce n'est pas tant ce déséquilibre qui est en jeu que les formes du produit social. Sous la représentation fausse de la théorie sous-consommationniste se dissimule un grain de vérité. D'une part, la contradiction entre la marchandise et l'argent ouvre la possibilité d'une crise générale, d'autre part, la masse des marchandises produites et la différence dans les valeurs d'usage suivant qu'elles sont destinées à la consommation non productive (individuelle ou collective - la limitation intrinsèque de la consommation ouvrière ouvre donc une difficulté particulière qu'il faut résoudre) ou à la consommation productive posent la question de la croissance du marché, des débouchés. Si nous y ajoutons la possibilité de disproportions entre les différentes branches de la production ou entre les grandes catégories de capitaux (capital fixe et capital circulant par exemple) nous aurons un tableau plus complet quoique ce type de crise ne relève pas de la crise générale. Ces crises se caractérisent par une surproduction de marchandises. Ici, c'est la surproduction qui engendre la baisse du taux de profit, alors que, dans le cas de la suraccumulation, c'est l'inverse. La capacité de consommation, compte tenu des rapports antagoniques entre les classes, de la limitation structurelle de la consommation ouvrière (du fait de la recherche d'un maximum de plus-value), des limites liées à l'accumulation de la plus-value, ne suit pas le développement de la productivité du travail et l'expansion de la production[208]. Pour pallier

208 « (...) la production capitaliste ne produit nullement à un niveau arbitraire, mais que, plus elle se développe, et plus elle est obligée de produire à une échelle qui n'a rien à voir avec la demande immédiate, mais dépend d'une extension constante du marché mondial. (...). Il ne voit pas que la marchandise doit être nécessairement transformée en argent. La demande des ouvriers ne saurait suffire, puisque le profit provient justement du fait que la demande des ouvriers est inférieure à la valeur de leur produit et qu'il est d'autant plus grand que cette demande est relativement moindre. La demande des capitalistes entre eux ne saurait suffire davantage. La surproduction ne provoque pas une baisse *permanente* du profit mais elle est *périodique* en permanence. Une sous-production lui succède, etc. La surproduction provient justement du fait que la masse du

cette difficulté, la consommation des capitalistes, bien qu'ils aient une soif croissante de dépense[209], ne peut suffire. Les débouchés extérieurs, la réalisation de travaux de grande ampleur s'étalant sur plusieurs années, la revalorisation des valeurs d'usage en les dotant de

---

peuple ne peut jamais consommer davantage que la quantité moyenne des biens de première nécessité, que sa consommation n'augmente donc pas au rythme de l'augmentation de la productivité du travail. » (Marx, Théories sur la plus-value, Editions sociales, T.2, p.559-560)

« Les conditions de l'exploitation directe et celles de sa réalisation « Dès que toute la quantité de surtravail que l'on peut extorquer est matérialisée en marchandises, la plus-value est produite. Mais cette production de plus-value n'achève que le premier acte du processus de production capitaliste, le processus immédiat. Le capital a absorbé une quantité déterminée de travail non payé. A mesure que le processus se développe, qui s'exprime dans la baisse du taux de profit, la masse de plus-value ainsi produite s'accroît immensément. Vient alors le second acte du processus. Il faut que toute la masse des marchandises, le produit total, aussi bien la partie qui représente le capital constant et le capital variable que celle qui représente la plus-value, se vende. Si la vente ne s'opère pas ou bien qu'elle ne s'opère que partiellement ou à des prix inférieurs aux prix de production, il y a bien eu exploitation de l'ouvrier, mais elle n'est pas réalisée comme telle pour le capitaliste : elle peut même aller de pair avec l'impossibilité totale ou partielle de réaliser la plus-value extorquée, voire s'accompagner de la perte totale ou partielle du capital. Les conditions de l'exploitation directe et celles de la réalisation ne sont pas les mêmes ; elles diffèrent non seulement de temps et de lieu, mais même de nature. Les unes n'ont d'autre limite que les forces productives de la société, les autres la proportionnalité des différentes branches de production et le pouvoir de consommation de la société. Mais celui-ci n'est déterminé ni par la force productive absolue ni par le pouvoir de consommation absolu ; il l'est par le pouvoir de consommation, qui a pour base des conditions de répartition antagoniques qui réduisent la consommation de la grande masse de la société à un minimum variable dans les limites plus ou moins étroites. Il est, en outre, restreint par le désir d'accumuler, la tendance à augmenter le capital et à produire de la plus-value sur une échelle plus étendue. » (Marx, Capital L.III, La Pléiade, T.2, P.1026-1027)

209 Celle-ci entre en contradiction avec leur penchant pour l'accumulation, qui est leur fonction sociale en tant que personnification du capital. La consommation des capitalistes croît, d'autant plus qu'ils doivent faire étalage de leur richesse, mais sans attenter à l'accumulation.

caractéristiques supplémentaires ou la création de nouvelles (articles de luxe par exemple) et last but not least la création d'une classe de consommateurs improductifs qui consomme sans vendre sont parmi les réponses qu'apporte la production capitaliste à cette menace récurrente[210].

Le « fonds du travail » ou l'impossible sous-consommation

Capital variable, capital avancé

Les tenants de la sous-consommation, mais la remarque vaut pour leurs adversaires dans la mesure où elle revient à nier la nature des crises et à en minimiser le potentiel, masquent complètement le fait que la consommation du prolétariat, la dépense du salaire ne vient pas réaliser une partie de la production présente mais une partie de la production antérieure.

Pour le sous-consommationniste, plus le salaire est élevé, plus la consommation sera importante et les facteurs de crises amoindris. Ce qui pose une difficulté est la réalisation de la plus-value, et, au sein de celle-ci, la fraction destinée à l'accumulation.

A l'issue du processus de production nous avons un capital marchandise dont la valeur w est symbolisée par c + v + pl, soit la somme du capital constant, du capital variable et de la plus-value. Nous avons donc : $w = c + v + pl$

---

210 Ce n'est pas un hasard si la citation examinée, extraite d'une section du Capital où Marx traite de la reproduction simple, est suivie d'une note où Marx nous dit :

« Dans la mesure où la reproduction simple est une partie, voire la partie la plus importante de toute reproduction annuelle sur une échelle élargie, ce mobile [la consommation individuelle du capitaliste NDR] va de pair avec celui de l'enrichissement comme tel, tout en s'y opposant. En réalité, le problème paraît plus complexe, parce que des « partenaires » interviennent en tant que consommateurs indépendants afin de partager le butin, la plus-value du capitaliste. » (Marx, Capital, L.II, Pléiade, T.2, p.781)

Pour le sous-consommationniste, le capitaliste reproduit son capital constant et voit refluer le capital variable à mesure que le prolétaire dépense son salaire en moyens de consommation. S'il se présente une difficulté ce sera au niveau de la plus-value. Par conséquent, plus celle-ci est petite moins grande ou moins étendue sera la difficulté. De ce fait, plus le salaire est élevé plus la consommation est soutenue et le risque écarté. Voilà la politique des chevaliers du simple bon sens.

Mais le marxisme ne dit rien de tel. Il considère que le capital constant (la valeur des moyens de production) comme le capital variable (qui va devenir le salaire du prolétaire) sont **avancés**. Ce capital avancé, qu'il soit constant ou variable a une contrepartie matérielle existant déjà dans la société. Pour le capital constant, c'est évident, puisque le travail ne se fait pas sans moyens de production. Par conséquent, le capital constant fait face concrètement au prolétaire au sein de l'entreprise[211]. Mais la contrepartie du capital variable, peu importe sa forme matérielle précise et sa part exacte, existe également. Cette contrepartie n'existe pas dans une entreprise donnée (sinon partiellement en fonction de sa production spécifique ou quand une partie du salaire est en nature) comme les moyens de production, mais dans l'ensemble des entreprises. Le prolétaire n'est pas un associé du capital, qui amènerait sa force de travail (tandis que le capitaliste apporterait les moyens de production) et qui repartirait uniquement avec la partie correspondante à la valeur de sa force de travail et pourrait s'estimer berné parce qu'il n'a pas obtenu l'intérêt, voire le profit moyen, sur son apport[212]. En fait, la classe capitaliste a

---

211 Marx oppose les conditions du travail objectives et les conditions du travail subjectives : « (…) pour que les marchandises – qui sont le produit d'un travail – puissent entrer telles quelles dans le capital productif, cela dépend de la nature de leurs valeurs d'usage : il faut que celle-ci leur permette d'entrer à nouveau dans le procès de production – soit en tant que conditions de travail objectives (outils et matières premières) soit en tant que condition de travail subjectives (subsistance des travailleurs) (donc éléments du capital constant ou variable) (Marx, Théories sur la plus-value, Editions sociales, T.2, p.147)

212 « Monsieur Bastiat fait preuve d'une fantastique sagacité lorsqu'il dit que le **salariat** est une forme inessentielle, purement formelle, une forme

le monopole du capital qu'il soit sous forme argent, sous la forme de moyens de production (Ici il peut être, pour une part, partagé avec la propriété foncière) ou de marchandises.

Les économistes classiques, donc quand l'économie politique était une science en développement, étaient fort conscients de cela. Ils appelaient cette contrepartie sociale du capital variable, le « fonds du travail » ou le « fonds des salaires ». Le capital variable, comme le capital constant, se réfère à du travail passé. Dans le Capital, comme dans les Théories sur la plus-value, Marx fait une critique acerbe de la théorie du « fonds des salaires ». Cependant cette critique ne remet jamais en cause, bien au contraire, l'idée qu'il existe un travail passé qui permet de salarier la force de travail. Le capital variable est comme le capital constant du capital avancé par le capitaliste.

La critique de la théorie du fonds des salaires

Ce que critique Marx dans la théorie du fonds des salaires, c'est l'idée que nous aurions une fraction déterminée, fixe, du produit social qui déterminerait rigidement le salaire. Le salaire serait égal à la valeur des moyens de consommation. Ainsi serait déterminé, pour les économistes classiques, le montant des salaires et donc le capital variable[213.] C'est cette conception rigide, formaliste, mécanique que Marx rejette, mais en aucun cas l'idée que le capital variable est

---

d'*association* qui, *en tant que telle*, n'a rien à voir avec le rapport économique entre travail et capital. Si, dit-il, les ouvriers étaient assez riches pour pouvoir patienter jusqu'à l'achèvement et à la vente du produit, le salariat, le travail salarié, ne les empêcherait pas de passer un contrat aussi avantageux que celui qu'un capitaliste passe avec un autre capitaliste » (Marx, Manuscrits de 1857-1858, Grundrisse, Editions sociales, T.1, p.261).

213 « Le capital social n'étant qu'une fraction variable et flottante de la richesse sociale, le fonds de salaire, qui n'est qu'une quote-part de ce capital, ne saurait être une quote-part fixe et prédéterminée de la richesse sociale : de l'autre côté, la grandeur relative du fonds de salaire dépend de la proportion suivant laquelle le capital social se divise en capital constant et en capital variable, et cette proportion, comme nous l'avons déjà vu et comme nous l'exposerons encore plus en détail dans les chapitres suivants, ne reste pas la même durant le cours de l'accumulation. » Marx, Capital L.I, Pléiade, T.1, p.1119-1120)

avancé. Il est avancé dans la plupart des cas sous forme argent (il peut exister des formes de salaire en nature) et s'il incarne bien un travail passé, peu importe ensuite la détermination matérielle de celui-ci.

Il n'est pas nécessaire qu'elle corresponde précisément à ce que les prolétaires vont ensuite acheter. Par exemple, si la forme matérielle de ce travail passé consiste en une partie trop importante de moyens de consommation de luxe, ils pourront être exportés tandis qu'on importera les éléments propres à la reproduction de la force de travail. On pourrait aussi prétendre qu'il s'agit de moyens de production et qu'un échange international s'effectue pour obtenir les moyens de consommation achetés par le prolétaire ou encore qu'il est effectué un échange entre le travail passé et le travail présent effectué dans la mesure où l'accumulation absorbe cet excédent de moyens de production et laisserait en échange des moyens de consommation.

Dans sa critique de Ricardo, pour qui il existerait un fonds destiné aux prolétaires rejetés de la production par le machinisme, Marx montre qu'il est absurde de penser que le « fonds » ainsi libéré doit être dépensé comme capital variable[214]. Les moyens de consommation nécessaires ne sont pas divisés en deux classes étanches, fixes dont une serait destinée aux ouvriers et l'autre aux capitalistes et aux classes improductives. Donc, la consommation des autres classes peut augmenter tandis que celle du prolétariat diminue, nonobstant le fait que des allocations chômage et divers expédients pourront soutenir la consommation des ouvriers qui ont rejoint

---

214 La conception de Ricardo est encore plus rigide : « Ricardo se représente les choses de façon extravagante en pensant que si, par exemple, 10 personnes sont licenciées de leur travail, tout le mécanisme de la société bourgeoise est si délicatement réglé que les moyens de subsistance de ces personnes – maintenant libérées – doivent absolument, *d'une façon ou d'une autre*, être consommés par ces mêmes 10 personnes, faute de quoi ils ne pourraient échoir à personne, comme s'il n'y avait pas constamment une masse de gens à demi-occupés ou totalement inoccupés qui rampent sur le sol de cette société. Et comme si le capital existant dans les moyens de subsistance était une grandeur fixe. » (Marx, Théories sur la plus-value, Editions sociales, T.2, p.670)

l'armée de réserve industrielle. D'autre part, une partie de ces moyens de consommation peut se transformer en moyens de production (exemple céréales consommées par les animaux) ou être exportés. Enfin, ces moyens de consommation sont disponibles pour faire face à l'accumulation du capital[215] qui suppose une extension du capital variable[216] même si celui-ci augmente proportionnellement moins vite que le capital constant.

Comme on peut le constater, la critique du point de vue ricardien ne remet pas en cause, l'idée que c'est son propre travail passé qui permet l'achat de la force de travail de la classe productive.

En tout état de cause, l'argent avancé par les capitalistes pour salarier la classe productive reflue vers elle[217], en réalisant une fraction du

---

215 Opération qui profite souvent plus aux nouveaux arrivants qu'aux licenciés eux-mêmes.

216 « Les ouvriers rejetés d'un genre d'industrie peuvent certainement chercher de l'emploi dans un autre, mais s'ils le trouvent, si le lien entre eux et les vivres rendus disponibles est ainsi renoué, c'est grâce à un nouveau capital qui s'est présenté sur la marché et non grâce au capital fonctionnant qui s'est converti en machine. » (Marx, Capital, L.I, Pléiade, T.1, p.970)

217 Ce reflux comme les formes de celui-ci sont également susceptibles d'engendrer des difficultés (la thésaurisation et les variations de l'épargne peuvent conduire à des perturbations.). L'épargne est l'occasion de nouvelles manières de duper le prolétariat. Son épargne est soigneusement ratiboisée par l'inflation et quand sous le conseil intéressé de son banquier, il l'a placée dans l'achat de capital fictif (titres), ce sont le plus gros de ces économies qui s'envolent dans les crises, quand ce n'est pas tous les dépôts si la banque fait faillite – en France, il existe une garantie de l'Etat à hauteur de 80 000 euros par compte. Elle n'existe pas dans tous les pays -. La connaissance du niveau d'épargne permet aussi à la bourgeoisie de mesurer jusqu'où elle peut baisser le salaire avec un minimum de dommages, de déterminer quelle partie des dépenses sociales (chômage, retraites, maladie, vieillesse) elle peut laisser à la charge directe du prolétariat et ainsi soulager ses institutions. L'épargne comme la généralisation des dépôts bancaires va aussi favoriser la domination du capital sur le prolétariat et donc se retourner contre lui. La mise à disposition de l'équivalent du capital variable dans le réseau bancaire facilite le crédit et donc l'accumulation du capital et la chasse à la plus-value. L'épargne peut contribuer à gonfler le

produit social passé. C'est la classe capitaliste qui a le monopole des moyens de production, de consommation et de l'argent. Le capitaliste avance le capital argent aussi bien pour acheter les moyens de production, c'est-à-dire le capital constant que l'argent des salaires, c'est-à-dire le capital variable. A l'issue du procès de production, il dispose de l'ensemble du produit social, c'est-à-dire d'un produit dont la valeur est égale à capital constant + capital variable + plus-value. Il conserve également le capital fixe et les divers stocks de matière qui n'ont pas été absorbés par le processus de production mais qui font partie du capital constant avancé. A ce moment, ce qui doit être réalisé n'est pas seulement la plus-value, même si elle pose la question spécifique de l'argent nécessaire pour cette réalisation, mais la totalité du produit social.

Posons la fiction d'une société où toute la plus-value est accumulée et où le manager est un salarié dont on assimile le salaire à du capital variable. Nous avons affaire alors à un procès de production et de reproduction sous sa forme la plus pure. La réalisation du produit social ne se fait que si, à nouveau, la classe capitaliste se lance, et sur une échelle plus vaste, une reproduction élargie, à la recherche du maximum de plus-value.

Le prolétariat dépensera progressivement son salaire et l'argent refluera entre les mains de la classe capitaliste mais ce faisant il ne réalise que la fraction du travail passé correspondant au prix de sa

---

capital fictif pour ensuite, quand il se dégonfle, favoriser la tonte des moutons épargnants. Quand ce ne sont pas les capitalistes, c'est l'Etat qui se précipite pour dévorer la manne. Dans tous les cas, le prolétaire a épargné pour son adversaire, pour le capital. L'excitation de la consommation du prolétaire n'en est pas moins une nécessité pour le capital. Marx considère même que « cet aspect du rapport entre capital et travail est précisément un facteur essentiel de civilisation, sur lequel on fonde la justification historique, mais aussi la puissance actuelle du capital. ». C'est à nouveau l'occasion de lui appliquer sur la tempe les crédits révolver et autres crédits à la consommation qui ont tôt fait de conduire une fraction de celui-ci dans l'abîme du surendettement, en même temps que se développe toute une couche parasitaire faite de banquiers, d'intermédiaires financiers, de publicitaires, etc. (cf. Marx, Manuscrits de 1857-1858, Grundrisse, Editions sociales, T.1, p.227 et suivantes) force de travail. Il y a d'ailleurs une contradiction, rarement soulignée, dans les schémas de reproduction du livre II du Capital de Marx. Marx fait consommer le produit présent pour ce qui relève de la reproduction simple et le produit passé pour ce qui est de la plus-value accumulée. Cela montre, une fois de plus, que ceux-ci n'étaient qu'à l'état de bouillons et comportent donc des imperfections techniques et non théoriques comme nombre de commentateurs à l'instar de Rosa Luxemburg ont bien voulu le dire.

Evidemment, la conception selon laquelle le capital variable est comme le capital constant un capital avancé, qu'il se réfère à un travail passé, réduit à néant les théories sous-consommationnistes, pour autant qu'elles mettent l'accent sur les rapports de valeur (valeur d'échange) dans l'explication des crises. Que le salaire soit plus ou moins haut ou bas n'a pas d'effet sur la réalisation par le prolétaire du produit social actuel. En revanche, comme le montre l'exemple pédagogique de Marx sur la suraccumulation absolue, il aurait une influence sur le taux de profit ; si l'augmentation des salaires était suffisamment élevée, elle précipiterait la baisse du taux de profit. Comme ensuite, la réalisation de l'ensemble du produit social dépend de l'accumulation de l'ensemble du capital et que ce qui détermine l'accumulation et la réalisation qui s'ensuit est le taux de profit, une baisse brutale du taux de profit engendrerait une crise de surproduction de capital, une suraccumulation.

De par son étendue, la crise concerne l'ensemble de la valeur capital et non seulement une fraction de celle-ci : la plus-value. On comprend mieux aussi pourquoi cet aspect de la théorie de Marx est passé sous silence, car il permet de minimiser la portée et le potentiel des crises. Dès lors qu'elles ne portent que sur la plus-value voire sur la plus-value accumulée, on peut aussi déduire de la loi de la baisse tendancielle du taux de profit que leur intensité relative irait en diminuant puisque la plus-value ne représente plus qu'une fraction décroissante de l'ensemble du produit social (si pl/c+v diminue, il en va de même pour pl/c+v+pl). Si, de plus, le taux d'accumulation de la plus-value diminue avec la baisse du taux de profit, les crises propres à la question de la réalisation de la plus-value accumulée perdent encore plus de leur intensité relative. Ces théories postulent, nous l'avons vu, l'existence d'une « base installée », composée du capital constant et variable déjà en fonction, qui serait automatiquement réalisée. Ajoutons-y la plus-value consommée comme amortisseur des crises et nous voilà aux antipodes du catastrophisme marxiste. En revanche, la voie du révisionnisme et du réformisme est toute tracée, cette représentation lui donnant une base théorique.

Le sous-consommationnisme dans le texte

La dernière cartouche sous-consommationniste

Nous avons largement montré en quoi le marxisme n'était pas sous-consommationniste. Nous avons également vu les spécificités, ignorées ou escamotées par les deux tendances du marxisme de la chaire, de la surproduction de marchandises. Nous pouvons maintenant commenter une des citations qui sert de point d'appui aux théoriciens sous-consommationnistes pour justifier leur analyse.

Que dit ce passage si souvent cité ?

« La raison ultime de toutes les crises réelles, c'est toujours la pauvreté et la consommation restreinte des masses, face à la tendance de l'économie capitaliste à développer les forces productives comme si elles n'avaient pour limite que le pouvoir de consommation absolu de la société. » (Marx, Capital, L.III, Pléiade, T.2, p.1206).

Pour bien le comprendre il faut citer l'ensemble du passage.

« Imaginons une société composée uniquement de capitalistes industriels et de salariés. Négligeons en outre les variations de prix qui empêchent d'importantes parties du capital total de se remplacer dans leurs proportions moyennes et qui, étant donné la cohésion générale du processus de reproduction (particulièrement favorisé par le crédit), ne peuvent manquer de provoquer périodiquement une stagnation générale. Négligeons également les affaires fictives et les transactions spéculatives suscitées par le système de crédit. Une crise ne pourrait alors s'expliquer que par une production disproportionnée dans les diverses branches de l'économie et par un déséquilibre entre la consommation des capitalistes eux-mêmes et leur accumulation. Toutefois, dans l'état actuel des choses, le remplacement des capitaux engagés dans la production dépend surtout du pouvoir de consommation des classes non productives, tandis que le pouvoir de consommation des travailleurs est limité en partie par les lois du salaire, en partie par le fait qu'ils ne sont employés qu'aussi longtemps que leur emploi est profitable pour la classe capitaliste. La raison ultime de toutes les crises réelles, c'est toujours la pauvreté et la consommation restreinte des masses, face à la tendance de l'économie capitaliste à développer les forces productives comme si elles n'avaient pour limite que le pouvoir de consommation absolu de la société. (Marx, Capital, L.III, La Pléiade, T.2, P.1206)

Explication de texte

« Raison ultime » : il s'agit donc de la raison en dernier ressort, en dernière analyse. Marx a dépouillé son analyse, réduit la société aux capitalistes et aux salariés, éliminé le crédit, etc., pour se concentrer uniquement sur une sphère délimitée, son « noyau dur », de la production capitaliste. Notre texte ne fait pas autre chose, car il se concentre sur les fondements de crises. Marx ici ne prend pas donc en compte tous les déterminants des crises. Ce qui est visé ici c'est leur fondement absolu, un rappel du cadre général dans lequel ces crises s'inscrivent[218].

---

218 Un peu plus loin, Marx revient sur le sujet en montrant que ce qui apparaît comme une crise du crédit ou comme une crise monétaire a un fondement, une raison ultime, à rechercher dans les contradictions de la production capitaliste.

« Lorsque, dans un système de production où toute la cohésion du processus de reproduction repose sur le crédit, celui-ci vient à cesser subitement et que seuls comptent les paiements en espèces, il doit, de toute évidence, se produire une crise, une ruée sur les moyens de paiement. C'est pourquoi, à première vue, toute la crise apparaît comme une simple crise de crédit, une crise monétaire. Et, en fait, il s'agit uniquement de la « convertibilité » des effets de commerce en espèces, mais ceux-ci représentent, pour la plupart, des ventes et des achats réels, dont l'extension, dépassant de loin les besoins de la société, est la raison ultime de toute la crise. » (Marx, Capital, L.III, Pléiade, T.2, p.1211)

« Crises réelles » : il s'agit donc non pas des crises contingentes, des épiphénomènes qui ont un caractère transitoire, de crises partielles ou encore de crises qui restent limitées à une sphère particulière mais des crises fondamentales et générales qui affectent l'ensemble de la production capitaliste.

« Pouvoir de consommation absolu » signifie pouvoir de consommation théorique, potentiel. D'un point de vue théorique, le pouvoir de consommation, est potentiellement égal à la valeur de la production, soit c + v +pl (nous faisons abstraction de l'incidence du crédit, des variations du patrimoine et de l'épargne, …). Il existe donc un potentiel de consommation égal à cette production qui permettrait de la réaliser. C'est sur ce fait que s'appuient Ricardo et Say (et avant eux James Mill) pour dire que la production crée sa propre demande, ses propres débouchés[219]. En montrant qu'une scission entre la vente et l'achat est possible, que la réalisation[220] de la plus-value et du produit social, le passage du capital-marchandise au capital argent et, par la même occasion, du capital argent en capital productif ne sont pas automatiques, Marx montre la possibilité de la crise générale. Les difficultés potentielles de la réalisation concernent alors l'ensemble du produit social (c + v + pl) et non pas seulement une partie de celui-ci (pl ou partie de pl).

« tendance à développer les forces productives » : Le but de la production capitaliste est la recherche du maximum de plus-value, ce faisant nous l'avons vu, il tend vers la surproduction

---

Au-dessus, à l'attention des réformateurs bourgeois comme des socialistes bourgeois ou petit-bourgeois, Marx a ajouté : « Une législation bancaire faite d'ignorance et d'absurdité, comme celle de 1844-1845, peut aggraver cette crise monétaire. Mais aucune législation bancaire ne saurait éliminer une crise. » (Marx, Capital, L.III, Pléiade, T.2, p.1211)

219 Ricardo et Say tout autant que Sismondi ignorent que c, le capital constant, fasse partie de la valeur du produit social. On ne saurait en faire un argument définitif contre eux sur ce plan.

220 La transformation du capital-marchandise en capital-argent constitue pour le capital le passage de la nécessité à la liberté, la plus dure des transitions dialectiques.

(suraccumulation ou surproduction de marchandises). Dans la phase d'expansion du cycle, le taux de profit se relève et la masse des marchandises se gonfle sous l'effet d'un développement de la productivité qui est d'autant plus grand que la plus-value relative s'accroît. Plus les forces productives sont développées, plus la productivité doit croître pour arracher un excédent de plus-value et plus la masse des produits s'accroît.

« C'est toujours la pauvreté et la consommation restreinte des masses » : Ecartons, comme nous l'avons montré, la possibilité qu'une quelconque partie du produit social annuel (le capital argent, le capital productif, le capital-marchandise qu'il s'agisse de moyens de production ou de moyens de consommation, sont le monopole de la classe capitaliste) soit réalisée par le prolétariat. Par conséquent la consommation restreinte des masses n'est pas à la base d'une limitation absolue dans la réalisation de la production dont le corollaire, vecteur d'amélioration de la situation, serait la hausse des salaires. La réalisation n'est pas donnée en soi et cela rend la crise générale possible. Mais la critique ne s'arrête pas là. Marx montre également que la composition matérielle (suivant que les marchandises sont destinées à la consommation productive ou non productive) et la masse du produit social (le volume des marchandises produites) est source de crise, et celles-ci sont dictées par les buts poursuivis par le mode de production capitaliste. Il ne s'agit donc pas tant de sous-consommation des masses en soi, sous-consommation qui a existé dans les autres sociétés de classes, que de celle qui résulte du mode de production capitaliste. Il faut comprendre que c'est la forme même, la composition et la masse de cette production, qui pose des difficultés et ceci est la résultante des conditions sociales, des rapports de production capitalistes, des relations entre les classes et des objectifs limités de cette production : la mise en valeur du capital, la recherche du maximum de plus-value. En recherchant le maximum de survaleur, on expose la société à un excédent de surproduit.

Taux de plus-value et consommation

Quand Marx fait remarquer aux chevaliers du simple bon sens que, avant les crises, quand le capital est dans une phase d'expansion de son cycle, que son taux de profit s'élève, que les salaires réels s'élèvent sous l'effet de la reprise de l'accumulation et qu'avec elle se résorbe l'armée de réserve industrielle, il ne dit pas pour autant que le taux de plus-value diminue.

Il dit que la classe ouvrière obtient une plus grande part de la fraction annuelle du produit social **destiné à la consommation**. C'est-à-dire que la classe ouvrière obtient une part plus importante de la valeur représentée par la consommation non productive.

En d'autres termes, la classe productive améliore sa position relative par rapport aux autres classes prises comme un tout. Cela ne veut pas dire que le prolétariat améliore sa situation relative par rapport au capital. Ce serait contraire, sinon occasionnellement, à toute la perspective marxienne.

Décomposons la partie du produit social correspondant au travail vivant soit :
w = v + pl (le capital variable et la plus-value),
Introduisons la consommation des classes improductives (v') nous obtenons :
w = v + v' + pl' avec v' + pl' = pl.
Dans cette représentation, la fraction du produit social destinée à la consommation est égale à v + v'.

Par conséquent, si le rapport v/v', le rapport du capital variable à ce qui représente la consommation des classes improductives au sein du MPC (classe moyenne, capitalistes, propriétaires fonciers) s'accroît, on ne peut en tirer aucune conclusion quant à l'évolution du rapport pl/v.

Ce dernier est égal, compte tenu des éléments additionnels que nous avons pris en compte, à :

(pl' + v')/ v .

Ce rapport peut augmenter tandis que l'autre (v'/v) diminue.

Prenons un exemple.
Temps 1 : w = 50 pl' + 20 v' + 30 v

Temps 2 : w = 60 pl' + 15 v' + 25 v

Les valeurs n'expriment ici que des valeurs relatives, on peut très bien envisager (c'est même la tendance effective) que, avec l'accumulation, les valeurs absolues au temps 2 soient plus élevées qu'au temps 1.

Dans notre exemple, le taux de plus-value est passé de 70/30 (2,33) à 75/25 (3) tandis que le rapport de consommation passe de 30/20 (1,5) à 25/15 (1,66). Tout en étant plus exploitée, la classe productive obtient une part plus importante du produit social destiné à la consommation. Tout cela correspond à une accélération de l'accumulation et une augmentation du taux d'accumulation ce qui suppose, en tendance, une évolution favorable du taux de profit (c'est ce qui advient dans les phases d'expansion du cycle).

Evolution du rapport entre les classes

Admettons que nous ayons face à face uniquement le prolétariat et le capital et donc que toute la plus-value soit accumulée. Le taux de profit tend à s'élever avec la recherche d'un maximum de plus-value, la masse des marchandises dont celles qui prennent la forme du capital fixe enfle avec le développement de la productivité, la masse et le taux de la plus-value augmentent. La masse de la plus-value accumulée s'accroît et la masse des moyens de production qui sont produits et accumulés encore plus. Une immense tendance à la surproduction se met en place conformément à l'être du capital, la recherche du maximum de plus-value et la poursuite continue de celle-ci à travers son accumulation, la tendance à produire pour produire, à développer les forces productives comme si elles n'avaient pour limite que le pouvoir de consommation absolu de la société[221].

---

221 Il en va de même pour la force productive. D'une part, le capital a nécessairement tendance à l'augmenter au maximum pour augmenter le surtemps relatif. D'autre part, il diminue simultanément le temps de travail nécessaire, c'est-à-dire la capacité d'échange des travailleurs. En, outre comme nous l'avons dit Marx ne pousse pas jusqu'au bout l'analyse de la contradiction valorisation-dévalorisation « Il s'agit seulement pour l'instant de voir en quoi le *procès de valorisation* du capital est aussi son *procès de dévalorisation*. Ce n'est pas le lieu en revanche, de nous demander comment,

Nous l'avons vu, si nous en restons à un rapport entre le capital et la classe productive, la tendance du capital est de réduire la part de la classe productive dans le produit social en accroissant le rapport entre le surtravail et le travail nécessaire, et le rapport entre le capital constant et la capital variable. Cela signifie que la partie qui est produite sous forme de moyens de consommation diminue relativement même si la masse augmente, tandis que la fraction qui doit se présenter sous forme de moyens de production augmente non seulement en valeur mais également en volume. Si on laisse les choses en l'état, le phénomène ne peut que s'accentuer et favoriser rapidement la surproduction.

Cette machine qui s'emballe et que la surproduction (quelle que soit sa forme) menace de toute part, doit être réfrénée, d'où la nécessité d'une classe qui consomme sans produire. Cette classe ne peut pas être le prolétariat puisque la plus-value dépend justement du fait qu'elle ne peut fournir une demande adéquate. Cette classe ne peut pas non plus être, sinon partiellement, la bourgeoisie. Au fur et à mesure qu'elle s'affirme socialement que le capital s'accroît, elle se doit de faire étalage de sa richesse ne serait-ce que pour obtenir du crédit et le développement de produits de luxe obéit à cette nécessité mais sa capacité de consommation reste limitée du fait de son importance et cette tendance ne peut être mélangée avec sa fonction fondamentale qui est l'accumulation de la plus-value[222]. Si des

---

alors qu'il a tendance à augmenter à l'infini les forces productives, il unilatéralise aussi et limite, etc., la principale force productive, l'homme ; ni comment il a tendance à limiter les forces productives » (Marx, Manuscrits de 1857-1858, Grundrisse, Editions sociales, T.1, p.362)

Ailleurs, il fait cette remarque qui concerne un des aspects de la dévalorisation. « Ici, nous faisons tout à fait abstraction de cet élément des crises résultant de ce qu'on reproduit les marchandises à meilleur compte qu'elles n'ont été produites. D'où dévalorisation des marchandises se trouvant sur le marché. » (Marx, Théories sur la plus-value, Editions sociales, T.2, p.636)

[222] « Il ne faut jamais oublier que la production de cette plus-value – et la reconversion d'une partie de cette plus-value en capital, en accumulation, fait partie intégrante de cette production de plus-value – est le but

tendances à la surconsommation se manifestent dans la bourgeoisie ce sont des marques de son déclin historique.

En tout état de cause, une autre classe qui ait la passion de la consommation, de la dépense et non de l'accumulation doit prendre le relais afin de ralentir le monstre sans pour autant attenter à son but, la production d'un maximum de plus-value. Cette classe, c'est la classe moyenne, une classe improductive qui incarne la passion de la consommation, de la dépense face à la classe capitaliste, aux managers, dont la fonction est l'accumulation.

En consommant une partie de la plus-value, cette classe stimule notamment la production de moyens de consommation nécessaires et par voie de conséquence favorise l'abaissement de la valeur de la force de travail (y compris la sienne) et ensuite limite la fraction de la plus-value accumulée, donnant ainsi une plus grande stabilité à la production capitaliste en limitant son emballement. Outre la classe moyenne, des investissements en capital fixe dont les effets ne seraient pas immédiats sur la productivité (grandes infrastructures, canaux, etc.) sont aussi une des modalités pour dissiper la plus-value.

La baisse tendancielle du taux de profit s'inscrit également dans cette perspective. Epuisé par des crises régulières, le capital doit baisser de régime, reconnaître qu'il est dépassé, renoncer à sa mission, abandonner pour une part ce qui faisait sa détermination, se survivre à lui-même, développer des tendances parasitaires. La baisse du taux de profit, dans ces circonstances, s'affirme alors pleinement.

---

immédiat et le mobile déterminant de la production capitaliste. Il ne peut donc jamais présenter celle-ci comme quelque chose qu'elle n'est pas, c'est-à-dire une production ayant pour fin immédiate la jouissance ou la création de moyens de jouissance pour le capitaliste. Sans quoi on ignore tout de son caractère spécifique tel qu'il se révèle dans toute son essence profonde » (Marx, Capital, L.III, Pléiade, T.2, p.1025-1026)

Nous sommes donc loin, de la création de valeur pour l'actionnaire comme le proclame sottement le socialisme petit-bourgeois en reprenant de manière critique (morale) et acritique les théories financières de la bourgeoisie qui ne font qu'exprimer la professionnalisation du capitaliste financier et la séparation entre la propriété et le management.

Revenons maintenant à la question de l'amélioration de la situation relative du prolétariat par rapport aux autres classes. Avec l'accumulation, la tendance à la surproduction est favorisée tandis que la classe ouvrière obtient une part plus grande du produit destiné à la consommation. On doit donc déduire de cette situation que la demande des classes non productives diminue relativement.

Dans cette perspective, il y a deux situations à distinguer :

D'une part, la phase du cycle qui se traduit par le recouvrement de l'activité, puis par une animation de l'activité, etc., bref la phase d'expansion du cycle ou l'accroissement de la part du prolétariat (et des classes moyennes) dans la fraction du produit social destiné à la consommation résulte des progrès de l'accumulation et donc de la contraction relative de la dépense de la bourgeoisie toute à sa passion de l'accumulation.

D'autre part, la phase finale du cycle où emportée par le tourbillon de la surproduction et de la spéculation, confrontée aux difficultés de production et de réalisation de la plus-value, l'accumulation ralentit, tandis que la bourgeoisie attaque les autres classes sociales à commencer par les classes moyennes[223]. Ce qu'elle gagne en matière

---

[223] « Comme une production en déclenche une autre et qu'elle se crée ainsi des consommateurs en la personne des ouvriers du capital *d'autrui*, la demande de la classe ouvrière, posée par la production elle-même *apparaît* ainsi pour chaque capital singulier comme une « *demande adéquate* ». D'une part, cette demande posée, par la production elle-même ; amène la production à excéder les *proportions* de qu'il faudrait produire conformément aux besoins des ouvriers. Elle doit nécessairement l'amener à dépasser ces limites. D'autre part, si la demande *autre que celle du travailleur lui-même* disparaît ou régresse, alors se produit l'*effondrement.* » (Marx, Manuscrits de 1857-1858, Grundrisse, T.1, p.360)

« Les revenus des classes improductives et de tous ceux qui vivent de revenus fixes restent le plus souvent stationnaires pendant la hausse des prix qui accompagne la surproduction et la surspéculation. Leur pouvoir de consommation subit donc une diminution relative et ils sont moins capables de remplacer la partie de la reproduction globale qui devrait normalement entrer dans leur consommation. Quand même leur demande de plus-value et de taux de profit, elle risque de le perdre en tant que consommation des classes dominées. La classe moyenne est, au début relativement plus touchée que le prolétariat et son mouvement annonce l'entrée en scène de ce dernier.[224]

La conversion de Marcel Roelandts au sous consommationnisme

Continuité de la méthode, absurdité du raisonnement

Marcel Roelandts nous a promis une synthèse entre les deux tendances opposées de l'économie politique au nom de l'unité de la théorie de Marx. Nous avons déjà montré qu'en ce qui concerne le taux de profit et la suraccumulation il avait retenu les pires aspects de cette école. Suivons le maintenant dans les méandres de sa conception sous-consommationniste, école à laquelle il finit par adhérer exclusivement, en dépit de ses efforts de synthèse.

Marcel Roelandts héritier des conceptions vulgaires des théories sous-consommationnistes doit montrer, pour expliquer la crise, que la demande finale baisse. Pour ce faire, il emploie la même « méthode » que celle utilisée précédemment lors de l'analyse de la baisse du taux de profit. C'est-à-dire qu'il multiplie les arguments contradictoires. Nous avons vu avec quels tours de passe-passe il

---

resterait nominalement la même, elle diminue en réalité. » (Marx, Capital L.III, Pléiade, T.2, p.1212)

« Toute crise diminue momentanément la consommation de luxe. (….) et jette ainsi une partie des travailleurs des métiers de luxe sur le pavé, freinant et diminuant la vente des moyens de consommation nécessaires. Ne parlons pas des travailleurs improductifs licenciés en même temps, qui reçoivent pour leurs services une partie des dépenses de luxe des capitalistes (ces travailleurs étant eux-mêmes à cet égard, des articles de luxe), et qui participent dans une large mesure à la consommation des subsistances nécessaires, etc. » (Marx, Capital L.II, Pléiade, T.2, p.780)

224 Comme nous l'avons déjà dit dans une note ci-dessus, disposant d'une masse de matériaux bien plus considérables que du temps de Marx, il appartient au mouvement communiste d'analyser plus profondément le cycle et les évolutions des rapports entre les classes.

créait de toute pièce une crise résultant de la baisse du taux de profit. Une opération similaire est menée pour amener une baisse de la demande solvable. Ainsi après avoir exposé une théorie de la baisse du taux de profit qui n'en est pas une, Marcel Roelandts poursuit par une théorie néo sous-consommationniste qui est également un défi non seulement à la pensée dialectique mais aussi à la pensée rationnelle.

Le fait que la réalisation du capital-marchandise en capital-argent ne soit pas automatique donne la possibilité de la crise. Par conséquent, quand la crise éclate, elle est synonyme d'absence de demande solvable. Pour que l'accumulation reprenne et avec elle une demande permettant la réalisation du produit social, le capital doit être dévalorisé brutalement (baisse ruineuse des prix, destruction du capital du fait de son inaction, mise au rencart de moyens de production obsolètes, faillites d'entreprises, dévalorisation de capital fictif, licenciements et son corollaire augmentation rapide de l'armée de réserve industrielle dont l'un des effets majeurs est de faire pression à la baisse sur les salaires, etc.). Le capital suffisamment dévalorisé peut reprendre son cours, rechercher à nouveau la production d'un maximum de plus-value. La crise est donc à la fois la manifestation d'une rupture de l'équilibre et le rétablissement violent de celui-ci. A cette vision dialectique, Marcel Roelandts substitue, à l'instar des théoriciens sous-consommationnistes, une conception mécaniste. Celle-ci est, par ailleurs, complètement absurde. Et cette absurdité provient notamment de sa tentative de réunification des deux tendances de l'économie politique.
L'absurdité est le produit de la synthèse et la synthèse réunit deux composantes poussées à l'absurde.

Une crise en trompe l'oeil

En effet, s'il y a une crise, on doit s'attendre à ce que la demande solvable fasse défaut sinon cette crise n'a pas d'existence effective. La crise doit se manifester dans la sphère de la réalisation, de la circulation, de la finance et du commerce ; c'est dans cette sphère qu'elle éclate. Dans le schéma de Marcel Roelandts, il n'en est rien. Dans cette représentation c'est la « crise » (nous allons voir qu'en fait de crise, il s'agit d'une illusion, d'un faux-semblant) qui précipite la baisse de la demande solvable. Il y a une logique de cause à effet, une succession dans le temps et non la manifestation dans la sphère de la réalisation d'une crise qui prend sa source dans le processus de production de la plus-value.

Pour Marcel Roelandts, la baisse du taux de profit engendre une « crise et un ralentissement de l'activité économique » (p.23). S'il s'agit d'une crise véritable, non seulement l'activité économique ralentit mais elle recule, les stocks gonflent, la production s'arrête, des entreprises chôment, d'autres ferment, dans les services on attend le client et le temps perdu ne se rattrape que très rarement, le chômage enfle, etc. Les deux termes (crise et ralentissement) supposés exprimer la crise sont en fait contradictoires. Si Marcel Roelandts avait dit qu'à l'issue de la crise l'activité économique ralentissait, c'est-à-dire que l'accumulation reprenait mais à un rythme moins soutenu que lors du cycle précédent, on aurait pu y voir une représentation très stylisée de la baisse du taux de profit (cette représentation sommaire aurait notamment fait l'impasse sur le tendanciel). Mais ce n'est pas le cas dans son analyse. Les deux aspects sont présentés comme concomitants. Or, ils sont contradictoires dès lors que l'on se situe au niveau du capital total.

Par conséquent, dans la représentation de Marcel Roelandts, la baisse du taux de profit, et pour cause, n'a jusqu'ici engendré aucune crise. Le seul effet véritable est le ralentissement économique[225]. Mais un ralentissement économique n'est pas une crise. L'affirmation qu'il existe une crise ne repose sur rien, c'est une poignée de sable lancée par l'illusionniste Marcel Roelandts pour détourner notre regard ou nous aveugler pour faire passer en contrebande une sous-consommation frelatée.

Exégèse sous consommationniste

Après avoir assimilé le ralentissement de l'activité à la crise, donc après avoir escamoté la crise, Marcel Roelandts peut poursuivre la veine sous-consommationniste¨ Suivant son point de vue, le

---

225 Nous montrerons plus loin, pour parachever la mise en évidence de la conversion finale de Marcel Roelandts au sous-consommationnisme que ce ralentissement peut être totalement indépendant de la baisse du taux de profit.

ralentissement de l'activité restreint la demande finale. Marcel Roelandts commence par affirmer qu'il y a « baisse des investissements en capital fixe et donc de l'accumulation, (…) » (o.p.c. p.23) On notera à nouveau que l'accumulation du capital est, au fond de sa représentation, seulement une accumulation de capital constant voire uniquement de capital fixe. Comme pour tous les vulgaires, le capital variable ne fait pas partie de l'accumulation du capital.

A ce niveau d'abstraction, deux facteurs déterminent essentiellement le taux de croissance[226].

- Le taux de profit
- le taux d'accumulation

Si le taux de profit baisse, nous l'avons vu, le taux d'accumulation aura également tendance à baisser et le taux de croissance, par conséquent, baissera d'autant plus. Mais cela n'est en rien un facteur de crise. L'activité ralentit, l'armée de réserve industrielle s'accroît à la fois du fait de la hausse de la composition organique et de la diminution du taux d'accumulation mais on ne peut en inférer la preuve d'une baisse de la demande finale. Si nous écartons les crises liées aux disproportions qui surgissent en permanence dans la composition matérielle du capital et celles propres aux mouvements dans la sphère financière, une baisse du taux d'accumulation pourrait correspondre à une hausse du taux de consommation de la plus-value. Par conséquent, nous n'avons pas avancé d'un pouce. La « crise » ne s'est développée que dans l'imagination de Marcel Roelandts.

Le ralentissement de l'activité n'est pas le seul facteur qui influence la baisse de la demande finale. On doit y ajouter une autre composante, tout à fait classique dans l'esprit sous-consommationniste : la baisse de demande engendrée par l'élévation du taux de plus-value

226 Pour parler comme l'économie politique. Le concept équivalent semble absent, à notre connaissance, chez Marx. Il nous paraît, sauf preuve du contraire, qu'il serait utile d'en établir l'équivalent dans le cadre du socialisme scientifique.

Dans cette analyse, la hausse du taux de plus-value induit avec la baisse de la part des salaires de la classe productive, dans la valeur créée par le travail vivant, une baisse de la demande de moyens de consommation. Le ralentissement de l'activité et la hausse du taux de plus-value sont donc les deux ressorts qui engendrent une baisse de la demande finale qui, notons-le, ne concerne qu'une partie de la plus-value.

Pour lier les deux aspects de la théorie, pour relier baisse du taux de profit et baisse de la demande, Marcel Roelandts a du entamer une énième révision. Pour Marx, l'obtention du maximum de plus-value qui est le but exclusif de la production capitaliste induit un développement de la productivité du travail dont une des manifestations est la baisse tendancielle du taux de profit (et la hausse tendancielle du taux de plus-value – cf. Chapitre 2.1). Pour Marcel Roelandts, c'est la baisse du taux de profit qui pousse le capital à accroître le taux de plus-value[227]. Nous retrouvons la rhétorique commune à l'économie vulgaire. Ce sont en fin de compte des causes particulières, extrinsèques, qui conduisent le capital à exploiter le prolétariat

Comment ce processus qui, a priori, menace d'être fréquent sinon permanent (le but de la production capitaliste est de produire le maximum de plus-value ; la perspective d'une hausse du taux de plus-value est donc inhérente à l'être du capital) se traduit-il par un cycle (a fortiori « décennal »[228] ? Cela ne nous est pas expliqué. Est-ce parce

---

227 « (…) les capitalistes sont amenés à restreindre la part salariale en augmentant le taux de plus-value, c'est généralement suite à la nécessité de rétablir une profitabilité déficiente. (…).

(…) cette configuration (…) est à l'origine du tournant néolibéral des années 1980 : le taux de profit avait atteint un point d'étiage tel que la profitabilité des entreprises était au plus bas et, comme la productivité du travail subissait un déclin structurel et progressif depuis la fin des années 1960, seule la compression de la part salariale pouvait rétablir une rentabilité déficiente. » (Marcel Roelandts, o.p.c. p.29)

228 Elles sont d'ailleurs qualifiées de « décennales » alors que la comptabilité de Marcel Roelandts en établit 6 (1971, 1974, 1981, 1991, 2001, 2008) en moins de 40 ans (o.p.c. p.80), soit un cycle d'une durée moyenne d'environ

que justement on nie que le but de la production capitaliste soit de produire un maximum de plus-value ? Ou encore parce que Marcel Roelandts et associés se représentent le phénomène de la crise de surproduction comme un jerrican qui se remplirait de liquide et qui ne déborderait que quand il est plein ? Chaque année, la surproduction s'accumulerait pour ne se révéler que périodiquement. Cette conception ne serait qu'une variante (pour l'essentiel absurde si nous écartons la partie cohérente qui se traduit par la variation des stocks) au sein des théories sous-consommationnistes qui donnent un caractère permanent à la crise.

Surproduction artificielle

Dans le schéma résumant la conception de Marcel Roelandts, la crise est mise entre parenthèses. En effet, nous avons vu qu'elle n'avait aucune légitimité, aucune explication véritable, aucune validité ni fondement matériel. Ce n'est que par un tour de passe-passe que Marcel Roelandts fait accélérer cette baisse du taux de profit en faisant jouer à la concurrence un rôle que Marx a toujours exclu de son analyse[229]. Plus tard, au sein de son livre, en analysant les

---

7 ans et 9, aux Etats-Unis, pour la période 1948-2007, (o.p.c. p.19) soit une moyenne de 6,5 ans (sur les particularités du cycle aux Etats-Unis, cf. notre introduction à « La théorie marxiste des crises », http:/www.robin goodfellow.info.)

[229] « A. Smith a expliqué la baisse du taux de profit qui va de pair avec l'accroissement du capital par la concurrence des capitaux entre eux. Sur quoi Ricardo lui a rétorqué que la concurrence pouvait certes ramener le profit dans les différentes branches d'activité à un niveau moyen, qu'elle peut égaliser le taux, mais ne saurait abaisser ce taux moyen lui-même. La proposition de A. Smith est exacte dans la mesure où c'est seulement dans la concurrence – dans l'action du capital sur le capital – que les lois immanentes au capital, ses *tendances*, sont réalisées. Mais elle est fausse au sens où il l'entend, c'est-à-dire au sens où la concurrence imposerait au capital des lois externes, introduites de l'extérieur, qui ne seraient pas ces lois propres. La concurrence ne peut faire baisser de façon durable le taux de profit dans toutes les branches d'industrie, c'est-à-dire qu'elle ne peut abaisser en permanence le taux moyen de profit, que si une baisse générale est concevable, et seulement dans la mesure où l'est une baisse générale et permanente du taux de profit, agissant comme une loi aussi *avant* la concurrence et sans tenir compte de la concurrence. La concurrence rend

statistiques, il met en évidence des baisses marquées du taux de profit mais sans pour autant en tirer les conséquences quant à l'articulation entre ces baisses appuyées, brutales, au moment des crises, et la baisse tendancielle du taux de profit ; bref, sans relever que ces baisses du taux de profit qui sont caractéristiques de la surproduction (qu'elles engendrent la surproduction – cas de la suraccumulation – ou qu'elles soient provoquées par elle – cas de la surproduction de marchandises -) sont un élément à distinguer, une phase bien particulière au sein du processus général que traduit la baisse tendancielle du taux de profit moyen.

Par conséquent, au lieu de déclencher une crise au cœur même du processus de valorisation, crise qui se traduit par une baisse brutale du degré d'exploitation de la force de travail et par conséquent par un manque de plus-value, phénomène caractéristique de la suraccumulation (absolue ou relative suivant son intensité) et qui pose au niveau du capital total (c + v + pl et pas seulement une partie de celui-ci, pl ou partie de pl) la question de la réalisation du produit social, Marcel Roelandts doit introduire une conception mécaniste, caractéristique des théories sous-consommationnistes auxquelles de fait il se rattache, car les préliminaires sur la baisse du taux de profit[230] ne servaient qu'à introduire cette insuffisance de la demande finale.

---

manifestes les lois internes du capital ; elle en fait des lois obligatoires pour le capital pris individuellement, mais elle ne les invente pas. Elle les réalise. Donc vouloir expliquer ces lois simplement à partir de la concurrence, c'est avouer qu'on ne les comprend pas. » (Marx, Manuscrits de 1857-1858, Grundrisse, Editions sociales, T.2, p.239-240)

Le marxisme de la chaire n'hésite donc pas à mettre ses pas dans ceux de l'économiste vulgaire en faisant intervenir le deus ex machina de la concurrence.

"C'est à la concurrence qu'il incombe d'expliquer toutes les absurdités des économistes, alors que ceux-ci devraient, au contraire, se charger d'expliquer la concurrence." (Marx, Capital, L.III, Pléiade, Capital, T. 2, p. 1464)

[230] Nous avons vu qu'il avait repris ce qu'il y avait de plus mauvais dans les théories « marxistes » de la baisse du taux de profit.

Dans cette représentation, la baisse du taux de profit a d'ailleurs tellement peu d'importance que l'une des autorités revendiquées par Marcel Roelandts, à savoir Michel Husson, produit le même schéma intellectuel tout en clamant à corps et à cri que le taux de profit ne cesse de croître tandis que baisse le taux d'accumulation pour cause de champ d'accumulation insuffisamment rentable. Par conséquent, que le taux de profit baisse ou augmente n'a aucune importance. Le seul paramètre utile est la baisse du taux d'accumulation avec pour effet d'induire une baisse de la demande de capital fixe (nous avons vu par ailleurs qu'il s'agissait d'une approche qui limitait l'accumulation au seul capital fixe et non au capital constant et capital variable). Comme d'un autre côté, il est possible que le taux de plus-value augmente quelle que soit la tendance du taux de profit, cette dernière question devient d'autant plus secondaire.

Dans l'autre cas, nous l'avons exposé, la possibilité de la crise est donnée du fait d'une possible scission entre la vente et l'achat. Cette perspective fait que la réalisation du capital marchandise, sa transformation en argent à l'issue du processus de production n'est pas acquise au niveau du capital global. En fin de compte c'est comme s'il existait des lignes de fractures le long d'une boîte, des parties pré découpées, qui en temps normal ne sont pas altérées et assurent correctement l'étanchéité de la boîte mais qui, dès lors qu'une pression interne devient trop forte, se déchirent selon les lignes de fractures définies. La crise de surproduction dont l'origine doit être cherchée dans le processus de production, soit dans la production d'insuffisamment de plus-value en rapport avec le capital avancé, soit dans la croissance accélérée du surproduit et le déséquilibre de ces composantes sous l'effet du développement de la force productive du travail. Le premier phénomène suppose une baisse du degré d'exploitation de la force de travail, donc ici un retournement dans le progrès de la productivité du travail. En conséquence, une baisse brutale du taux de profit exerce une pression qui se traduit par une crise générale de surproduction. L'ensemble de ce capital tend à ne plus fonctionner comme capital et donc ne peut se réaliser en argent. Une production insuffisante de plus-value et la baisse du taux de profit exerce la pression qui rend la crise nécessaire tandis que les facteurs qui font que la réalisation du produit social n'est pas automatique rendent possible son expression sur le marché en tant que crise de surproduction. Sinon, dès lors que l'accumulation s'accélère, que la productivité s'accroît et gonfle la masse des marchandises, leur débouché et la réalisation de la plus-value et de valeur qu'ils contiennent sont d'autant plus compliqués à obtenir que le capital est dévalorisé. Un autre type de surproduction, la surproduction de marchandises menace. Les deux formes de surproduction ne sont pas séparées. Elles sont deux écueils, deux faces d'une même limite, qui trouvent leur fondement dans le développement contradictoire de la force productive du travail.

Il ne s'agit donc pas de facteurs perturbateurs de la demande finale qui viennent s'additionner ou se réduire suivant les fluctuations de l'accumulation et du taux d'exploitation mais d'un ensemble organique qui à un moment donné sous la pression de la baisse brutale du taux de profit ou de la croissance du surproduit se traduit par la séparation des conditions de la production et des conditions de la réalisation. Ce potentiel de crise, la possibilité des crises, comme leur nécessité sont inhérentes à la production capitaliste.

Marcel Roelandts n'a évité aucun des pièges de la théorie sous-consommationniste. Quand il prétend le faire, ce n'est qu'en déformant la théorie de Marx.

Tout d'abord, il accepte l'idée que la question de la réalisation ne concerne qu'une partie du produit social : la plus-value[231]. L'économie politique classique qui par ailleurs ne comprenait pas que la valeur du

---

231 Il n'en est pas, pour autant, à une inconséquence près. En effet, on doit déduire de sa position que ni le capital variable ni le capital constant ne sont concernés par la question de la réalisation du produit social. Par exemple, Marcel Roelandts critique un certain nombre d'auteurs (sans les citer) qui après avoir opposé les deux tendances (baisse du taux de profit versus sous-consommation) privilégient la première et disqualifient la seconde. Dans la perspective de réconcilier les deux tendances, il déclare « Marx nous dit très explicitement que, si la plus-value extraite n'est pas réalisée sur le marché, c'est-à-dire si elle n'est pas socialement reconnue, elle est irrémédiablement perdue pour le capitaliste » (o.p.c. p.31) et de citer Marx où celui-ci montre « explicitement » que non seulement la plus-value est menacée dans sa réalisation mais aussi l'ensemble du capital avancé.

capital constant entrait dans la valeur du produit social ne pouvait pas, par conséquent, se préoccuper de sa réalisation, pour autant qu'elle y reconnût une difficulté particulière. Il est certain également que la tendance qui reconnaissait la possibilité de crises générales, c'est-à-dire la tendance que représente Sismondi, ne concentrait son attention que sur la plus-value, le profit. Sur ce plan, l'économie politique marxiste vulgaire n'a donc pas avancé d'un pouce par rapport à l'économie politique classique. Les conséquences politiques ne sont pas neutres. D'une part, le potentiel de la crise est sous-estimé. La contrepartie « politique » de cette analyse est d'induire d'un côté une forme de volontarisme pour ce qui relève d'une conception révolutionnaire et d'un autre côté conduit à minimiser le cours catastrophique de la production capitaliste et conduit dans le marais social-démocrate, dans les représentations propres au socialisme bourgeois ou petit-bourgeois.

D'autre part, une crise mécanique est mise en avant. Marcel Roelandts ne parle pas de crise permanente. Bien au contraire, il milite, nous l'avons vu, pour un cycle décennal. Cependant toute sa conception conduit à l'inverse. Cette dimension, engendre politiquement une forme de passivité. On pourrait nous dire que la résultante de ces tendances contraires donne un juste milieu ; en fait, leurs représentants vont de charybde en scylla et errent systématiquement.

Conclusion

En niant les spécificités de la théorie de Marx, Marcel Roelandts renoue avec l'interprétation la plus vulgaire de la théorie de la baisse du taux de profit et en déduit de manière incohérente une crise. Enlevons cette incohérence et il reste le règne éternel du capital.

Marcel Roelandts a donc réussi, à reprendre, en dépit ou grâce à sa forme oecuménique, ce qu'il y avait de plus mauvais dans la représentation marxiste vulgaire d'inspiration ricardienne.

Nous avons vu que dans la représentation de Marcel Roelandts, la baisse du taux de profit n'engendrait aucune crise. Sa présence dans le processus explicatif était superficielle, un simple verni orthodoxe, fondamentalement inutile mais destiné à permettre une synthèse entre les deux tendances de l'économie politique marxiste vulgaire. Ce faisant, Marcel Roelandts avait repris ce qu'il y avait de plus mauvais dans la tendance ricardienne. Cette dimension, quoique particulièrement vulgaire, étant purement ornementale, elle ne fait que préparer la conversion aux conceptions théoriques de la seconde tendance, la tendance sous-consommationniste dont on reprend tous les défauts quand on ne les amplifie pas. Le projet de Marcel Roelandts aux accents orthodoxes s'achève donc par un naufrage théorique et pratique.

Pourtant le marxisme révolutionnaire à vocation scientifique ne manque pas de sujets d'études. L'étude des conditions pour que se manifeste la suraccumulation du capital et la baisse brutale du taux de profit qui l'accompagne par exemple en est un. Les modalités pour qu'intervienne une surproduction de marchandises en est un autre. Marx nous a donné des photos du cycle de l'accumulation à divers moments de celui-ci. Il est de la responsabilité du mouvement communiste d'en établir le film 3D, qui permettra de relier entre elles ces photos notamment en introduisant le processus valorisation dévalorisation dans l'analyse. Encore faut-il partir des négatifs originaux et non des montages et trucages numériques réalisés qui par des staliniens, qui par des sociaux-démocrates, qui par des petits bourgeois universitaires, qui par des savants bourgeois.

Annexe : La fonction des classes moyennes

Comme nous l'avons dit, nous étudierons de façon plus détaillée les conséquences économiques et sociales liées à l'émergence d'une classe moyenne moderne, salariée, qui se développe avec le mode de production capitaliste le plus moderne. Ce sera l'objet d'un autre livre. Mais sans plus attendre, nous souhaitons démontrer que cette évolution du mode de production capitaliste est bien prévue par Marx, comme ne cesse de la répéter notre parti depuis plus de 40 ans. (Cette thèse est déjà défendue notamment dans la revue Invariance, première série). Il ne s'agit donc pas d'une analyse que nous tirons de notre chapeau mais d'une partie constitutive de la théorie de Marx. Cette partie n'a reçu que des développements fragmentaires, mais d'une profonde unité, parce qu'ils devaient être développés dans une autre partie de « l'Economie » de Marx. Elle a pu donc être facilement escamotée par les divers révisionnismes et autres adversaires du marxisme. Cette annexe, que nous réintégrerons dans le prochain ouvrage, démontre donc que la nécessité et le développement d'une classe moyenne salariée sont une composante essentielle de la théorie de Marx.

Dans le livre I du capital, Marx expose le rôle du manager capitaliste en définissant sa fonction sociale comme sa psychologie et son évolution. Le manager capitaliste (à distinguer du propriétaire) personnifie le capital[232]. Il a pour fonction de faire produire le maximum de plus-value, ce qui suppose à la fois d'obtenir le meilleur rendement possible de la force de travail à un moment donné et aussi

---

232 « Le capitaliste n'a aucune valeur historique, aucun droit historique à la vie, aucune raison d'être sociale, qu'autant qu'il fonctionne comme capital personnifié. Ce n'est qu'à ce titre que la nécessité transitoire de sa propre existence est impliquée dans la nécessité transitoire du mode de production capitaliste. » Marx, L.I, 7, 24, 3

« Le capitaliste n'est respectable qu'autant qu'il est le capital fait homme. » Marx, L.I, 7, 24, 3 d'étendre[233], en grandeur comme en profondeur, l'accumulation du capital[234]. La production pour la production, l'exaltation du développement de la force productive du travail, telle est la fonction du capitaliste.

Avec le développement de la production capitaliste la frugalité, l'austérité, l'avarice, propres à cette fonction vont en s'affaiblissant. Le capitaliste cède aux sirènes de la consommation improductive de la plus-value. Il est vrai, dès lors que la concentration et la centralisation du capital ont progressé, qu'une plus-value croissante lui permet d'accroître sa consommation sans pour autant affaiblir notablement son accumulation. D'autre part, cette consommation devient une nécessité professionnelle dans la mesure où l'étalage de sa richesse est un moyen d'obtenir du crédit, d'inspirer la confiance et d'entretenir le cercle de ses relations.[235] Mais cette tendance rencontre

---

233 « Le but déterminant de son activité n'est donc ni la valeur d'usage, ni la jouissance, mais bien la valeur d'échange et son accroissement continu. Agent fanatique de l'accumulation, il force les hommes, sans merci ni trêve, à produire pour produire, et les pousse ainsi instinctivement à développer les puissances productrices et les conditions matérielles qui seules peuvent former la base d'une société nouvelle et supérieure. » Marx, L.I, 7, 24, 3

234 « Accumulez, accumulez ! C'est la loi et les prophètes ! (..) Epargnez, épargnez toujours, c'est à dire retransformez sans cesse en capital la plus grande partie possible de la plus-value ou du produit net ! Accumuler pour accumuler, produire pour produire, tel est le mot d'ordre de l'économie politique proclamant la mission historique de la période bourgeoise. (…) A ce point de vue, si le prolétaire n'est qu'une machine à produire de la plus-value, le capitaliste n'est qu'une machine à capitaliser cette plus-value. » Marx, Capital, L.I, 7, 24, 3

235 « A l'origine de la production capitaliste et cette phase historique se renouvelle dans la vie privée de tout industriel parvenu l'avarice et l'envie de s'enrichir l'emportent exclusivement. Mais le progrès de la production ne crée pas seulement un nouveau monde de jouissances : il ouvre, avec la spéculation et le crédit, mille sources d'enrichissement soudain. A un certain degré de développement, il impose même au malheureux capitaliste une prodigalité toute de convention, à la fois étalage de richesse et moyen de crédit. Le luxe devient une nécessité de métier et entre dans les frais de représentation du capital. » Marx, Capital, L.I, 7, 24, 3

des limites et la jouissance, la dépense se font avec une forme de mauvaise conscience [236].

Dès lors que le capitaliste renoncerait à la jouissance de l'accumulation pour l'accumulation de la jouissance, il renoncerait à sa fonction ; la sanction à terme, pour le capitaliste qui consommerait improductivement la plus-value plutôt que de l'accumuler, serait sa disparition[237]. Du point de vue du capital total, deux écueils opposés guettent le mode de production capitaliste. Si nous supposons une société qui ne serait composée que de prolétaires faisant face à un capital qui n'aurait pour seule préoccupation que la production et l'accumulation de la plus-value, il s'ensuivrait un développement vertigineux des forces productives et de la productivité du travail. Ce développement prodigieux saperait d'autant plus rapidement les bases de cette même production capitaliste en poussant la dévalorisation du capital à son comble tout en créant une immense accumulation de

---

236 « Bien que sa prodigalité ne revête donc jamais les franches allures de celle du seigneur féodal, bien qu'elle ait peine à dissimuler l'avarice la plus sordide et l'esprit de calcul le plus mesquin, elle grandit néanmoins à mesure qu'il accumule, sans que son accumulation soit nécessairement restreinte par sa dépense, ni celle-ci par celle-là. Toutefois il s'élève dès lors en lui un conflit à la Faust entre le penchant à l'accumulation et le penchant à la jouissance. » Marx, Capital, L.I , 7, 24, 3

«Alors que la surproduction de l'ouvrier est une *production pour autrui*, la production du capitaliste normal, du capitaliste industriel tel qu'il doit être est production pour la production. Plus sa richesse augmente cependant, il ne satisfait certes plus à cet idéal et devient dépensier à son tour, ne serait-ce que pour faire étalage de sa richesse. Mais s'il jouit de sa richesse, c'est toujours avec mauvaise conscience ; il le fait avec l'arrière-pensée de l'épargne et des comptes. En dépit de sa prodigalité, il est comme le thésaurisateur, *essentiellement* avare. » Marx, Théories sur la plus-value, T.1, p.321

237 « Le développement de la production capitaliste nécessite un agrandissement continu du capital placé dans une entreprise, et la concurrence impose les lois immanentes de la production capitaliste comme lois coercitives externes à chaque capitaliste individuel. Elle ne lui permet pas de conserver son capital sans l'accroître, et il ne peut continuer de l'accroître à moins d'une accumulation progressive. » Marx, Capital, L.I, 7, 24, 3

marchandises dont la difficulté d'écoulement, leur réalisation, irait croissant. D'un autre côté, un développement de la production pour la production, concomitant avec un développement de la richesse personnelle du capitaliste, pourrait conduire la production capitaliste à s'étioler, à perdre son dynamisme, à ronronner devant la masse des profits sans chercher à pousser systématiquement au développement de la force productive du travail.

Dès 1845, Marx et Engels insistaient sur le fait qu'en même temps que le mode de production capitaliste développe les forces productives, elles se changent aussi en forces destructives[238]. Tandis que le capitaliste incarne la passion de l'accumulation, l'amour de la production pour la production, il faut que dans la société s'exprime la passion de la dépense, de la consommation pour la consommation. Nous avons vu que le capitaliste ne peut avoir complètement cette fonction sans renoncer à son être. Il faut donc que le pendant dialectique de la production, la consommation, s'exprime dans une autre classe[239]. Une classe qui représente la dépense, la consommation

---

[238] « Sous le règne de la propriété privée, ces forces productives de connaissent qu'un développement partiel, elles deviennent, pour la plupart, des forces destructives ; et nombre d'entre elles ne peuvent trouver la moindre application dans la propriété privée. » Marx, Engels, L'idéologie allemande, Pléiade, T.3, p.1103

[239] « Lorsque Sismondi dit que le développement des forces productives du travail permet à l'ouvrier des jouissances de plus en plus grandes, mais que ces jouissances, même si elles lui étaient accordées, le disqualifieraient pour son travail (en tant qu'ouvrier salarié) (...°) il n'est pas moins exact que le capitaliste industriel devient plus ou moins incapable de remplir sa fonction, dès qu'il représente lui-même la richesse pour les plaisirs, dès qu'il veut l'accumulation des jouissances au lieu de la jouissance de l'accumulation.

C'est donc lui aussi un producteur de surproduction, de production pour autrui. D'un autre côté, cette surproduction dans un sens, doit avoir pour pendant, dans l'autre sens, une surconsommation ; la consommation pour la consommation doit faire face à la production pour la production. Ce que le capitaliste industriel doit céder au propriétaire foncier, à l'Etat, aux créanciers de l'Etat, à l'Eglise, etc., qui ne consomment que du revenu, diminue, en chiffres absolus, sa richesse, mais empêche que son désir pour la consommation est donc nécessaire. Comme la classe capitaliste, malgré ses progrès, ne peut assurer à elle seule cette fonction et qu'à un certain point celle-ci entre en contradiction avec sa fonction sociale, la classe qui représentera le mieux la passion de la dépense et de la consommation est la classe moyenne. Bien souvent, à ce stade de l'analyse, Marx convoque Malthus[240]. Malthus est réactionnaire[241] car il défend des fractions des classes dominantes

---

d'enrichissement ne s'étiole et maintient de la sorte, intacte, son âme de capitaliste. » Marx, Théories sur la plus-value, T.1, p.322, Editions sociales.

240 En fait, Malthus est le représentant le plus en vue de cette tendance de l'économie politique qui met en relief l'importance de cette fonction. En face de lui, les représentants des capitalistes et de l'accumulation, notamment les ricardiens, s'émouvront de telles perspectives.

« L'économie politique classique prit donc bigrement au sérieux le capitaliste et son rôle. Pour le garantir du conflit désastreux entre le penchant à la jouissance et l'envie de s'enrichir, Malthus, quelques années après le congrès de Vienne, vint doctoralement défendre un système de division du travail où le capitaliste engagé dans la production a pour tâche d'accumuler, tandis que la dépense est du département de ses co-associés dans le partage de la plus-value, les aristocrates fonciers, les hauts dignitaires de l'Etat et de l'Eglise, les rentiers fainéants, etc., « Il est de la plus haute importance, dit-il, de tenir séparées la passion pour la dépense et la passion pour l'accumulation (the passion for expenditure and the passion for accumulation.) Malthus » » Marx, Capital, L.I, 7, 24, 3

241 « Le calotin Malthus par contre, pour l'amour de la production, ravale les travailleurs au rang de bêtes de somme, les condamne même à mourir de faim et au célibat. Partout où ces mêmes exigences de la production amenuisent la « rente » du landlord ou portent atteinte à la « dîme » de « l'Established Church », ou encore sacrifient cette fraction de la bourgeoisie dont l'intérêt freine le progrès à la partie de la bourgeoisie qui représente le progrès de la production – partout donc où il s'agit de défendre un intérêt quelconque de l'aristocratie contre la bourgeoisie, ou de la bourgeoisie conservatrice et *stagnante* contre la bourgeoisie *progressive* – dans tous ces cas, le « calotin » Malthus ne sacrifie pas l'intérêt particulier à la production, mais *cherche*, tant qu'il peut, à sacrifier les exigences de la production à l'intérêt particulier de classes ou de fractions de classes dominantes, en place. Et à cette fin, il *falsifie* ses conclusions scientifiques. C'est cela sa vilenie scientifique, son péché contre la science, sans parler de

(aristocratie terrienne, clergé, ...) historiquement dépassées, mais le fond de l'analyse est juste[242]. Et si les classes que représente Malthus

---

son travail de plagiaire qu'il pratique impudemment et dont il fait profession.

Les déductions scientifiques de Malthus sont « pleines d'égards » vis-à-vis des classes dominantes en général et vis-à-vis des éléments réactionnaires de ces classes dominantes en particulier ; c'est-à-dire qu'il falsifie la science pour ces intérêts. » (Marx, Théories sur la plus-value, Editions sociales, T.2, p.127-128)

242 « Le « profond penseur » qu'est Malthus est d'un autre avis. Son espoir suprême – qu'il qualifie lui-même de *plus ou moins* utopique – est que la masse de la *classe moyenne* augmente et que le prolétariat (celui qui travaille) constitue une proportion toujours plus petite, relativement, de la population totale (même s'il augmente en chiffres absolus). Cela est effectivement l'*évolution* de la société bourgeoise. » (Marx, Théories sur la plus-value, Editions sociales, T.2, p.68)

« L'idéal suprême de la production capitaliste est – en même temps qu'elle augmente de manière relative le produit net – de diminuer autant que possible le nombre de ceux qui vivent du salaire et d'augmenter le plus possible le nombre de ceux qui vivent du produit net. » (Marx, Chapitre inédit du Capital, 10/18, p. 245)

« Si nous considérons la production fondée sur le capital, ce qui apparaît, en termes absolus, comme condition de cette production, c'est la plus grande masse absolue de travail nécessaire associée à la plus grande masse relative de surtravail. Apparaît donc comme condition fondamentale : l'accroissement maximal de la population, - de la quantité de puissances de travail vivantes. Si nous considérons en outre les conditions du développement des forces productives et des échanges, nous retrouvons : division du travail, coopération, observation généralisée qui ne peut procéder que d'un grand nombre de têtes, science – tout cela étant synonyme d'accroissement de la population. Par ailleurs, la condition d'appropriation du travail d'autrui implique que pour toute population nécessaire – c'est-à-dire une population représentant le travail nécessaire, le travail indispensable à la production – il existe une *surpopulation* qui ne travaille pas. Dans son développement ultérieur, le capital montre qu'à côté de la partie industrielle – les capitalistes industriels – de cette surpopulation, se forme de une branche de purs consommateurs. Des oisifs dont toute l'occupation consiste à consommer les produits d'autrui et à qui il faut, vu les limites de la consommation brute, expédier des produits en partie plus déclinent, d'autres, au contraire, se développent avec le progrès de la production capitaliste[243].

---

raffinés, sous forme de produits de luxe. Ce n'est pas cette population d'oisifs que visent les économistes lorsqu'ils parlent de surpopulation. Au contraire – en tant qu'elle est affaire de consommation – elle est même considérée par les fanatiques de la démographie comme population nécessaire, et cela à juste titre (de façon conséquente). » (Marx, Manuscrits de 1857-1858, Grundrisse, Editions sociales, T.2, p.98)

« La masse des articles entrant dans la consommation ou, pour utiliser l'expression de Ricardo, des articles entrant dans le revenu brut, peut augmenter sans que pour autant la fraction de cette masse qui se transforme en capital variable augmente. Elle peut même diminuer. C'est qu'alors que les capitalistes, landlords, leurs serviteurs, les classes improductives, l'Etat, les classes intermédiaires (les commerçants), etc. en mangent plus sous forme de revenu.

Ce qui est à l'arrière-plan chez Ricardo (et Barton) : il est parti à l'origine, du présupposé que toute l'accumulation du capital = augmentation du capital variable, donc la demande de travail s'accroît directement, dans la proportion même où le capital s'accumule. Or, c'est faux, car avec l'accumulation du capital s'opère un changement dans sa composition organique et la partie constante de celui-ci croît selon une progression plus rapide que la partie variable. Mais cela n'empêche pas le revenu de croître constamment, en valeur et en quantité. Mais ce n'est pas pour autant qu'une grande partie du produit total est, dans la même proportion, dépensée en salaire du travail. Les classes et sous-classes qui ne vivent pas directement du travail s'accroissent, vivent mieux qu'avant, et de même s'accroît le nombre des travailleurs improductifs. » (Marx, Théories sur la plus-value, Editions sociales, T.2, p.672)

243 « Supposons que, grâce à la productivité de l'industrie, on en soit arrivé à ce que 1/3 de la population seulement, au lieu de 2/3 auparavant, participe désormais directement à la production matérielle. Un tiers fournit désormais les subsistances pour les 3/3, alors qu'avant 2/3 les fournissaient pour 3/3. Avant 1/3 était du *revenu net* (distinct du revenu de l'ouvrier) maintenant 2/3. En faisant abstraction de l'opposition entre les classes, la nation aurait besoin maintenant non plus de 2/3 comme auparavant, mais de 1/3 de son temps pour la production directe. Avec une répartition équitable tout le monde aurait 2/3 de temps à consacrer aux travaux improductifs, aux loisirs. Mais dans la production capitaliste tout paraît contradictoire, tout l'est. L'hypothèse n'implique pas que la population reste stationnaire. S'il y a accroissement des 2/3, il y a également

Nous venons donc de mettre en évidence, citations à l'appui, la fonction économique générale de la classe moyenne, chez Marx. Elle incarne la passion de la dépense et à ce titre joue un rôle régulateur dans le cadre du mode de production capitaliste. Le volcan de la production est limité dans son expansion et, en même temps, stimulé. Est-ce le seul avantage de l'existence d'une classe moyenne ? A t-elle, pour Marx, un rôle d'amortisseur social dans la lutte des classes ? Les citations suivantes répondent à ces questions.

---

accroissement de 1/3. A considérer *la masse*, un nombre de plus en plus grand pourrait donc être occupé dans le travail productif. Mais relativement, par rapport à la population totale, il y aurait toujours 50 pour cent de moins que précédemment. Ces 2/3 se composeraient alors en partie des détenteurs du profit et de la rente, en partie des ouvriers improductifs (mal payés à cause de la concurrence également), qui aident les premiers à manger leur revenu, mais leur donnent en échange un équivalent en services, à moins qu'ils ne le leur imposent, tels les travailleurs politiques improductifs. On pourrait supposer que – à l'exception des larbins, soldats, matelots, agents de police, fonctionnaires subalternes, etc., maîtresses, garçons d'écurie, clowns, *jongleurs* – ces travailleurs improductifs seraient dans l'ensemble plus cultivés que ne l'étaient précédemment les travailleurs improductifs et que notamment le nombre des artistes, musiciens, avocats, médecins, savants, maîtres d'école, inventeurs, etc. mal payés se serait accru aussi.

Au sein de la classe productive elle-même aurait augmenté le nombre des intermédiaires commerciaux, mais surtout celui des personnes employées à la construction de machines, de chemins de fer, dans les mines ; en outre les travailleurs agricoles occupés à l'élevage, les travailleurs employés à la production de matières chimiques minérales pour les engrais ; aussi le nombre des cultivateurs qui cultivent des matières premières pour l'industrie augmente par rapport à ceux qui produisent des vivres et celui de ceux qui produisent des aliments pour le bétail augmente par rapport à ceux qui produisent des aliments pour les hommes (...) le nombre des ouvriers agricoles diminuera par rapport aux ouvriers de manufacture. Les ouvriers de luxe augmenteront enfin, parce que le revenu, devenu plus grand, consommera plus de produits de luxe. » (Marx, Théories sur la plus-value, Editions Sociales, T.1, p. 243-244)

« Ce qu'elle [la présentation bourgeoise apologétique du machinisme. NDR] affirme – et, en partie à juste titre – c'est que, par suite du machinisme (en général du développement de la force productive du travail), le revenu net (profit et rente) augmente, de telle sorte que le bourgeois a besoin de plus de domestiques et autre travailleurs qui vivent de la classe improductive. Cette transformation des ouvriers en domestiques est une belle perspective. De même qu'il est consolant pour eux de voir la croissance du produit net entraîner l'ouverture de sphères supplémentaires pour le travail improductif, qui se nourrissent de leur produit et dont l'intérêt concurrence plus ou moins, quant à leur exploitation, celui des classes directement exploiteuses. » (Marx, Théories sur la plus-value, Editions sociales, T.2, p.684)
« Ce qu'il [Ricardo – NDR] oublie de souligner c'est l'accroissement constant des classes moyennes qui se trouvent au milieu, entre les ouvriers d'un côté, le capitaliste et le landlord de l'autre, qui se nourrissent pour l'essentiel directement et dans une proportion de plus en plus grande de revenu, qui pèsent comme un fardeau sur la base ouvrière et qui accroissent la sécurité et la puissance sociales des dix mille familles les plus riches. » (Marx, Théories sur la plus-value, Editions sociales, T.2, p.684)

Pour Marx donc, les classes moyennes jouent également un rôle social et politique en servant de rempart aux classes dominantes.

Du même auteur

Crise du capital, crise de l'entreprise
Le marxisme en abrégé.
Le marxisme et la république démocratique (à paraître)

D'autres textes sont disponibles sur le site www.robingoodfellow.info

Robin Goodfellow Editions
BP 60048
92163 Antony cedex
France
ISBN : 978-2-9535880-4-0
Dépôt légal : Décembre 2013

ISBN 978-2-9535880-4-0

http:// www.robingoodfellow.info
robin.goodfellow@robingoodfellow.info

Titre : Aux fondements des crises ; le marxisme de la chaire et les crises
Type de document : Texte imprimé
Auteur : Robin Goodfellow
Lieu d'édition : Paris
Editeur : Robin Goodfellow
Date d'édition : Décembre 2013
Collation : 218 p.
Présentation : Couverture en couleur
Illustration couverture : Photo de la foule sur Wall street à New-York pendant la panique liée à crise de 1907. Source New York public library via wikipédia
Format : 22,86 cm (9 pouces)
ISBN : 978-2-9535880-4-0
Langues : Français (Fre)
Imprimeur : lulu.com
Imprimé en France
Vente en ligne : lulu.com

Printed in Dunstable, United Kingdom

91220728R00125